Josef Bader

WALDBRÜDER

Josef Bader

WALDBRÜDER

Wildererroman
nach einer wahren Begebenheit

BAYERLAND

Unser gesamtes lieferbares Programm und Informationen
über Neuerscheinungen finden Sie unter www.bayerland.de

Verlag und Gesamtherstellung:
Druckerei und Verlagsanstalt »Bayerland« GmbH
85221 Dachau, Konrad-Adenauer-Straße 19

Fotografie auf dem Schutzumschlag:
Wildschütz Karl Sanktjohanser aus Eschenlohe, ca. 1920
Freundlicherweise zur Verfügung gestellt von
Sepp Beck, Eschenlohe

Illustration auf dem Vorsatz: Hermut K. Geipel

Printed in Germany · ISBN 978-3-89251-437-4

Inhalt

Die Versuchung

Es ist Ende Oktober 1931. Auf einer Lichtung im Bergwald äst inmitten seines kleinen Gamsscharls friedlich ein feister Gamsbock, der schon das dichte, schwarzglänzende Winterfell trägt. Plötzlich geht ein Ruck durch seinen kräftigen Körper, er wirft auf und sein Kopf mit den stark nach hinten gebogenen Hackeln verharrt sichernd. Argwöhnisch äugt der Bock in Richtung des wahrgenommenen Geräusches, steht regungslos.
Sein Misstrauen lässt das Herz des Mannes heftiger pochen, der ihn betrachtet. In etwa fünfzig Meter Entfernung vom Bock legt er seine derbe linke Hand auf den dürren Aststummel einer Fichte. Bevor das majestätische Tier mit einem Pfiff seine Artgenossen warnen und das Rudel in haltloser Flucht das Weite suchen kann, schiebt sich langsam der abgesägte Gewehrlauf eines Militärgewehres auf den Handrücken. Die Kimme wandert von oben ins Wildhaar, der Zeigefinger zum Drücker, dann zerreißt ein Schuss die Stille, hallt nach und lässt das Rudel in wilden Sprüngen davonstieben, in den schützenden Wald hinein. Der Bock aber kippt wie gefällt seitlich um, überschlägt sich mehrere Male und kollert den steilen Grashang hinab, bis sein Fall von einem aus dem Boden ragenden Felsen aufgehalten wird. Er liegt auf dem Rücken, ruckt den Kopf hin und her, stößt hilflos die Läufe in die Luft und versteht nicht, was ihm geschehen ist.
Es dauert nicht lange, dann ist der Mann, der ihm ein so jähes Ende bereitet hat, über ihm. Er hat nicht viel Zeit, legt den Bock mit dem Kopf nach oben auf den Rücken, setzt seinen Knicker an der Kehle an, sticht ein und schlitzt die Decke bis zum Brustbein auf. Er schneidet Gurgel und Luftröhre oberhalb des Kehlkopfes durch, dann führt er das Messer geschickt in einem Zug unter der Haut vom Brustspitz bis hinab zum Steißbeinschloss, öffnet vorsichtig die feine Bauchhaut, um die Därme nicht zu verletzen und löst oberhalb des Pansens das Zwerchfell von der Wand. Ohne auf den kräftigen Blutschwall zu achten, langt der Mann unter

den Brustspitz und reißt mit einem Ruck den Schlund mitsamt Zwerchfell, Lunge, Herz, Leber und Nieren heraus und legt den Aufbruch seitlich auf den Waldboden. Mit sicherer Hand schneidet er nun am Waidloch den Enddarm aus, wischt das Messer ab, legt es beiseite, greift mit beiden Händen in den Bauchraum und zieht den ausgekranzelten Darm zusammen mit der Blase und dem prall gefüllten Pansen nach oben und wirft das Gescheide auf die andere Seite. Es wird nicht lange im Gras liegen bleiben, denn hoch am Himmel zieht bereits ein Adler seine Kreise und beobachtet das Geschehen. Er wird noch vor Fuchs, Kolkrabe oder Gänsegeier die blutigen Spuren beseitigt haben.

Der Bock zeigt schwarze Zügel im weißen, nun blutverschmierten Haupt; er ist noch nicht alt und wird ein vorzüglich zartes Fleisch haben. Der Mann öffnet jetzt die Hauptschlagadern im Bauchraum, reißt ein paar Büschel trockenes Gras aus und wischt damit die Kammer trocken. Dann steckt er Lunge, Herz und Leber in einen Stoffsack, schneidet dem Bock den Kopf ab, legt ihn in den Bauchraum und verstaut alles zusammen in seinem geräumigen Waidsack. Er besieht sich sein Werk und ist zufrieden.

Keine zehn Minuten zuvor hat der Gamsbock noch gelebt, nun wäscht sich der Wildschütz an einem kleinen Rinnsal das Blut des Tieres von Armen und Händen und die Spritzer aus dem Gesicht und macht sich bei einbrechender Dunkelheit zurück auf den Weg nach Untergrainau.

***

Gerade noch rechtzeitig erkennt die Lechnerin die alte Frau Wiesner. Fast hätte sie den Laden zu früh betreten, und dann wäre es möglicherweise zu einer peinlichen Situation gekommen. So bleibt sie draußen vor der Treppe zur Eingangstüre stehen, betrachtet die dürftige Schaufensterauslage und grüßt freundlich, als die Alte sich endlich wortreich verabschiedet hat und den Laden verlässt. Die Wiesnerin ist die ärgste Ratschkattl im Dorf und eine solche kann die Lechnerin zum gegenwärtigen Zeitpunkt gar nicht brauchen. Eine Peinlichkeit steht ihr so und so bevor, aber sie hat herkommen müssen. Die Lechnerin weiß nicht, dass die Frau Wiesner sie doch

gesehen und zur Kramerin, der Westlin, gesagt hat: »De ham nix wia an Sack voi Armut und der is no mit'm Elend zuabundn!«
Als die Lechnerin den Laden betreten hat, beginnt sie nach einer kurzen Begrüßung das Gespräch: »Im Lodn is wohl aa nimmer vui los in dera schlechtn Zeit?«
An der Miene der Westlin kann sie kein Zeichen von Abweisung erkennen. Die Kramerin ist freundlich wie immer. »Ja, d' Leit ham koa Geld mehr! Dafür siehgst itz in da Sonntagmess Leit, de host friahra nia gseng in da Kirch, wia's eahna no besser ganga is!«, gibt sie der Lechnerin recht.
»Es gibt hoit auf da Welt amoi mehra Hund wia Knochn!«, sagt die lakonisch. »Und wer koan Knochen mehr kriagt, der schaugt hoit, wer eahm no helfn ko, und des is am Schluss oiwei no da Herrgott!«
Die Lechnerin ist froh, mit jemandem über Gott und die Welt reden zu können. Ihr Mann ist zwar daheim, aber er war noch nie einer der Gesprächigsten und unter die Leute geht sie in letzter Zeit nicht mehr so gerne, da sie glaubt, das Wort »arbeitslos« stünde ihr wie ein Mal auf die Stirn geschrieben. Sie fürchtet, man würde über ihre Familienverhältnisse tuscheln, sobald sie den Menschen den Rücken zukehrt, und wenn es auch nur aus Mitleid ist. Die Armut bedrückt sie weniger wegen der Entbehrungen, die sie mit sich bringt, sondern viel mehr wegen des Stigmas der Niederrangigkeit, das sie verspürt.
»Aber vui, grod de Junga, ham itz an neien Herrgott, den Hitler, den Österreicher! Dem laffn oiwei mehra noch!«, sagt die Westlin. »Aa vo de unsern!«
»Aber mit'm Kirchgeh hat's de Hitlerbagasch gor net«, nimmt die Lechnerin bereitwillig das angebotene Gespräch an. »De hoitn ihre Versammlunga und SA-Umzüg am liabern am Sonntag ob, wenn da Pfarra d' Neinemess hoit.«
»So hofft hoit a jeder auf an andern Herrgott!«, schließt die Westlin den Gedankenaustausch ab und kommt zur Sache und damit zum unangenehmen Teil des Aufeinandertreffens: »Oiso, Marie, wos brauchst?«
»I trau ma's ja gor net sogn ... Konnst ma net wiada wos oschreibn? Nächste Woch kriagn ma ja wieder d' Unterstützung. Na zoi i.«

Der Lechnerin entgeht das Mitleid nicht, das sich in den welken Gesichtszügen der Westlin widerspiegelt.
»Da bist du net de oanzige, de bei mir oschreibn lasst. De wenigstn kenna no zoin. Aber 's werd scho wieder a bessere Zeit kemma! Oiso, was brauchst?«, fragt die Kramerin.
»Gib ma zwoa Pfund Mehl, a Packerl Soiz und a weni Butterschmoiz! Mehra brauch i net, des langt für an Schmarrn«, sagt die Lechnerin fast unterwürfig und bemüht sich, den Ärger darüber, dass die Leute mit ihr Mitleid haben müssen, zu verbergen. Dann stellt sie verschämt ein kleines Haferl auf die Theke.
Die Westlin schaufelt Mehl aus dem Sack in eine Tüte, kratzt Schmalz aus einem Steinguttopf in das Haferl, nimmt ein Packerl Salz vom Regal und stellt alles vor die Lechnerin auf die Ladentheke. Die beiden Frauen schauen sich für einen Moment in die Augen, und im selben Maße wie das ehrliche Mitgefühl der Westlin immer noch ins Gesicht geschrieben steht, so ist es die Scham bei der Lechnerin.
Dann sagt die Westlin: »Wart a weni, i hob no wos für di!« – und weiß nicht, wie schicksalsschwer sie damit in das Leben der Familie Lechner eingreift. Sie verschwindet kurz aus dem Laden und kommt mit einem Stück Fleisch zurück, schaut durch das Ladenfenster, ob jemand kommt, und wickelt den Brocken schnell in Zeitungspapier. Dann reicht sie das Päckchen der Lechnerin. »Des nimmst itz, dass bei eich amoi wieder wos Gscheits auf'n Diisch kimmt!«
Diese ahnt, worum es sich handelt, sagt aber dennoch: »Aber wia sui i a Fleisch kaffn? Des ko i doch net dazoin!«, und weiß im Voraus, was die Westlin sagen wird: »Nimm's no, des hot mir aa nix kost! Aber sog's bittsche koam Menschn!« Um das Gewicht ihrer Worte zu unterstreichen, fügt sie noch hinzu: »Du woaßt ja, wos letzte Woch passiert is!«
Ach, was hat diese Frau für ein Feingefühl! Dass sie das Gespräch gleich wieder von der milden, aber gerade deshalb so demütigenden Gabe auf ein anderes Thema bringt und ihr damit äußerst peinliche Augenblicke erspart, dafür ist ihr die Lechnerin dankbarer als für das Fleisch. »Ja, in da Zeitung hob i 's glesn! An Häusla-Kurbi vo Partakurch ham s' beim Wuidern daschossn!«

»Des is so arg! Vier kloane Kinder dahoam!«, ergänzt die Kramerin.
Dann aber will die Lechnerin doch allmählich den Ort der Schmach verlassen. »Da Herrgott sui's da dankn, Westlin. Niamandm sog i wos davo! Auf Treu und Glauben! Pfiad di!«, sagt sie und verlässt leicht gebückt den Laden.

***

Zwei Tage später drücken sich die drei Lechnersöhne, der fünfzehnjährige Martl, der zwölfjährige Stephan und der achtjährige Beppi, auf dem Hof vor ihrem armseligen Elternhaus herum. Sie haben nicht viel Platz zum Spielen, denn der Vater hat an das Haus noch einen kleinen Stall angebaut, in dem zwei Geißen stehen und daneben eine kleine Bretterschupfe mit Einstreu. Auf der anderen Seite des Stalles, direkt an der Grundstücksgrenze, befindet sich noch eine weitere Schupfe für Heu, das er während des Sommers in Straßengräben und auf Waldlichtungen gemäht und mit dem Handkarren heimgezogen hat. Mehr Grund hat der Lechner nicht. Die beiden älteren Buben müssen mitarbeiten, auch im Holz, der Martl bereits mit dem Vater an der Wiegsäge. Jetzt noch tun ihm die Arme weh, wenn er an die unzähligen Stunden denkt, in denen er das breite Sägeblatt durch die Stämme führen musste, um sie in Blöcke zu schneiden, die gespalten und zu Brennholz zerhackt werden können.
Eigentlich fühlt sich der Martl schon zu erwachsen für die Bubenspiele, aber wenn er gar nichts Besseres vorhat, tut er seinen Brüdern den Gefallen. »Wos spui ma? Kriag oder Wuidern?«, fragt er, und der Stephan meint: »Kriag mog i net spuin. Du mechst grod wieder an Babba spuin mit seine Ordn und da Beppi und i miaßn wieder Franzosn sei!«
Auch der Jüngste hat keine Lust dazu und sieht die Gefahr, die damit verbunden ist: »Mir wern dann wieder daschossn!«
Da kommt der Lechnervater in den Garten und die beiden Jüngeren hängen sich liebevoll an ihn. Martl will immer noch Krieg spielen und fragt den Vater: »Babba, derf i mir deine Ordn umhänga?«, stößt aber auf kein Verständnis: »Naa, de bleibn brav im Kasterl!

Des is koa Spuizeig! I mog aa net, dass's es oiwei Kriag spuits! Spuits wos anders!«
»Guat, dann spui ma hoit Wuidern!«, beschließt der Martl, doch wieder funkt ihm der Stephan dazwischen: »Ja, aber nur, wenn i da Wuidara sei derf!«
Endlich meldet auch der Beppi seine Ansprüche an, wenn auch nur indirekt: »I mog aber net wieder da Jaga sei. Beim letztn Moi habts mi ghaut!«
Stephan hat inzwischen die Holzgewehre geholt und macht dem Beppi gleich klar, dass das schon seine Richtigkeit gehabt hat mit der Bestrafung: »Ja, weilst auf an Wuidara gschossn host! Do muaß ma di doch haun!«
Martl greift sich ein Gewehr und legt auf Beppi an. »Du feiger Jaga! Spui an Jaga, sonst daschiaß i di!«
Der Jüngste will gerade zu weinen beginnen, da tritt die Mutter aus dem Haus und reißt dem Ältesten ärgerlich das Holzgewehr aus der Hand: »Hörts auf mit dem Schmarrn! Grod seids in da Kirch gwesn und itz spuits Daschiaßn! Nix werd mehr daschossn! Essn gibt's!«

***

Der Lechnervater sitzt bereits am Tisch und liest Zeitung. Nach und nach drängen sich seine drei Söhne neben ihn auf die Eckbank. In der Ecke steht die Wiege mit dem jüngsten Kind, der Annemarie, gerade ein halbes Jahr alt und von der Mutter bereits gestillt. Selig schläft der Säugling in seinem Bettchen. Die halbwüchsige Elisabeth kommt herbei und schiebt die aufgeschlagene Zeitung zur Seite, um die Teller auf die sauber geschrubbte Eschenholzplatte stellen und das Besteck daneben legen zu können. Die Kinder haben Hunger, auch dem Vater knurrt der Magen. Als die Lechnerin mithilfe eines Handtuches die Reine aus dem Bratrohr holt und zum Tisch bringt, wundert sich der Lechner, dass seine Frau das mit freudiger, ja geradezu andachtsvoller Miene tut und den geschlossenen Bratentopf fast stolz auf den Untersetzer in der Tischmitte stellt. Ein wunderbarer Bratenduft dampft verheißungsvoll unter dem Deckel hervor.

»Wos gibt's denn heit?«, will der Stephan wissen, doch die Mutter zügelt ihn: »Zerst werd bet, dann gibt's wos!«
Vater, Mutter und die vier älteren Kinder murmeln ein Tischgebet. »... Unser täglich Brot gib uns heute und vergib uns unsere Schuld ...«, machen ein flüchtiges Kreuzzeichen, dann hebt der Vater den Deckel ab und die Mutter verkündet immer noch stolz: »Heit gibt's wos ganz wos Bsonders – a Fleisch!«
»A Fleisch! Endlich wieder amoi a Fleisch!«, jubelt der Stephan. Auch die anderen Gesichter strahlen, nur der Vater starrt ernst und voller Misstrauen auf die so wohlriechenden Dampfwolken und das große Bratenstück selbst.
»Ja, wo host denn des her?«, begehrt er zu wissen, doch bekommt er von seiner resoluten Frau keine Antwort, sondern nur ein unwilliges: »Iss hoit einfach und frog net lang! Wann hot's denn bei uns am Sonntog 's letzte Moi a richtigs Fleisch gebn?«
Sein Misstrauen ist dadurch keineswegs beseitigt: »An deiern Brotn kaffn! Du woaßt doch genau, wia knapp mir mit'm Geld san, seit i arbeitslos bin! Kuttlfleck oder a Lüngerl hättn's doch aa do! Mia miaßn unser bissl Geld zammhoitn!«, sagt er, immer noch den Deckel in der Hand haltend, als kämpfe er mit sich, ob er sich dem verführerischen Anblick länger aussetzen solle.
Das Wort Kuttlfleck ist ein Reizwort für den Martl: »Net scho wieder an aufgschnittna Kuahmagn – pfui Deifl!«
Die Lechnerin will, dass der Mann endlich den Braten freigibt, und sagt unwillig: »Itz iss und sei zfriedn. Des hot nix kost!«
Es ist ihr anzusehen, dass sie ihre letzte Bemerkung gleich bedauert. Die Worte sind ihr gegen ihren Willen herausgerutscht und sie hat damit etwas losgetreten, dem sie nun keinen Einhalt mehr gebieten kann.
»Wiaso hot des Mordstrumm Fleisch nix kost? Itz sog, wo is des denn her?«, sagt der Lechner im Ton schon schärfer.
»Itz red net lang und iss! I sog's da danoch!«
Das Fleisch dampft inzwischen weiter aus der Bratreine und sein Wohlgeruch erfüllt die ganze Küche.
Stephan wird ungeduldig: »Babba, mir ham Hunga!«
Die Lechnerin nimmt wortlos dem Mann den Deckel aus der Hand, verteilt Bratenstücke auf die Teller.

Er betrachtet das Fleischstück auf seinem Teller, schnüffelt daran, lehnt sich zurück und macht eine abwehrende Bewegung: »I konn ma scho vorstelln, wos des für a Fleisch ist! I mog's net und mir is aa net recht, wenn's de Kinder und du essn! Do liegt koa Segn drauf!«
Jetzt schaltet sich die brave, arglose Elisabeth ein. Auch sie hat Hunger und befürchtet nun ernsthaft, der Vater würde ihr diesen Leckerbissen vorenthalten: »Warum liegt auf dem Fleisch koa Segn drauf? Is des schlecht?«
Stephan hat es nicht mehr ausgehalten, er hat sich bereits ein Stück von seiner Bratenscheibe heruntergeschnitten und kaut darauf herum. Er will die Auseinandersetzung beenden und ergreift entschieden Partei für die Esswilligen am Tisch: »Naa, ganz guat schmeckt's!«
Auch Martl will endlich essen. Er nimmt sich einen Kartoffelknödel aus dem Topf, zerteilt ihn, schüttet etwas Bratensoße darüber und nimmt Messer und Gabel zur Hand. Er weiß, dass dem Vater etwas auf der Zunge liegt, das er am Familientisch nicht aussprechen will. »Babba, brauchst gor net so rumdruckn. I ko da scho sogn, wos des für a Fleisch is … a Gamsbrotn is des – vom Westl!«
Jetzt ist es raus.
»Ja, woher woaßt denn du des?«, ruft die erstaunte Mutter und sie erfährt den Grund für die spontane Hilfsbereitschaft der Westlin.
»I war doch vor a boor Dog beim Westl-Seppi drent. Do hob i an koitn Brotn kriagt … an Hirschbrotn, mei war der guat! Und do hob i hoit vazoit, dass's bei uns scho lang koa Fleisch mehr gebn hot.«
Der Mutter wird nun einiges klar: »Drum bist du so oft beim Seppi drübn.«
»Ja, und drum woaß i aa, was de essn! Bei dene gibt's jedn Dog a Fleisch!«
Obwohl Martl spürt, dass er ein Tabuthema auf den sonntäglichen Küchentisch bringt, muss er ein bissl mit seinem Wissen protzen: »Da Westl-Jörgl und sei Bruada und da Klosn-Bene san nämlich echte Wuidara … Des hot ma da Seppi selba gsogt! Do muaßt amoi in d' Stubn neigeh! Wos do oiß an da Wand hängt!«

Der erste, der auf seine alarmierenden Worte reagiert, ist der kleine Beppi: »Wos, des san echte Wuidara, ui!«
Bewunderung schwingt deutlich hörbar mit und veranlasst den großen Bruder, sich gleich noch wichtiger zu machen: »I kenn no mehra echte Wuidara z' Untergroana, zum Beispui an …«
Jetzt sieht sich die Lechnerin aber veranlasst, einzugreifen: »Bist net glei staad, do redt ma nix drüber!«
Der Vater hat seine Sprachlosigkeit inzwischen überwunden. Was er vorher schon geahnt hat, nun ist es gewiss: »Von de Kinder muaß i des dafrogn, wo du des Fleisch her host!«
Damit hat er seine Frau in die Defensive gedrängt, sie muss sich rechtfertigen: »I hob grod nix gsogt, weil i ja gwusst hob, dass da des net recht is!«
Der Lechner legt sein Fleischstück wieder zurück in den Bratentopf. Es ist ihm Ernst. »Naa …, des is koa ehrlichs Fleisch! Do vasündign mir uns! I mog nix davo essn!« Dann wird er unangenehm laut, wie immer, wenn er sich im Recht oder gar hinters Licht geführt sieht: »Wia konnst denn du a gwuiderts Fleisch onemma! I bin doch Gemeinderat … wenn des de Leit dafrogn, wos bei uns am heilign Sonntog auf'n Diisch kimmt!«
Nur seine älteste Tochter hält zu ihm, hegt selbst angesichts des lange vermissten Schmankerls moralische Zweifel und äußert sie auch: »I woaß aa net, ob des recht is! Wuidern is Diebstahl, hot da Herr Pfarrer in da Schui gsogt und aa: ›Du sollst keine verbotenen Früchte essen!‹«
Aus der Lechnerin spricht die helle Empörung: »Ja spinnts es denn jetzt olle zwoa? Do stell i eich endlich amoi wieder wos Gscheits zum Essn auf'n Diisch in dera schlechtn Zeit … und dann des Theater!«
Ein moralischer Grundsatzstreit bricht aus.
»Wos Recht is, muaß Recht bleibn und unrecht Gut gedeiht nicht gut!«, sagt ihr Mann.
»Solchane Sprüch könn ma uns zur Zei partout net leistn! Itz ham ma den Brotn scho auf'm Diisch und der werd itz gessn, bevor er koid is … Sonst konnst da selba wos kochn nächstn Sonntog! Essts, Kinder!«
Mit allen Mitteln will die Lechnerin Ruhe am Tisch. Sie weiß, wel-

che ehrabschneidenden Worte ihr da gerade rausgerutscht sind, doch sie will den Vater mitschuldig und damit mundtot machen, deshalb fährt sie fort: »Und du aa! I siehg da doch o, wia's da schmeckn dad!«

Sie kommt sich vor wie weiland Eva im Paradies, als sie ihm ein besonders großes und knuspriges Randstück auf den Teller legt.

Lechner starrt auf die erneute Versuchung. Sein Hunger ist im selben Maße stärker geworden, wie es seinen Familienmitgliedern inzwischen schmeckt. Er zaudert noch ein paar Sekunden, blickt auf seine inzwischen herzhaft mit vollen Backen kauenden Kinder, nimmt schließlich auch Messer und Gabel zur Hand und schneidet sich ein Stück Braten ab.

»Wegschmeißn konn ma's aa net. Dann iss i's hoit in Gotts Nam, wenn's sei muaß ... Aber ja nix rumvazähln!«, sagt er, bevor er das Fleischbröckerl zum Mund führt. Tief im Inneren weiß er, dass er sich in seiner Schwachheit versündigt hat, aber er gibt sich dieser Sünde mit vollem Genuss hin.

Das Vergehen

Zwei Tage später wird das letzte Eckerl des Gamsbratens noch in die mittägliche Einbrennsuppe geschnitten. Kaum haben sie ihre Teller leergegessen, da lädt der halbwüchsige Martl seinen drei Jahre jüngeren Bruder Stephan ein, mit ihm zum Badersee zu kommen. Martl leidet immer mehr unter der familiären Situation. Er ist ja oft bei seinem Freund Seppi im Haus des Westl-Jörgl. Er sieht, dass dessen Hose und Hemd keine Risse und Flicken haben, dass bei ihm immer reichlich Speck, Brot, Wurst im Vorratsraum zu finden sind, und er schämt sich, wenn ihm Seppis Mutter etwas zu essen zusteckt. Er schämt sich vor allem für seinen eigenen Vater, der es offensichtlich nicht zustande gebracht hat, seiner Frau und den Kindern die Schande der Armut zu ersparen. Martl leidet aber auch darunter, dass seine Ernährung überwiegend aus Mus, Einbrennsuppen und Kartoffeln besteht. Sogar beim Butter achtet der Vater darauf, dass sich keines der Kinder ein allzu großes Stück auf eine Pellkartoffel legt.

Der Seppi hätte es eigentlich gar nicht nötig, doch er holt sich immer wieder einmal eine Forelle aus dem Badersee. Nicht aus Not, nein, eher aus sportlichem Ehrgeiz oder auch Jagdtrieb. Den hat er gewiss von seinem Vater geerbt. Martl weiß ja, dass kein Fleischmangel im Haus vom Westl-Jörgl herrscht, weil der gerne, oft und auch erfolgreich mit seinem Bruder Kurbi und dem Klosn-Bene zum Wildern geht. Vom Seppi hat sich der Martl dessen Angelleine ausgeliehen. Sie ist nichts anderes als eine dünne Hanfschnur, an deren Ende ein metallener, blank geschliffener Angelhaken geknüpft ist. Etwa einen Meter davor hat der Seppi einen Flaschenkorken als Schwimmer befestigt.

Als Martl seinem Bruder die um ein Stück Brett gewickelte Schnur zeigt, nickt der begeistert. So ausgerüstet und entschlossen, etwas zur Eiweißversorgung der Familie beizutragen, machen sich die beiden Buben auf den Weg. Sie nehmen nicht den Fußweg, sondern nähern sich dem See durch den Wald.

Bald leuchtet das smaragdgrüne Wasser durch die Bäume. Vorsichtig gehen sie den Uferhang hinab bis zu einer Stelle, die vom nahen Hotel aus nicht eingesehen werden kann. Das Angeln hier ist nicht ganz ungefährlich, wie dem Martl wohl bewusst ist. Seppi hat ihm schon gesagt, einer müsse unbedingt oberhalb, am Rundweg um den See, Schmiere stehen, damit sich der misstrauische Seebesitzer nicht unbemerkt von hinten nähern und die Schwarzfischer in eine Falle treiben könne.

Deshalb postiert Martl den Bruder hinter einen Baum und befiehlt ihm, unentwegt zum Hotel zu schauen: »Sofort, wennst wen siehgst, pfeifst!«, schärft er ihm ein.

Stephan tut, was ihm der Ältere anschafft. Er hätte selber gerne geangelt und es fällt ihm schwer, zum Hotel und nicht zum Bruder zu schauen, der sich ein Stück Weißbrot in den Mund steckt und so lange darauf herumkaut, bis er es als Klumpen auf den Haken kneten kann. Stephan hört das leise Aufklatschen des Flaschenkorkens auf dem Wasser, als der Martl die Schnur mit einer weitausholenden Bewegung ausgeworfen hat. Mehrere Minuten bleibt der Schwimmer regungslos auf dem Wasser liegen, dann wird Martl ungeduldig und beschließt, die Beißlust der Fische zu erhöhen. Er zielt mit Brotbröckchen nach dem Korken und atmet erleichtert auf, als die ersten Forellen heranschwimmen und sich die Brocken schnappen.

Die Fische sind an Brot gewöhnt, weil die Hotelgäste ihre Freude daran haben, sie damit zu füttern. Aus diesem Grund sind die Baderseeforellen auch dick und fett, oft mehrere Pfund schwer. Auf eine solche hofft Martl und hat gleichzeitig Angst, dass dann die Schnur zu dünn sein und die Beute abreißen könnte.

Endlich ist es so weit und mit einem kurzen Ruck verschwindet der Schwimmer. Martl sieht im klaren Wasser, wie der Korken unter der Wasseroberfläche hin und her gezogen wird. Er wartet noch ein paar Sekunden, bis der Fisch den Köder sicher geschluckt hat, dann ruckt er vorsichtig an der Schnur und die freudige Erregung des Jägers packt ihn, als er die Kraft des Fisches spürt. Das Tier reißt ihm den Arm richtiggehend hin und her. Er federt die ruckartigen Fluchten ab und zieht den allmählich müder werdenden Fisch näher zum Ufer. Nun kann er das zuckende Prachtexemplar in seiner ganzen Größe erkennen und sieht auch, dass der Haken im Maul verschwunden ist und sicher sitzt. Ein tiefes Glücksgefühl durchdringt ihn, als er sich zum Wasser beugt, dem Fisch mit dem Zeigefinger in den Kiemenbogen greift, ihn auf den Waldboden wirft und mit einem bereitgelegten Stock so lange auf den Kopf schlägt, bis er sich sicher ist, dass er ihm nicht mehr entkommen kann.

Es ist die erste Forelle, die er mit einem Haken gefangen hat. Er weiß nun, wie es geht. Noch einmal kaut er ein Brotstück zu einem klebrigen Batzen, befestigt ihn am Haken und diesmal dauert es nicht mehr so lange, bis er Erfolg hat.

Martl hat die schweren Fische gerade im mitgebrachten Sack verstaut, als er Stephan pfeifen hört. Sofort greift er die Henkel des Sackes und hastet die Uferböschung hoch zu seinem Bruder. Er ist noch nicht ganz oben, da hört er den Mann schon brüllen: »Steh bleibn, es Hundsbuam!«

Es ist Josef Kriegelstein, der Besitzer von See und Hotel. Sein Geschrei brauchen die flinken Buben nicht zu fürchten, eher schon, dass er sie bei der Verfolgung erkennt und dann im Elternhaus oder sogar bei der Polizei auftaucht und Forderungen stellt. Zum Glück ist er dazu wohl noch zu weit entfernt, aber Martl sieht mit Entsetzen, dass der Mann nicht mit leeren Händen auf sie zurennt, sondern mit einem Gewehr.

Stephan steht immer noch da wie versteinert. Er hat solche Angst, dass er in diesem Zustand verharren würde, bis der Kriegelstein ihn erreicht hat.

»Hau ab!«, schreit Martl den Bruder an und setzt ihn mit einem heftigen Stoß in Bewegung. Schon hasten sie zwischen den ersten Bäume hindurch, Stephan voran und Martl hinterher, als ein Schuss kracht.

Unvermittelt spürt Martl einen Schlag und dann einen seltsamen Schmerz im Rücken, so als ob ihn mehrere Bienen gleichzeitig stechen würden. Er denkt aber gar nicht daran, stehen zu bleiben und treibt den Bruder weiter vor sich her, hinein ins Unterholz, weg vom See, bis sie völlig erschöpft die am Ortsrand, an der vielbefahrenen Straße zum Eibsee gelegene Wirtschaft »Waxenstein« erreicht haben.

Wo sollen sie hin? Martl rüttelt an der Türe des Nebengebäudes, das nichts anderes als ein besserer Schuppen ist, und von dem er nicht weiß, welchem Zweck es dient.

***

Zur selben Zeit wartet der Klosn-Bene, einen Rucksack in der Hand, ungeduldig vor dem Hintereingang der Wirtschaft. Er hat schon mehrmals geklopft, und schaut sich besorgt um, will nicht, dass sich jemand Gedanken darüber machen könnte, warum gerade er, der Kraftprotz, der immer den direkten Weg nimmt, an der schäbigen Hintertüre klopft. Vor allem will er nicht, dass es der Westl-Jörgl erfährt und seine Rückschlüsse zieht, denn der Jörgl verteilt das geschossene Wildpret zum allergrößten Teil an Verwandte, Bekannte und Bedürftige. Nie und nimmer würde der einen Profit aus der Wilderei ziehen.

»Dua net so wuid! I kimm scho!«, erklingt endlich eine gedämpfte Stimme und dann das metallische Scharren eines dicken Bartschlüssels im Kastenschloss. Der Waxenstein-Wirt sperrt auf und schiebt seinen massigen Körper auf die Seite, damit der Bene eintreten kann. »Kimm rei!«, sagt er.

Der Höfler-Konrad ist nicht im Dorf aufgewachsen. Er stammt aus Niederbayern, hat sich aber unter den Einheimischen schnell eingelebt, was ihm durch die eine oder andere Halbe Freibier leichter gefallen ist als manch anderem. Obwohl ein »Zuagroaster«, hat ihn weder die abweisende Schroffheit der Berge noch die der Dörfler beeindruckt, schließlich ist er in zwischenmenschlicher Hinsicht alles andere als wehleidig. Der Bene und er haben sich gleich von Anfang an gut verstanden, weil sie erkannt haben, dass sie aus ähnlich hartem Holz geschnitzt sind und der eine dem anderen von Vorteil sein kann. Ein paar Jahre älter als der Bene ist der Wirt, Anfang vierzig, und er ist sich selber ein guter Gast. Sein Satthals sprengt fast den Hemdkragen und seine rausgefressene Körperfülle ist auch der Hauptgrund dafür, dass er nicht selber hie und da eine schwarze Kugel riskiert.

Zwar hat ihm der Bene schon vor Jahren die ideale Wildererwaffe verkauft, eine Neun-Millimeter-Mauser-Armeepistole, die in ihrem eigenen Schaft verborgen werden und bei Bedarf herausgenommen und aufgeschraubt werden kann, doch die ist noch nie zum Einsatz gekommen.

Jetzt hat der Bene dem Konrad wieder etwas anzubieten. Der Wirt weiß gleich, um was es geht, winkt den Jüngeren in den Nebenraum, zieht die Vorhänge zu und reibt das Licht auf.

»Wos host ma denn heit mitbrocht?«, sagt er erwartungsvoll.

»Ganz wos Feins! Sauber ausghängt und zerlegt, wia bstellt!« Der Bene greift mit seinen nervigen Pratzen in den Rucksack, holt die Fleischtrümmer heraus und wickelt sie aus.

»Net schlecht! Wos mogst dafür?«, fragt der Konrad und will das Wildpret zum Kühlraum tragen, doch Bene packt ihn am Jankerärmel. »Wart! I hob da no wos!«

Wie so viele Gastwirte hier in den oberbayerischen Bergen ist der Konrad ein »schwarzer Trichinenbeschauer« der Wildschützen und ein Liebhaber von zarten Rehrücken und fleischigen Hirsch- oder Gamsschlegeln. Er kann aber auch andere Sachen gut brauchen für seine Wirtsstube und sein schönes Häusl, das er sich gekauft hat, denn er ist ein Liebhaber von kapitalen Trophäen.

Bene zieht ein weiteres Bündel heraus und schlägt den groben Sackrupfen auseinander. Der Wirt nimmt voller Andacht die sauber durch die Lichterbögen abgeschnittene Krucke mit der noch blutigen Hirnschale und dem Nasenbein, den langen Schläuchen und den messerscharfen Hakeln hoch, riecht an den duftenden Pechwülsten und zählt zwölf Jahresringe. Er kann nicht anders, als das Prachtstück offen und ehrlich zu bewundern. Es wird – ausgekocht und auf ein geschnitztes Brett aufgemacht – an seiner Trophäenwand einen Ehrenplatz einnehmen.

»Do schaugst, gell! An Hegeabschuss mach i koan!«, protzt der Wilderer.

Der Konrad ist jetzt schon sehr angetan von dem, was ihm der Bene gebracht hat, aber der kündigt an: »Und des is no net oiß!«

Gespannt schaut der Hehler zu, wie der Bene vorsichtig in eine Seitentasche langt und ein Kartonröhrchen herausholt, unten und oben zugeklebt. Er reißt die obere Öffnung frei und klopft ein starkes Büschel langer, steifer Haare in die hohle Hand. Dann zieht er das ganze Büschel heraus, streicht mit der anderen Hand darüber

und sagt stolz: »Schaug, wos i für di brockt hob! Is des a Bart? Des is a Neunzehner mit am wunderbaren Reif. So an Wachler hot weit und breit koana auf'm Huat, wenn i dir den fass! Außer mir!«, setzt er noch hinzu.
Der Wirt streicht andächtig mit dem Rücken des Zeigefingers über die elastischen, weißspitzigen Rückenhaare eines starken Gamsbockes und kann seine Freude nicht verheimlichen. Zwar hat er gelernt, erst einmal alles herunterzusetzen und Mängel an dem zu finden, was ihm zum Kauf angeboten wird. Aber hier gibt's nichts zu maulen, beide wissen, dass er Spitzenqualität in der Hand hält.
»Wos kriagst?«, fragt er nun anstelle des »Wos mogst?«, weil er gar nicht handeln will.
»Gibst ma hoit für oiß mitnand achtzge und a boor Hoibe Freibier!«, verlangt der Bene. »Und fürs Bindn nomoi an Zehner und für d' Hülsn an Fünfer!«
»Konnst glei mitnemma!«, antwortet Konrad und kramt seinen dicken Geldbeutel heraus. Die Scheine wechseln in Benes aufgehaltene Hand und werden von ihm in die Joppentasche gesteckt.
»Dei Zech am Samstagobnd is frei!«, meint der Konrad.
Der Bene ist damit einverstanden, er wird schon auf seine Rechnung kommen, und schnürt seinen Rucksack wieder zu.
»No wos anders, Bene!«, sagt der Konrad fast bittend, bevor der Stehler den Hehler wieder verlässt. »Mogst net aa zur SA dazua geh? Du mogst doch des Kommunistengsindl, des nix hot und de andern Leit 's Sach wegnemma wui, aa net.«
Der Bene kommt gar nicht auf die Idee, dass er selber nichts anderes tut. »I woaß net!«, sagt er ausweichend, will dem Freund nicht gleich von vorneherein eine Absage erteilen.
»I bin Haupttruppführer, waarst bei mir net lang Sturmmann! Solchane wia di könna ma brauchn! Wos moanst, wia mir zwoa do auframa dadn mit dene Proletn! Do derfst zuahaun, wia's da gfoit, bei de Saalschlachtn!«
Der Konrad versucht gar nicht, den Bene mit politischen Parolen gegen die jüdischen Bankhyänen und Bolschewisten oder die nutzlosen demokratischen Schmarotzer von Abgeordneten, die Deutschland nur in den Ruin treiben, zu überzeugen; er weiß, dass das den Bene weniger interessiert.

Dass er da halblegal seine Rauflust befriedigen könnte, ist dem Bene schon eine verlockendere Vorstellung, aber er weiß auch, wer und was sich da alles an Dummköpfen und fanatischen Schwärmern in den Reihen der SA herumtreibt. Außerdem sind die meisten von ihnen junge Kerle wie der Xari, der einzige Sohn vom Konrad, und die Vorstellung, mit dem Wichtigtuer auf einer Stufe zu stehen, ist ihm zuwider. Von Haus aus geht ihm jeder Vorgesetzte gegen den Strich, das war im Krieg schon so, aber die Vorstellung, sich von jemandem etwas sagen lassen zu müssen, der jünger ist als er selber, ist ihm ein regelrechter Gräuel.
»Sei ma net bös, Konrad! 's is schee von dir, dass d' mi dabei hobn mechatst, aber do bin i scho z' oid dazua!«

***

Stephan steht dicht hinter Martl und blickt sich immer wieder in heilloser Angst um, der Bruder könne die Türe nicht rechtzeitig öffnen, bevor sie vom Kriegelstein entdeckt würden. Als er Martl in den Rücken stupfen will, um ihn zur Eile anzutreiben, zuckt er zusammen: Das helle Hemd des Bruders ist blutgetränkt und zerrissen, die Blutflecken glänzen nass und sind an den Rändern zum Teil schon ineinander verflossen. Endlich gibt das Kastenschloss nach und die Buben huschen durch die Türe. Drinnen blicken sie sich um. Die Fenster sind zugezogen, doch das Licht, das durch die dicken Vorhänge dringt, reicht aus, um die Buben vor dem Anblick, der sich ihnen bietet, erschaudern zu lassen. Große rote Hakenkreuzfahnen hängen an den Wänden, glänzende Standarten, HJ-Fähnlein, Trommeln und dicke Stapel an Propagandamaterial liegen auf einem langen Wandbrett. Martl und Stefan werfen sich auf zwei der zahlreich um einen langen Tisch stehenden Stühle und betrachten vor Erschöpfung keuchend die Zeichen der nationalsozialistischen Machtentfaltung. Dann rappelt sich Martl auf, zieht das Hemd über den Kopf, legt sich auf den Tisch und präsentiert dem Jüngeren seinen Rücken.
»Wos is do, wos siehgst?«, fragt er ihn ungeduldig.
»Do san kloane Löcher. Du bluatst wiar a Sau!«, sagt Stephan erschrocken. »Do steckn kloane Kugln drin!«

»San s' diaf drin?«, will Martl wissen.
»Naa, man konn se seng!«, sagt der Bruder und Martl ist erleichtert über diese Auskunft.
»Des san Schrotkugln! De muasst du ma raushuin!« Dann greift er in die Hosentasche und reicht dem Stephan ein verrostetes Taschenmesser. »Mit dem konnst des machn!«, befiehlt er ihm.
»I konn des net!«, antwortet der Zwölfjährige verzweifelt.
»Itz stell di net so o. I ko doch net zum Doktor geh! Des kost z'vui Geld!«
»Aber des bluatat ja, wenn i mit'm Messer do neischneid! Und außerdem siehg i net gscheit!«, jammert Stephan.
Martl steht auf und kniet sich vor dem Fenster auf den Boden. Den Vorhang zu öffnen wagt er nicht; das Licht muss ausreichen.
»Du muaßt des doa! Da Babba haut uns grün und blau, wenn des aufkimmt!«, befiehlt er dem Jüngeren.
Stephan beginnt zu weinen, doch es bleibt ihm nichts anderes übrig, als dem Bruder Schmerzen zuzufügen. So setzt er das Messer an, drückt die Spitze in die Mitte der aufgerissenen, blutenden Hautfetzen und versucht, damit seitlich neben ein Schrotkorn zu kommen und es herauszudrücken. Die Messerspitze aber ist breit und er muss sie tief in die Wunde drücken, um die Bleikugel heraushebeln zu können. Martl beißt die Zähne zusammen, senkt den Kopf und schreit immer wieder verhalten »Au!«, wenn der Bruder ins Fleisch schneiden muss.
Mit den Schmerzensbekundungen des Bruders steigt Stephans Grad der Verzweiflung. »I ko des net!«, wimmert er kläglich und muss doch weitermachen, als es plötzlich hell wird.
Verstört blicken die beiden Buben auf und sehen eine bedrohliche Gestalt in der Türöffnung, die sich schwarz gegen das Sonnenlicht abzeichnet. Es dauert ein paar Sekunden, bis sie Xari erkennen. Ein Glück, dass es nicht der Kriegelstein oder ein Polizist ist! Aber wer weiß, ob sie nicht auch vom Xari etwas zu befürchten haben. Martl kann sich noch gut erinnern, wie der Wirtssohn ihm schon vor drei Jahren als stolzer Fähnleinträger der Hitlerjugend mit seinem Haufen entgegenkam, wenn die Mutter ihn am Sonntagvormittag in die Kirche schickte. Inzwischen ist Xari Anfang zwanzig und Mitglied der SA, von deren blutigen Einsätzen bei kommunisti-

schen Versammlungen und gegen deren Schlägertrupps die Buben schon schauerliche Geschichten gehört haben.
»Wos deats es in meim HJ-Raum?«, fragt er scharf, wartet gar keine Antwort ab, sondern greift sich den auf dem Boden liegenden Sack mit den Fischen, öffnet ihn und schaut triumphierend hinein. Dann erst wendet er sich wieder den Lechnerbrüdern zu: »Aha, Fischwuidara! Drum hot's eich so pressiert«, sagt er genüsslich und kümmert sich jetzt erst um den maladen Martl. Er inspiziert wortlos dessen Rücken und sagt dann ohne ein erkennbares Zeichen des Bedauerns oder Mitleids: »Hot's di dawischt, ha?«
»Ja, siehgst as ja. A vier, fünf Kugln san's gwieß!«
Stephan hat inzwischen seine quälenden Bemühungen aufgegeben und hofft inständig, der Xari würde damit weitermachen. Der tastet nun Martls Rücken ab. »Sechse sans!«, stellt er sachlich fest. »Do host no Glück ghabt, dass d' a Lederhosn ohost!«
»Xari, mach du des, i ko des net!«, jammert der Stephan jetzt wieder und reicht dem Burschen das ungeeignete Operationsinstrument.
»Wos mechst denn mit dem Glump! Do hob i wos Bessers!«, sagt der mit Genugtuung und zieht ein schönes langes Messer aus der schwarz lackierten Metallscheide am Gürtel.
»Do schaugts, gell! Des is a HJ-Fahrtenmesser!«
»Xari, dua net lang rum! Sei so guat und hui mir de Kugln raus!«, bettelt Martl, und Xari schreitet zur Tat. Er heißt Martl, sich auf den nun besser beleuchteten Tisch zu legen, und holt mitleidslos, aber voll konzentriert mit der schmalen Messerspitze ein Schrotkorn nach dem anderen aus den Wunden. So sehr sich Martl auch um mannhafte Tapferkeit bemüht, er muss dennoch immer wieder verhalten aufstöhnen.
»So, itz hammas!«, sagt Xari schließlich zufrieden und wischt die blutige Messerspitze an Martls Hemd ab.
»Mei, bin i froh, dass d' kemma bist!«, stattet ihm Martl seinen Dank ab. »Wia host uns denn gfundn?«
»Des is unser Schupfn und i hob gestern 's Zuasperrn vergessn ghabt!«
»Und warum hänga do de ganzn Nazi-Sachn rum?«, will Martl wissen.

»Des geht di eigentlich nix o, aber do hoitn mir unsere Versammlunga ab!«, antwortet ihm der Xari dennoch. »Mit Freibier vom Voda!« Gleich drauf fragt er: »Host a Taschnduach dabei? Mit deim Bluat host unsern Tisch versaut!«
Martl kramt sein dreckiges Taschentuch aus der Hosentasche und versucht den Blutfleck wegzuwischen, verschmiert ihn aber nur.
»Des geht net!«, sagt er. »Do braucht ma a Wasser!«
»Bleibt de Arbat wieder an mir hänga!«
»Kriagst dafür oan vo meine Fisch. Derfst da oan raussuachn!«, sagt Martl, immer noch heilfroh darüber, dass alles überstanden ist.
Xari antwortet nicht, doch er holt die zwei Fische aus dem Beutel, steckt ihnen die Zeigefinger zwischen die Kiemenbögen, wägt die beiden stattlichen Exemplare ab und sucht sich das größere, einen wunderschön rot gesprenkelten Bachforellenmilchner mit deutlich erkennbarem Laichhaken, heraus.
Martl hat die ganze Zeit mehr auf das glänzende, blank polierte Messer geachtet, das der Xari vor ihm auf den Tisch gelegt hat. Bevor der es wieder in die Metallscheide steckt, bittet er: »Derf i mir amoi des Messer oschaugn?«
Xari reicht es ihm mit unverkennbarem Stolz und beobachtet mit Genugtuung, wie Martl bewundernd das Messer hin und her dreht, mit dem Daumen die Schärfe prüft.
»Geh hoit aa dazua, dann kriagst aa so a Messer! Bei da HJ is immer wos los! Zum Zeltn konnst geh, scharf schiaßn derfst und Motorradl fohrn oder segln. Ko leicht sei, dass s' di mitnemma zum Reichsjugendtag noch Potsdam, wennst des Johr no dazuagehst! Mit achtzehne konnst dann zur SA geh. Do bin i aa dabei!«, sagt der Xari, als gäbe es nichts Erstrebenswerteres auf der Welt.
Martl ist anzusehen, dass ihm die Vorstellung, bei so vielen abenteuerlichen Aktivitäten dabeisein zu können, schon reizt, doch betrübt sagt er: »Daad i scho gern, aber da Baba lasst mi nia und nimmer.«
»I woaß scho. Dei Voda is a Kommunist oda a Sozi!«
»Des war er vielleicht amoi. Itz is er gor nix mehr und schimpft grod no … auf d' Kirch, auf d' Politiker … auf olle. Er sogt, de Nazi san Rattnfänger.«

Xaris Miene verfinstert sich: »Der sui grod Obacht gebn, dei Voda! I bin koa Ratz! I bin Deutschlands Zukunft, sogt da Führer.«
Martls Gedanken beschäftigen sich vorrangig mit der näheren Zukunft: »Erst amoi muaß i selber Obacht gebn. Des derf da Babba net wissn, dass i mi hob beim Schwarzfischn dawischen lassn. Dann kriag i no a Watschn dazua! Sog fei ja nix!«
»Brauchst koa Angst hom. I verrot di net! Mir Junga miaßn zamhoitn gega de oidn Deppn und de Großkopfatn! SA marschiert, es zittern die morschen Knochen! De wern si no umschaugn, wenn mir amoi wos zum Sogn ham!«
Aus den Augenwinkeln mustert er den Martl und fügt scheinbar beiläufig noch hinzu: »Wennst dazua gehst, kriagst a wunderbare Kluft, dann brauchst net oiwei in deim gflicktn Zeig rumrenna.«
Dieses Argument wiegt schwer, trifft es doch den Martl an einem wunden Punkt. Je mehr er heranwächst und sich zum anderen Geschlecht hingezogen fühlt, umso mehr schämt er sich seiner schäbigen, abgetragenen Kleidung.
»Aber so a Uniform kost doch an Haufn Geld!«, wendet er ein.
Aber Xari bringt ihn in noch ärgere innere Bedrängnis: »I hob no mei oide, de dad i dir fast schenkn – mitsamt 'm Messer! De is no pfenningguat! Do renna dir de Madl grod a so nach!«

***

Als Martl und Stephan in die Küche treten, werkelt die Mutter am Spülstein herum und der Vater liest Zeitung, nimmt kaum Notiz von seinen Söhnen. Die Mutter schaut nur kurz auf und erkennt mit geübtem Blick doch gleich die Blutflecken auf Martls Rücken.
»Wos host denn do ogstellt?«, sagt sie erschrocken.
Martl hat diese Frage erwartet. »A … nix, a weni grissn an am dürren Ast.«
Seine Mutter ist entrüstet, ihre erste Sorge gilt dem beschädigten Hemd: »A weni grissn? Des ganze Hemad is hi; des konn i nimmer flickn!«
Auch der Vater sieht sich nun seinen Buben genauer an, befürchtet sofort eine weitere Belastung der schmalen Familienkasse: »Hundsbua, konnst denn du net Obacht gebn aufs Zeig!«

Martl kennt die auf Sparsamkeit ausgerichteten Gedankengänge seines Vaters und sieht nun eine Chance: »Babba, i kannt vom Xari a HJ-Uniform gschenkt kriagn, dann brauch i koa neis Gwand!«
Der Vater jedoch ist von dem Vorschlag alles andere als begeistert, barsch sagt er: »Nix do! Der Xari gfoit ma genauso wenig wia sei Voda. Außerdem dean de bei da HJ nix ois wia Kriag spuin.«
Martl ist seit dem Sommer aus der Schule und hat wie sein Vater keine Arbeit. In dieser schlechten Zeit nimmt kein Meister einen Lehrling, abgesehen davon, dass seine Eltern ohnehin kein Lehrgeld würden für ihn zahlen können. So glaubt er ein gutes Argument für einen letzten Versuch zu haben, den Vater umzustimmen: »Aber Babba, do lernt ma wos! Motorradl fahrn, morsen, segeln und sogor fliagn, wenn ma wui.«
»Des san oiß Sachn, de wo ma im Kriag aa brauchn ko! Nix do und basta!«
Nun sieht der Lechner den fleckigen Stoffsack in Martls Hand: »Wos host denn do?«, fragt er barsch.
Martl wickelt stolz den großen Fisch aus und ist enttäuscht, als er in des Vaters Miene keinerlei Zeichen von Anerkennung findet. Im Gegenteil, Zornesröte überzieht seine gefurchte Stirn. »Wo host denn den her?«, will er wissen.
»Aus'm Badersee ghuit! A Fisch is aa a Fleisch!«
Mit seinen Worten hat Martl etwas aufgewühlt, das dem Lechner seit dem vergangenen Sonntag keine Ruhe gelassen hat. Er springt auf, schlägt seinem Sohn mit der flachen Hand ins Gesicht und schreit wutentbrannt: »Gstuin host 'n! Aa wenn 's Geld knapp is, stehln brauchst net! So weit is no net!«
Auch Martl ist nun aufs Äußerste erregt. Zu oft hat ihm der Vater eine Ohrfeige verpasst, wenn er in Zorn geraten ist, doch nun will sich Martl nicht mehr behandeln lassen wie ein kleines Kind. Trotzig stellt er sich vor den Vater, die Fäuste geballt, die Augen zu schmalen Schlitzen zusammengekniffen. »Schlog mi nia wieder, Voda!«, zischt er.
Die Mutter verfolgt entsetzt, wie sich der große Sohn das erste Mal so offen gegen den Vater auflehnt und will die Situation nicht eskalieren lassen. Sie will schlichten und versucht dies dadurch zu erreichen, dass sie für ihren Sohn Partei ergreift: »Lass doch den

Buam in Ruah. Der hot's doch guat gmoant. Dem Kriegelstein duat doch der oane Fisch net weh!«

Der Lechner ist immer noch hochgradig erregt: »Ja, sui ma uns grod no von gstohlnem Fleisch ernährn?«, plärrt er.

Doch auch seine Frau ist nun in Rage geraten und schreit zurück: »Du bringst uns ja koa Fleisch ins Haus! Seitdem dass du koa Arbat mehr host, daatn mia de Kinder boid mehra Brod essn ois wia du Unterstützung kriagst!«

Der Lechner schaut seine Frau ernst an, dann schickt er die Kinder aus der Küche.

Die Lechnerin ahnt, dass sie nun im Mittelpunkt seines Zorns stehen wird und dass ihr Bemühen, den Hausfrieden zu retten, gescheitert ist. Wortlos reibt sie noch einen Hafen trocken in Erwartung der Vorwürfe.

»Hot itz des sei miaßn vor de Kinder: Von wegen ›Du bringst ja koa Fleisch ins Haus‹? Wia steh i denn itz do?«, sagt ihr Mann in bemüht ruhigem Ton.

Die Lechnerin weiß, dass sie der Auseinandersetzung nicht mehr entgehen kann. Nur allzu gerne würde sie ihren Kindern einfach nach draußen folgen; sie beneidet sie um die Möglichkeit der Flucht. Sie sieht sich in die Ecke ihrer kärglichen Küche getrieben und beschließt, zum Gegenangriff überzugehen. Es muss endlich aus ihr heraus. Jetzt spricht sie aus, was sie sich während der letzten Wochen schon so oft mit Grimm im Herzen gedacht hat: »Wos wohr is, is wohr! Wos moanst denn du, wia i dosteh, im Ladn bei da Westlin und ko net zoin! Muaß vorher scho wartn vorm Ladn, bis koana mehr drin is! Und wenn i drin bin im Ladn, muaß i Angst hobn, dass wer reikimmt und mei Schand mitkriagt! Wiar a Bettlweib steh i do!«, schleudert sie ihm entgegen und setzt nach: »Des hob i mir amoi ganz anderst vorgstellt!«

Ihr Mann ist in seiner Ehre empfindlich getroffen. Er atmet schwer. Seine Wut wandelt sich langsam in das Bewusstwerden des eigenen Versagens. Er weiß, dass seine Frau recht hat und sagt in fast weinerlichem Ton: »I mir aa!«

Die Lechnerin nimmt keine Rücksicht auf seinen angeschlagenen seelischen Zustand. Sie ist nicht mehr in der Lage, ihren Mann zu schonen und mit der Strafpredigt hinterm Berg zu halten: »Guat

werds ma geh bei dir, host amoi gsogt vor fuchzehn Johr! Mei Lebdog lang, host gsogt!«
Innerlich schwer verletzt, sagt der Lechner: »Wenn i im Weltkriag mein Steckschuss net kriagt hätt in Frankreich, glei noch da Hochzeit, dann waar i itz koa kloana Handlanger, den ma glei nausschmeißt, wenn's a boor Wochn koa Arbat gibt, sondern Polier wia da Westl-Jörgl! Dem kündigt koana!«
»Oiwei is der Steckschuss schuid! Oiwei wos anders, grod net du! Wennst scho am Bau nix Schwaars mehr hebn konnst – an Stutzn werst doch no hoitn kenna und an Berg nauftrogn! An de Fiaß fehlt da doch nix! Grod a jeder wuidert doch in dera schlechtn Zeit!«
Immer noch hofft der Lechner, seine Frau würde Verständnis aufbringen für seine Lage: »Du kennst doch mei Glück! Wenn s' an kloana Mo dawischn, dann straffn s' den bsonders hart. Stell dir vor, i miaßat ins Gfängnis! Dann kriagat i gor koa Arbat mehr!«
Die Lechnerin lässt nicht nach, schlägt nun sogar verbal unter die Gürtellinie: »Wennst a gscheits Mannsbuid waarst ...«
Ihr Mann spürt die Verachtung, die in ihren Worten mitschwingt, springt vom Stuhl auf und reißt den schlichten Holzrahmen, der eingereiht zwischen anderen Familienfotografien neben dem Herrgottswinkel hängt, so heftig von der Wand, dass der Nagel und ein Stück Putz mit herausfliegen. »A gscheits Mannsbuid ...?«, plärrt er. »Do schaug her! Eiserns Kreiz Oans und Eiserns Kreiz Zwoa! Wos moanst denn du, für wos i, a oafacha Gefreiter, de Ordn kriagt hob! Weil i koa gscheits Mannsbuid bin? Reihenweis hob i s' wegputzt, de Franzmänner! Weil i steh bliebn bin im stärkstn Feindfeier, wo si de andern scho lang in ihre Löcher vakrochn hobn!«
Seine Frau weiß inzwischen, dass der Familiensegen nicht nur für diesen Tag schief hängt. »Do ko heit koana davo obabeißn!«, sagt sie bitter und verlässt die Küche, während ihr Mann blass vor Wut auf seinem Stuhl sitzt und auf seine so mühsam erworbenen Auszeichnungen starrt – das einzige, worauf er zur Zeit stolz sein kann.

Der Tanzabend

An einem Tisch des großen Saales im Gasthof »Zur Schranne« sitzen die Jäger Lenz Bartl und Ander Klotz zusammen. Die jungen Männer tragen ihrer Zunft entsprechend graue Lodenjoppen und gepflegte, an den Spitzen kunstvoll gezwirbelte Schnurrbärte. Sie kennen sich; sie sind für die benachbarten Reviere Garmisch/Griesen und Grainau zuständig. Beide stammen sie aus alten Jägerdynastien, ihre Väter waren noch königlich bayerische Jagdgehilfen gewesen, der Großvater vom Ander hatte sogar den schießwütigen Max II. auf der Jagd begleiten dürfen. Lenz und Bartl kennen aus den Schilderungen ihrer Vorgänger, welche Anarchie in den Gebirgsrevieren vor einem Dutzend Jahren geherrscht hat, und sie wissen wohl, dass nach den vielen Toten des Wildererkrieges, der nach dem Weltkrieg in den oberbayerischen Wäldern so erbittert geführt worden war, die Fronten immer noch verhärtet sind. Es ist keine leichte Aufgabe, ihrer vorrangigen Aufgabe gerecht zu werden, das Wild in ihren Revieren vor Übergriffen zu schützen. Jetzt, da die Zeiten erneut schlechter werden, suchen die Einheimischen wieder verstärkt besonders die zum Garmischer Revier zählenden Berge des Ammergebirges heim. Die freien Matten und Latschenhänge von Ziegspitze, Frieder, Schellschlicht, Kreuzspitze sind ein ideales Revier für Gamsrudel – und damit auch für Wildschützen. Immer wieder findet Lenz auf seinen Reviergängen den Aufbruch einer Gams. Die zahlreich in diesen Bergen beheimateten Adler sind gut genährt.

Nicht weit von ihnen entfernt sitzen an einem anderen Tisch Magda und ihre Freundin Rosi. Die beiden arbeiten als Bedienungen, Magda in ihrem Heimatort Untergrainau im Gasthof »Waxenstein«, ihre Freundin Rosi hier in der »Schranne« im sechs Kilometer entfernten Garmisch. Heute aber haben beide frei und Zeit füreinander. Rosi ist blond, drall, hat lustige blaue Augen, die frech jedem anzüglichen Blick standhalten, während die dunkle, schlanke Magda meist nicht anders kann, als scheu die Lider zu senken, wenn ihr ein Mannsbild allzu interessiert in die schwarzen Augen schaut. Im Gegensatz zu Rosi, die im großen Ort Garmisch nicht so sehr unter Beobachtung steht, muss Magda auf ihren Ruf achten, sie darf und will nicht ins Gerede kommen – und sie hat allen Grund dazu. Sie wohnt noch daheim bei ihren Eltern im Westlhof und weder ihr Vater noch ihre beiden Brüder hätten Verständnis für ein liederliches Leben. Die Familie ahnt noch nichts von Magdas großer Liebe.

Gerade heute muss sie aufpassen, denn am Schanktisch stehen ein paar Einheimische aus Untergrainau beieinander, darunter der Klosn-Bene, ihr Nachbar und Freund ihrer Brüder. Sie fürchtet sich vor ihm, vor seiner lauten, fordernden Stimme und seinem kraftvollen, dominanten Auftreten. Noch nie, auch bei der größten Kälte nicht, hat sie ihn ohne weit aufgeknöpftes Hemd gesehen. Seine so unbedeckt zur Schau gestellte breite Brust ist stets ein Hinweis an die Mitmenschen, dass er sich für unverwundbar hält und auch jederzeit bereit ist, den Beweis dafür anzutreten. Er ist ein Brachialmensch mit der Überheblichkeit des Überstarken. Nur Magdas ältesten Bruder Jörgl erkennt der Klosn-Bene als ebenbürtig an. Seinen Anweisungen folgt er, vor allem, wenn er mit ihm und Magdas zweitem Bruder Kurbi zum Wildern geht.

Es ist ihr unangenehm, dass der Klosn-Bene zu der Tanzveranstaltung gekommen ist und hier lautstark den Ton angibt. Die Garmischer, die um ihn herumstehen, alle einen halben Kopf kleiner und auch schmäler als er, lachen über seine Sprüche.

Der Klosn-Bene ist unübersehbar, auch für die beiden Jäger. Lenz weiß, dass das großsprecherische Mannsbild ein Untergrainauer ist und kann sich gut vorstellen, welcher Beschäftigung der Bene in seiner Freizeit nachgeht. Außerdem nimmt er an, dass die Untergrainauer vorwiegend jenseits der Loisach in seinem Revier wildern. Seine Vermutung stimmt, denn die »Gratschauger«, wie die Wildschützen bei den Einheimischen genannt werden, haben untereinander ihre Reviergrenzen recht genau abgesteckt, um sich nicht gegenseitig ins Gehege zu kommen. In den Wäldern unterhalb der Waxensteine und rund um den Eibsee wildern die Obergrainauer Burschen, und von diesen sieht er heute Abend keinen im Wirtshaus, und das Ammergebirge teilen sich die Untergrainauer mit den Garmischern. Er will aber mit dem Kollegen Ander nicht über dieses unerfreuliche Thema sprechen, sie wollen Spaß haben an diesem Abend.

»No ned vui los, heit«, meint Ander, als er seinen Blick über die noch spärlich besetzten Tische schweifen lässt.

»Es is no friah, es kemma scho no a boor Madln«, tröstet ihn der Lenz, da wendet der Ander unwillkürlich den Kopf nach hinten. Er hat einen Blick verspürt, der ihn nach dem Schauenden sehen lässt. Und er wird fündig.

»Do drübn sitzn scho zwoa. De schaugn gor net schlecht aus«, sagt er zum Kollegen und deutet mit einem kurzen Kopfnicken hinüber. »De Blonde schaugt mi ganz schee frech o und de Schwarze danebn is aa net schlecht!«

Lenz muss ein Lächeln unterdrücken und sagt: »Do host recht!« Er kennt die Magda schon länger und das inzwischen sehr gut. Im Sommer hatte sie am Abend immer wieder ihr Leiterwagerl an seinem Jägerhäusl im Baderseewald vorbeigezogen und seinen Gruß stets scheu erwidert. Der Westlvater hatte nämlich zwei Schweine im Stall, für die Magda die Speisereste holte, welche die Gäste der Restauration des Baderseehotels auf den Tellern gelassen hatten oder die in der Küche angefallen waren. Das schwarzhaarige Mädchen mit den seelenvollen Augen hatte dem Lenz auf Anhieb gut gefallen – und auch ihr war nicht entgangen, wie fesch der junge Jäger aussah und wie ordentlich rings um das kleine Häusl mit den grünen Fensterläden und dem unter den Dachfirst geschraubtem Vierzehnender alles bestellt war.

An einem Julisamstag hatten anscheinend besonders viele Besucher an dem mitten im Wald gelegenen See mit seinem klaren, fischreichen Wasser zu Mittag und zu Abend gegessen, denn die vier großen Blechkübel auf dem Wagerl waren randvoll und Magda hatte größte Mühe, sie die Steigung neben dem Jägerhäusl hochzuziehen.

An jenem Tag hatte Lenz endlich eine Gelegenheit gesehen, Bekanntschaft mit ihr anzuknüpfen, indem er ihr seine Hilfe anbot. Bis zur Hauptstraße hatte er das Wagerl gezogen, dabei ein paar unverbindliche Worte mit ihr wechseln können und sich über ihre klugen, gewitzten Bemerkungen gefreut. Die wenigen Minuten hatten ausgereicht, eine Flamme in ihm zu entzünden. Er fühlte sich zu dieser jungen Frau hingezogen wie noch zu keiner anderen bisher. Von da an hat er ihr geradezu aufgelauert, bis sie wieder mit ihrem Wagerl vorbeikam und auch geholfen, wenn der Essensumsatz im Hotel gering war und die Magda ihr Leiterwagerl leicht hätte alleine das Bergerl hochziehen können. Sie waren immer vertrauter miteinander geworden und an einem besonders warmen Abend hatte er sie zum Hotel begleitet und noch zu einem Spaziergang um den See eingeladen. Dort waren sie sich noch näher gekommen.

Woher aber soll der Kollege wissen, dass der Lenz nun schon seit einigen Wochen ein Verhältnis mit der schönen Untergrainauerin hat? Gemeinsam mit Magda ist der Lenz schon eine Stunde zuvor in der »Schranne« eingetroffen. Weil er allerdings annimmt, dass sie nicht oft mit ihrer Freundin Rosi zusammenkommt, hat er sich erst einmal an einen anderen Tisch gesetzt.

Als der Ander nun recht ungeniert zum Mädchentisch hinübergrinst, hält Rosi ebenso frech dem Blick stand, während Magda zu Boden blickt.

»De Schwarze kenn i, des is de Westl-Magda vo Untergroana. Do daad i aufpassn!«, warnt der Ander überraschend seinen Freund.

»Warum aufpassn, des is doch a saubers Madl! Fehlt dera wos?«

»Fehln duat ihra nix. Des siehgst ja. De gfoiat mir scho lang. Aber mit ihre Briada mecht i nix zum Doa hobn. De treibn si in deim Revier rum, hob i leitn hern.«

Der Lenz weiß zwar, dass Magda zwei Brüder hat, aber dass sie wildern, hat sie ihm nicht gesagt. Das wäre auch eine Erklärung dafür, warum sie so ablehnend auf seinen Vorschlag reagiert hat, dass er einmal bei ihren Eltern vorbeikommen und sich vorstellen könnte.

»Des pressiert net! De dafragn's no friah gnua!«, hatte Magda geantwortet und ihn dabei ernst angeschaut.

Er beschließt, dem Ander gegenüber weiter den Unwissenden zu spielen. »Oha, a Wuidaraschwester, des passat ja recht guat, und so a saubere aa no!«, meint er in Angeberlaune.

»Konnst as ja probiern bei ihra. Vielleicht vazählt s' da wos über ihre Briada, wo se higenga, wo se ihre Stutzn vasteckn und wann

se genga«, sagt der Ander und weiß nicht, welches Gewicht diese salopp hingeworfenen Worte bald haben werden.
Magda hat sich inzwischen wieder ihrer Freundin zugewandt: »Guat, dass d' heit aa frei host. Kenn ma a weni ratschn.«
Die Rosi hat auch noch andere Interessen: »Wenn uns de Burschn Zeit lassn dazua. Es san scho a boor schneidige dabei! Aber des Mannsbuid do drübn gfoit ma no besser wia de Junga!« Dabei deutet sie auf den Bene, der sich immer noch in Szene setzt und in seiner prachtvoll inszenierten Männlichkeit ganz und gar ihrem Ideal entspricht. »Kennst du den?«, fragt sie.
»Den kenn i guat, der steckt ollaweil mit meine Briada zamm – du woaßt scho!«, klärt Magda ihre Freundin auf.
Rosi lässt sich davon in keinster Weise abschrecken, im Gegenteil, dass der Bene ein draufgängerischer Wilderer ist, lässt ihn noch eine Stufe höher steigen in ihrer Achtung: »Aber a saubers Mannsbuid is des!« Dann nimmt sie im Augenwinkel eine Bewegung wahr: »Schaug, do kimmt scho oana für di!«
In solchen Angelegenheiten weitaus versierter als Magda, hat sie längst erkannt, dass an ihrer Freundin Interesse besteht. Sie weiß ja nicht, dass Magda mit dem an den Tisch getretenen Lenz schon bestens bekannt ist. Als er Magda höflich auffordert und mit einem einladenden Lächeln, das seine schönen weißen Zähne entblößt, zum Tanz führt, wundert sich die Rosi, wie strahlend Magda das Lächeln ihres Kavaliers erwidert.
Lenz ist ein guter Tänzer, führt recht dominant, und Magda genießt es. Sie hat Männer nie anders kennengelernt. Sie will sich in starken Armen beschützt und sicher fühlen, wie sie es von Kindheit an von ihrem Vater und den großen, um einiges älteren Brüdern gewohnt ist.
Nur wenige Paare sind bisher auf der Tanzfläche. Rosi bleibt allein am Tisch sitzen, hat aber nicht vor, lange in diesem unangenehmen Zustand zu verharren und schaut den Klosn-Bene so lange aufreizend an, bis der ihren Blick erwidert, ihn versteht, seine Großsprecherei einstellt und sich von seinem Publikum abwendet. Dass der ebenfalls einsam an seinem Tisch sitzen gebliebene Ander gleichzeitig den Entschluss gefasst hat, sich ihr zu widmen, ist Rosi entgangen. Beide Männer machen sich gleichzeitig auf den

Weg – erst kurz vor Rosis Tisch treffen sie aufeinander, merken, dass einer von ihnen zuviel ist.
Der bullige Bene verstellt dem Ander den Weg. »Finger weg, Bürscherl, de is de mei!«, sagt er klipp und klar, neigt dabei den Kopf, damit der Ander sehen kann, was seinen Hut schmückt.
Ander betrachtet die Federn auf dem Hut seines Kontrahenten und erkennt sofort, dass eine Auseinandersetzung nicht vorteilhaft für ihn enden würde. Zwei Spielhahnfedern zieren die Kopfbedeckung des Klosn-Bene, was soviel bedeutet, dass er es mit zwei Gegnern gleichzeitig aufnehmen würde, wenn's drauf ankommt.
Obwohl Ander annimmt, dass der Bene die Federn nicht gekauft hat, die er ihm so provokativ unter die Nase hält und deshalb wütend wird, will er es nicht auf eine Rauferei ankommen lassen und das damit verbundene Aufsehen vermeiden. Aber wenigstens verbal will er sich nicht kampflos geschlagen geben. »Wos hoaßt do de dei!«, begehrt er auf, um sein Gesicht zu wahren, und wundert sich gleich darauf über das Angebot, das ihm der offensichtlich kräftemäßig überlegene Klosn-Bene macht.
»Wennst moanst, dann lass ma ihra de Wahl!«, schlägt der vor.
Ander nickt und beide treten vor Rosi.
»Wer von uns zwoa gfoit da besser, Madl? Derfst da oan raussuachn!«, sagt der Klosn-Bene gönnerhaft.
Er weiß schon vorher, dass Rosi sich für ihn entscheiden wird. Sie zögert nicht lange, steht auf und greift nach seiner ausgestreckten Hand. Während sie von Ander keine weitere Notiz nimmt, grinst der Klosn-Bene ihn schadenfroh, fast böse, an und führt seine Eroberung wie eine Trophäe zum Tanz. Ander bleibt nichts anderes übrig, als wortlos und zornig den Rückzug anzutreten. Hintanstehen kann er nicht ertragen, der Abend ist ihm gründlich versaut. Da sein Freund Lenz offensichtlich gut versorgt ist, zahlt er und verlässt den Ort seiner Niederlage.
Bene wirbelt Rosi währenddessen herum, juchzt dem Ander noch laut nach, als der den Saal verlässt, und erblickt dann seine Nachbarin Magda im Arm des Jägers Lenz. »Ja, do schaug her!«, sagt er zu sich selber und pfeift dabei leise.

***

Ein paar Tage später gäbe es für den Bene wieder etwas zu sehen, aber die beiden sind vorsichtig. Lenz ist mit Magda – wie schon oft in der letzten Zeit – in der Umgebung seines kleinen Jägerhäusls unterwegs. Sie gehen versetzt hintereinander auf dem schmalen Wegerl und achten darauf, dass sie nicht über dunkle, abgetretene Fichtenwurzeln stolpern. Wenn der Pfad zu schmal wird, lässt Lenz seiner Begleiterin vollends den Vortritt. Sie sind ein schönes Paar, der schneidige sehnige Jäger und die fast genauso große, gertenschlanke Magda, doch sie sind auch ein sehr ungleiches Paar – ein Jäger und die Schwester im ganzen Dorf bekannter Wilderer. Beiden ist es ganz recht, dass der Waldweg ziemlich verwachsen ist und von kaum jemandem noch benutzt wird.
Lenz trägt sein Gewehr lässig mit dem Riemen über der Schulter. Die linke Hand ruht auf dem nach vorne gerichteten Lauf; mit der rechten hält er die weiche, warme Hand von Magda. Sie reden nicht viel, bis zwischen den Bäumen die im Sonnenschein smaragdgrün leuchtende Wasserfläche des wildromantisch inmitten eines Bergsturzgebietes gelegenen Badersees auftaucht. Ihre Schritte rascheln im trockenen Laub und der Föhn malt die gewaltigen Felsschroffen des Waxensteinkammes und die in allen Braun- und Gelbtönen leuchtenden Laubbäume am Ufer meisterhaft auf die glatte Wasserfläche. Nur hie und da verursacht eine steigende Forelle konzentrische Wellen und lässt den See märchenhaft glitzern. Seit mehreren Tagen weht ein für die Jahreszeit ungewöhnlich starker Föhnwind durch das Tal und hat den See mit unzähligen Blättern bedeckt. Es ist das letzte heitere Aufbegehren des Herbstes, der bald dem alles Leben erstickenden Schnee und der strengen Kälte des Winters wird weichen müssen.
Magda will ihren schweigsamen und ernst blickenden Begleiter aufmuntern: »Schaug obe auf'n See! Wia si de Waxlstoana und des farbige Laub vo de Baam do drin spiagln! Sog, is des net des Paradies auf Erden?«
Lenz hat die grandiose landschaftliche Schönheit wahrgenommen, doch er ist nicht in der Stimmung, sie mit entsprechend feierlicher Andacht zu würdigen. Erst gestern hat er am Frieder wieder die Überreste von drei gewilderten Gämsen gefunden.
»In am Paradies gibt's weniger Lumpn!«, sagt er. Er will aber sei-

ner Liebsten nicht die Laune eintrüben und gibt zu: »Schee habts as freili do herin bei eich. Des ham scho de Freisinger Herrn und danoch de boarischn Kini gwusst und san zum Jagern herkemma! So a Hochgebirgsjagd is ganz wos Bsonders.«
Wieder weht ihnen vom See her eine warme Windbö entgegen, spielt in den blonden Locken des Jägers, die unter seinem Hut hervorlugen. Er will an dieser herrlichen Stelle ein wenig verweilen und schlägt vor: »Sitz ma uns doch a weni nieder!«
Magda kommt der Aufforderung gerne nach und wartet, bis Lenz seine Joppe ausgezogen und als Sitzunterlage auf den weichen moosigen Waldboden am Ufer niedergelegt hat.
Er lehnt seinen Bergstutzen, eine Bockbüchse mit einem groß- und einem kleinkalibrigen Kugellauf, an einen Baum, lässt den Blick schweifen und muss zugeben: »Ja, des is wirklich a scheens Platzerl! Koa Wunder, dass da König Ludwig do am Badersee a Schloss herbaun wuit!«
Magda klärt ihn auf: »Do is dann leider nix draus worn, aber a Bronzenixe von seim Linderhofer Schloss ham s' im See versenkt.«
Lenz folgt mit den Augen Magdas Fingerzeig. Das hat er noch gar nicht gewusst, dass in diesem kleinen, glasklaren Bergsee inmitten der Waldeinsamkeit eine Nixe haust. Geführt von Magdas Zeigefinger stößt sein Blick auf die Steinplatte, auf der das Fabelwesen ruht, und er sieht ihren schuppenbedeckten Unterleib, die breiten Flossen, mit denen sie sich am Felsen abstützt. Von der Hüfte aufwärts ist ihr schlanker Körper nackt. Der linke Ellenbogen ruht ebenfalls auf dem Stein. Leichtes Wassergekräusel lässt ihre schönen Gesichtszüge wie lebendig wirken, so als blicke sie sehnsüchtig nach oben, voller Verlangen nach der Gesellschaft der Menschen, die sie besuchen kommen. Als sie lächelnd den rechten Arm hebt und ihm zuwinkt, glaubt Lenz, feenhafte Harfenmusik zu hören. Es dauert ein paar Sekunden, bis er erkennt, dass die Bronzefigur den Arm ausgestreckt hält und es nur ein paar kleine Wellen waren, welche ihm die Bewegung vorgaukelten.
Magda blickt ernst und stumm auf die Nixe. Sie fröstelt. Lenz merkt es und legt zärtlich seinen Arm um sie. »Wos host denn, Magda?«, fragt er.

»Mir is so wunderlich. I konn de Nixn net lang oschaugn. I moan oiwei, de winkt mir zua und mecht mi lockn – obe ins Wasser zu ihra!«
Lenz macht sich Sorgen um seine Liebste. So ernst hat er sie noch nie erlebt.
»Do pass i scho auf, dass du bei mir bleibst!«, sagt er liebevoll.
Magda reißt sich zusammen, schaut den Lenz zärtlich an. Gerade ist ihr etwas endgültig klar geworden und das will sie ihm nun sagen: »Ja, Lenz, es is wohr! In deiner Näh fühl i mi so sicher und so beschützt wia sonst nirgends!«
Gleichzeitig aber verspürt sie die Last ihrer Zweifel und Sorgen und es kostet sie Überwindung, das auszusprechen, was sie bedrückt: »Aber wia sui denn des weitergeh? Im Dorf derf uns zwoa koana so seng. Des gab glei a bees Bluat!«
Lenz reibt mit der Hand ihre Schulter, versucht sie auch innerlich aufzuwärmen.
»Es is doch koa Mensch do. Mir san ganz alloa im Woid.«
Magda aber ist bitter geworden. Mit der Einsicht in die Größe ihrer Liebe zu ihm ist auch die Erkenntnis in die Aussichtslosigkeit gewachsen: »Ja, im Woid, oiwei im Woid! Versteckn miaß ma uns im Woid vor de Leit!«
Lenz, der ja schon seit dem Tanzabend mit Ander ebenfalls seine Zweifel mit sich herumträgt, will es nun genau wissen: »Warum miaß ma uns denn versteckn im Woid?«
Magda will ihm nun wenigstens andeutungsweise die Wahrheit sagen: »In dera schlechtn Zeit wuidern vui Mannsbuider und a Jager is net gern gseng!«
Dem Lenz ist klar, dass sie damit ihre Brüder meint. Er erkennt nun in aller Deutlichkeit die misslichen Umstände ihrer Liebe, doch er muss sich der Situation stellen: »Host scho recht. A Schand is des scho, dass ma uns net vor de Leit seng lassn derfn!«, sagt er und macht sich plötzlich Sorgen um die Dauerhaftigkeit seines Glückes: »Schaamst di am End no mit mir, weil i a Jaga bin?«
»Naa, Lenz, schaama dua i mi mit dir net! Aber du woaßt es doch selber! Dass i mit am Jaga geh, des siehgt von de unsern koana gern. Do san de Groanara extrig!«
Lenz fühlt sich immer noch fremd in der Umgebung, in der er

nun schon bald ein halbes Jahr lebt. Er gilt, obwohl und gerade weil er in dem gar nicht weit entfernten Graseck aufgewachsen ist und selber einem alten Werdenfelser Bauerngeschlecht entstammt, als ein Herrenknecht, ein Verräter, der den Einheimischen ihre angestammten Rechte auf den Wald und demzufolge auf alles, was darin haust, streitig macht.

Der Lenz hat das immer schmerzlich gespürt, wenn er ins Wirtshaus gegangen ist. Deswegen hat er nie gewagt, sich zu den Bauern an den Tisch zu setzen. Es wäre ihm vermutlich schnell deutlich gemacht worden, dass er hier als Eindringling betrachtet wird. Die Grainauer lassen ihn unverkennbar die willkürlich gezogenen Grenzen ihrer eigenen Reviere fühlen, missachten aber gleichzeitig ungeniert Grenzen und Gesetze, für deren Einhaltung er Sorge zu tragen hat. Sie sind in seinen Augen nichts anderes als ihrem dummen Stolz verhaftete, hundsgemeine Wilderer, die auf alles schießen, was sich im Wald bewegt, und ihm so die Hege und Pflege des Wildes erschweren. Dazu kommt der Ärger, schon mehrmals vom Forstamtsleiter und vom Jagdpächter Vorwürfe zu hören bekommen zu haben, dass die Wilderei in seinem Revier nicht nachlasse und warum er nicht schärfer dagegen vorgehe. Er freut sich fast darüber, dass der Reh- und Rotwildbestand in den Wäldern dies- und jenseits der Loisach inzwischen bereits so zusammengeschossen ist, dass die Wilderer immer weitere und beschwerlichere Wege auf sich nehmen müssen, um wenigstens noch eine Gams zu erlegen.

All das geht ihm nun durch den Kopf und sein aufgestauter Zorn macht sich Luft: »Ja, de Groanara Holz- und Wuiddiab! De san ja im ganzn Oberland bekannt. Als Kind hob i scho ghert, wia's do herin noch'm Kriag zuaganga is. Des war ja de reinste Anarchie damals. Wia mei Muata ghört hot, dass i Jagdaufseher in Groana wer, do hot sie bittlt und bettlt, i sui de Stell net onemma.«

»So muast aa net grod redn!«, sagt Magda. »Koa Wunder, dass s' di net meng. Wos host denn gega de Groanara?«

»Gaachzornig und gewalttätig san s', hot s' gsogt, d' Muata, und des hoibade Johr, des i bis jetzt do herin bin, hot mi no koa oanziger von dene Büffln freindli ogschaugt oder gor mein Gruaß zruckgebn!«

»Warum bist nachad herkemma und host net auf dei Muata ghört?«
»Der Jagdpächter zoit recht guat – wia's ausschaugt, kriagt ma net so leicht an Jager, der freiwillig nach Groana geht!«
»Ja, mei, mit de Groanara muaß ma hoit langsam warm wern. De ham hoit ihrn eigana Stuiz!«
»Dummheit und Stuiz wachsn auf oam Huiz! A Jager is für de net vui wert. Du sogst as ja selber!«
»Itz sei net so verdrossn. Mir – mir bist du scho wos wert! Mit mir bist doch schnell warm worn! ... Du muast des vasteh, Lenz. Es is a schlechte Zeit grod, und d' Jagd is von unsare Leit ollawei scho als frei ogseng worn. A Wuidara is bei uns koa Verbrecher – im Gegenteil, der guit wos bei de Leit!«
»Aber es is hoit amoi mei Beruf, dass i aufs Wuid aufpass und gegn d' Wuiderei eischreit. Dafür zoit mi ja schließlich da Jagdpächter, dass der wos zum Schiaßn hot und dass ma eahm net an Woid ausraamt!«
Zuvor schon war Magda ärgerlich geworden, denn sie fühlt sich solidarisch mit ihren Brüdern, die der Lenz wohl auch in den Kreis der dummen und stolzen Holz- und Wilddiebe einschließt. Als er nun seinen Jagdherrn zur Sprache bringt, fällt es ihr leichter, zu widersprechen: »Und is des richtig, dass so a daherglaffner geldiger Lackaff de Hirsch und Gams zamschiaßn derf, und unsere Leit ham nix zum Essn und dazua no an Flurschadn vom Wuid?«
»De kriagn ja schließlich wos dafür«, stellt Lenz fest in seinem Bemühen, den Mann, bei dem er in Lohn steht, aber auch sich selber zu rechtfertigen.
»Ja, host du a Ahnung, wos des für a Gscherr is, bis der Herr an Wuidschadn anerkennt und sein dickn Geldbeitl aufmacht!«
»Weilst sogst, nix zum Essn – immerhin ladt da Jagdherr de Grundbesitzer jeds Johr zum Jagdessn ei. Do konn a jeda fressn und saufn, so vui wia er dabackt! Is des ebba nix in dera schlechtn Zeit? ... Aber über des Thema Wuidern moan i, do kemma mir zwoa grod zum Streitn, und streitn mog i ned mit dir.«
Wieder streicht eine warme Bö über den See und mäßigt den Zorn der beiden. Magda genießt den wärmenden Hauch und sagt: »Naa, Lenz, nia und nimmer wui i mit dir streitn! Im Gegenteil!«

Auch dem Lenz tut es leid, die Harmonie, die von diesem wunderbaren Fleckchen Erde ausgeht, gestört zu haben und er will das ungute Gespräch beenden. So nimmt er Magda in den Arm, schaut sie prüfend an, und als sie ihn anlächelt, küsst er sie zärtlich auf den Mund. Magda bereut, dass sie ihrem Freund gegenüber, dem ersten in ihrem Leben, so bitter geworden ist. Nun ist ihr leichter ums Herz und beide sinken, froh darüber, dass sie endlich den Mut aufgebracht haben, über ihr belastendes Problem zu reden, engumschlungen in das Gras.

***

Über den Badersee wird zur gleichen Zeit auch anderswo geredet: Ganz aufgeregt berichtet der Westl-Seppi dem Klosn-Bene von dem Vorfall beim Schwarzfischen und dass der Lechner-Martl dabei angeschossen worden ist.
Noch am selben Abend schaut der Bene beim Lechner vorbei und legt ihm wortlos ein schönes Trumm von einem Gamsschlegel auf den Küchentisch. »Du konnst as brauchn, Franzl!«, sagt er knapp.
Der Lechner schaut ihn an und beide senken den Blick. Sogar dem hartgesottenen Bene geht die Scham des Kameraden zu Herzen. Er ahnt, was dem Lechner gerade durch den Kopf geht: Dass nicht er, sondern seine Freunde und sogar sein Bub der Familie etwas zum Essen besorgen müssen. Doch selbst als Samariter ist der Bene berechnend. Fleisch hat er genug – und es ist gut, wenn der Lechner in seiner Schuld steht. Er weiß schon, wie dessen Gegenleistung einmal aussehen könnte.
Dem Lechner verschließt der bittere Geschmack des Almosenempfängers die Lippen. Er schiebt das Fleisch zurück, doch Bene versichert, dass kein Sterbenswörtchen über seine Lippen kommen würde. Kein Mensch würde je erfahren, welche Art Fleisch im Lechnerhaus auf den Tisch kommt.
Da nickt der Lechner ernst und sagt »Vergelt's Gott!« Als der Wilderer jedoch gegangen ist, stiert der Lechner auf das Fleisch und grübelt lange darüber nach, ob das Geschenk wirklich ein Akt der Nächstenliebe war.

Der Braten schmeckt hervorragend. Der Lechner schneidet ganz kleine Bissen ab und kaut ausgiebig, um den Genuss nach Möglichkeit zu verlängern. Seine Kinder machen sich mit leuchtenden Augen und erheblich höherem Esstempo darüber her. Es ist das erste Fleisch, das nach kargen Tagen mit Brotsuppe, Kartoffeln und Mehlspeisen wieder auf den Tisch gekommen ist.
Die paar Mark Arbeitslosenunterstützung, die dem Lechner zustehen, sind zum Sterben zu viel, aber zum Leben zu wenig. Das Nichtstun, das Herumhocken daheim fällt ihm schwer, deshalb betritt er am Abend nach diesem Festschmaus die Wirtsstube des Gasthofs »Waxenstein«, um sich im Kreise seiner Kameraden ein wenig Abwechslung zu verschaffen. Er geht auch aus dem Grund in die Wirtschaft, weil er sich verpflichtet fühlt, dem Bene, den er dort sicher antreffen wird, eine Halbe Bier zu spendieren. Dafür ist der immer zu haben und er selber mag nicht bei jemandem in der Schuld stehen. Der Lechner betritt den rauchgeschwängerten Raum mit dem festen Vorsatz, sich nur eine einzige Halbe zu genehmigen. Er kann ja nicht seine Kinder darben lassen, während er, der Vater, das wenige Geld versäuft, auch wenn er weiß, dass andere, denen es nicht besser geht, damit weniger Skrupel haben.
Der Bene hat ihn schon beim Hereingehen mit dem Masskrug zugewunken und dann mit lauten Worten herbeigerufen: »Hot's da gschmeckt, Franzl? Kimmst vom Middogessn? Ham da d' Kinda wos übrilassn von dem Bratn?«
Er rückt auch gleich ein Stück auf der Bank und macht dem Lechner Platz. Der kommt der Einladung schnell nach, bevor der Bene mit seinem dröhnenden Bass weitere Andeutungen machen kann. Leise versichert er ihm, dass es gut geschmeckt habe, aber er solle doch jetzt bitte nicht so rumplärren.
»Siehgst, des gfreit mi. Bei uns gaab's jedn Dog a Gamsbraterl, wenn i mechat«, sagt der Bene gönnerhaft und kaum leiser, während der Lechner sich verlegen umschaut. Am breiten Ahorntisch sitzt alles, was beim »Gratschaugn« Rang und Namen hat. Alle Größen der Untergrainauer Wildererzunft blicken ihn freundlich an und lassen ihn ihre Anteilnahme verspüren.
»Findst doch amoi wieda in d' Wirtsstubn; do hat ma di ja scho lang nimma gsehn!«

»Wia geht's da denn, Franzl, host vui Zeit itz, ha?«
»I wissat scho wos zum Doa an deiner Stell!«, sagt ihm einer ziemlich unverblümt.
Dem Lechner ist zwar nicht ganz wohl zumute, doch da er schon mal da ist, bestellt er sich seine Halbe und hat sie bald ausgetrunken. Er will zahlen und wieder heimgehen, doch der Kurbi meint: »Auf oam Haxn ko ma net hoamgeh!«, und bestellt ihm eine Halbe auf seine Kosten. Als der Lechner die ausgetrunken hat und erneut zum schmalen Geldbeutel greift, weiß der Kurbi einen Spruch, der ihn zum Bleiben verleitet: »Wer nix trinkn mog, is grod z' faul zum Schluckn!« ruft er.
So bleibt er halt sitzen und die Kumpane spendierten ihm eine Halbe nach der anderen, besonders der Westl-Jörgl. Ihn drückt als Baupolier und mit seinen acht Kühen im Stall die Not am wenigsten, und seinem alten Kriegskameraden lässt er gerne etwas zukommen, damit er sitzen bleibt und mit ihm die alten Zeiten wieder aufleben lässt. Die Gespräche werden immer zwangloser, und auch der Lechner legt seine Hemmungen mehr und mehr ab. Man unterhält sich übers Schießen, die Oberweiten der Zielermadln, neue Gewehre, wer die besten »Abschrauber« im Umkreis herstellt, über den Wildbestand – und schließlich in aller Offenheit übers Wildern.
»Franzl, du woaßt doch, wos los is«, beginnt der Klosn-Bene erneut und jetzt geradezu beschwörend, »und du konnst doch gwieß a Fleisch brauchn. Obs du dir itz a gwuidats Fleisch schenkn lasst oda obs d' as selba schiaßt, des is doch gleich, oda?«
Der Kurbi schlägt in dieselbe Kerbe: »Da waar mir a selba gschossns fei scho liaba!«
Die Zornesröte steigt dem Lechner ins Gesicht. Er wittert, was der Kurbi damit ausdrücken will, nämlich dass er entweder zu feige oder zu faul sei, um selber mit dem Stutzen in den Wald zu gehen. Er will sich über das Thema nicht länger unterhalten, sieht gar nicht ein, wieso er sich rechtfertigen sollte, steht auf, dankt für die spendierten Biere, zahlt seine erste und die achte Halbe vom Bene und verlässt die Wirtschaft in viel schlechterer Laune als er sie betreten hat.

Das Renkontre

Magda hat eingewilligt, als der Lenz sie eingeladen hat, ihn auf einem Reviergang zu begleiten. Immer noch hält der Föhn die Berge schneefrei und hier an der Südseite des Frieder in einer Lichtung im Bergwald ist es noch schön warm in der Sonne. Die beiden liegen glücklich nebeneinander im Gras und glauben sich weit und breit allein. Magda schaut den Lenz verliebt an, kitzelt ihn mit einem Grashalm an den Lippen und freut sich, wenn er den Kitzelreiz nicht mehr aushält und sich mit der Handrücken die Lippen reibt.

»Magda, du hoitst mi von da Arbat ob! Des wenn da Herr Jagdpächter seng daat!«

»Der siehgt di gwieß net. Grod da Herrgott hot zuagschaugt!«

»Hoffentlich hot der weggschaugt de letzte Stund! Aber i muaß weiter! I hob no an langa Weg – über d' Steppbergoim zum Hirschbichl und weiter zum Enning.«

»Bis zur Steppbergoim ko i ja no mitgeh!«

Die beiden erheben sich und folgen hintereinander dem schmalen Steig. Magda hat ihre anfänglichen Bedenken gegen die gemeinsame Bergwanderung mit Lenz inzwischen verdrängt – doch nun passiert genau das, was sie schon in Angstträumen auszustehen hatte, seit sie sich auf die Liebschaft mit dem Jäger eingelassen hat. Sie überqueren gerade eine Lichtung, da nimmt Lenz eine Bewegung zwischen den Bäumen wahr. Er lässt Magdas Hand los, kauert sich nieder und drückt auch die junge Frau nach unten. Dann nimmt er das Jagdgewehr vom Rücken und Magda erstarrt.

»Wia ma vom Deifl redt! Gschwärzte Gsichter und Stutzn dabei! Des san oa von dene Banditn! Na warts, Bürscherl, eich kriag i!«, sagt er zu sich selber. Während bei ihm die bevorstehende Auseinandersetzung harte Entschlossenheit auslöst, drückt sich Magda tief ins Lanergras und zittert vor Angst. Drei Männer gehen am Waldrand hintereinander her, tragen ihre Waffen mit dem Riemen über die Schulter gehängt.

Als Lenz das Gewehr in die Hand nimmt und den Lauf auf die Wilderer richtet, wagt Magda aufzublicken. Der Jäger hat nur erkannt, dass es Wilderer sind, doch Magda hat mehr gesehen als er. In ihrer Angst stammelt sie: »Maria, huif! Des san meine Briada!«, im gleichen Moment steht sie auf und ruft laut: »Jörgl, Kurbi, laffts davo!«
Das klassische Renkontre zwischen den Erzfeinden ist damit eingeläutet und nimmt wie schon so viele Male, wenn auch auf immer andere Weise, seinen vom Schicksal bestimmten Lauf. Der Jäger hat seine Waffe entsichert und als er ebenfalls aufsteht, zerrt Magda verzweifelt an seinem Ärmel, versucht, ihn wieder nach unten zu drücken und ein Unglück zu verhindern.
»Dua eahna nix, lass se laffn!«, fleht sie.
»Ja, spinnst denn du! Lass mi aus!«, ruft Lenz zornig.
Die Wilderer denken gar nicht daran, davonzulaufen, schon gar nicht, als sie erst die Stimme und dann ihre Schwester selber erkennen. Der Jörgl reagiert sofort und gibt dem Klosn-Bene mit einem Kopfnicken zu verstehen, was er zu tun hat, dann tritt er mit dem Kurbi aus der Deckung des Waldes auf die Lichtung. Mit den Gewehren im Anschlag bleiben die Brüder nebeneinander stehen. Der Lenz reißt sich los und geht ebenfalls in Anschlag. Die Parteien stehen sich in etwa zwanzig Meter Entfernung schussfertig gegenüber, die todbringenden Läufe aufeinander gerichtet.
In einer Mischung aus tödlichem Hass und tiefster Verachtung schreit Kurbi: »Unser Schwester! Mit'm Jaga! Wos duast du mit unserer Schwester, du Sauhund!«
Die Brüder gehen weiter auf den Jäger zu, der gewaltbereite Kurbi voran. Jörgl folgt ihm ein wenig versetzt und hofft im Gegensatz zu seinem Bruder, der Jäger würde die Flucht ergreifen. Der Lenz würde einer Auseinandersetzung mit den Wilderern in Übermacht aus dem Weg gehen, wenn er alleine wäre. Diese Schande wäre vernünftiger, als möglicherweise von einem Dum-Dum-Geschoss getroffen, mit zerfetzten Därmen und einem gewaltigen Ausschussloch liegen gelassen zu werden und auf den erlösenden Tod warten zu müssen, wie es in den letzten Jahren immer wieder bei Kollegen vorgekommen war. Jetzt, da Magda an seiner Seite ist, lässt sein Ehrgefühl das nicht zu und zwingt ihn zur Tapferkeit.

»Nix duat er mir!«, versichert die Schwester in ihrer Angst und legt die Hand auf Lenz' Schulter zum Zeichen ihrer Zugehörigkeit. Sie kennt ihre Brüder und ihre Einstellung, ihr Schwarzweißdenken bezüglich Jäger und Wilderer, das keine Zwischentöne kennt. Die ganze Zeit über hat sie sich davor gefürchtet, dass ihnen das Sakrileg, das ihre Schwester begangen hat, bekannt wird. Doch nun ist es geschehen und sie beschließt, in die Offensive zu gehen: »Dass s'es wissts – mir zwoa genga mitanand!«, sagt sie tapfer, hofft in ihrer Naivität, sie würde den Lenz damit schützen.
Den Kurbi aber reizen diese Worte noch mehr. Wie ein Stier vor dem Kampf senkt er den Kopf: »Und des traust da du sogn, du Luader, du ausgschamts! Mit am Jager treibst di du alloa im Woid rum! Schaug di doch o, wias d' ausschaugst! Wiar a darupfte Henn – du Jagahur!«, schreit er ihr entgegen und zum Bruder Jörgl: »Schiaßn no glei grod übern Haufn, den Grattler, den daherglaffna!«
»Naa, in Gotts Nam, deats des net! Bringts koa Unglück über uns!«, fleht die Schwester.
Lenz hat inzwischen erkannt, dass es ein Fehler war, die Deckung zu verlassen. Halb drohend, in der Hoffnung damit das Schreckliche verhindern zu können, halb aus einer schicksalsergebenen Kampfbereitschaft heraus ruft er: »Oan von eich zwoa nimm i mit ins Grob! Do kennts eich drauf verlassn!«
Die Westlbrüder haben sich mittlerweile bis auf zwei Meter genähert. Die Gewehrläufe berühren sich fast.
Inzwischen hat der Klosn-Bene die Gruppe unbemerkt umgangen und schleicht sich von hinten an. Aus kurzer Entfernung visiert er den Rücken des Jägers an. Magda hört ein Geräusch, dreht sich um und sieht den schussfertigen Klosn-Bene.
Sie sieht nur noch eine Möglichkeit, ein Blutvergießen zu verhindern. Schnell tritt sie zwischen Lenz und ihre Brüder, direkt vor die Mündung des Jägergewehres und hält den Lauf fest. Lenz schaut sie fassungslos an, er kann keine Gegenwehr mehr leisten, ohne Magda zu gefährden. Sofort greift Jörgl nach dem Gewehr und Lenz lässt es sich widerstandslos abnehmen. Mit ihren Waffen im Anschlag umstellen die drei Wilderer das Pärchen; die Beute ist ihnen sicher. »So, itz hamma di, Jagabürscherl. Itz geht's dir schlecht!«, kündigt ihm der Bene an.

»Deats eahm nix, er hot eich doch aa nix do!«, fleht Magda ihren ältesten Bruder an, hofft, wenigstens sein Herz erweichen zu können, doch selbst der Jörgl ist jetzt unerbittlich: »Uns hot er nix do, aber dir hot er wos do! Des langt!«
»An Denkzettl kriagt er, der Bluatsjaga! Dass er di in Ruah lasst in Zukunft!«, sagt Kurbi und Jörgl stimmt ihm zu: »Der werd di in Zukunft scheichn wia da Teifl des Weihwasser!«
Magda ist überrascht, dass sie die Kraft zum Trotz aufbringt: »I woaß selber, mit wem i geh! Des geht eich nix o!«
Ihre Brüder antworten gar nicht. Für eine Erklärung, warum die Schwester nie und nimmer ein Verhältnis mit einem Jäger haben kann, erscheint ihnen jedes Wort überflüssig. Einfach erschießen können sie den Jäger nicht, weil Magda Zeuge würde, und alle drei wollen das auch nicht. Bei Bene und Kurbi steht eher die Angst vor der Strafe im Vordergrund, beim Jörgl lässt es das Ehrgefühl nicht zu, einen Wehrlosen zu töten. Während der Kurbi und der Bene immer noch über die Art der angemessenen Strafe nachdenken, beschäftigen den Jörgl andere Gedanken, nämlich wie die verfahrene Situation am besten und vor allem ohne negative Folgen zu lösen sein könnte. Nach längerem Nachdenken zwingt er sich zu einer Kehrtwendung: »Mit wem du gehst … des kunnt uns scho wos ogeh!«, sagt er zu Magda.
Dann wendet er sich dem Klosn-Bene und dem Bruder zu: »Boi i mir de Sach so durch'n Kopf geh lass …! Er is ja a schneidiger Bursch. Mit dem kunnt si unser Magda scho seng lassn … und olle hätt ma an Vorteil davo, wenn …!«
Obwohl er darauf brennt, an dem verfluchten Jäger sein Mütchen zu kühlen, kapiert der Kurbi gleich, was der Jörgl im Sinn hat. Die Vorteile springen ihm geradezu ins Auge und einen kleinen Denkzettel hätte man dem Lenz ja schon verpassen können. »Ja, host recht, Bruada! Wenn si de zwoa gor so gern mögn …« Kurbi stupft mit dem Gewehrlauf den Lenz vertraulich an die Brust und führt die Gedanken des Jörgl fort: »Sog – do waar's doch gscheida, mir daadn uns vertrogn und an Handel machen …«
In Magda keimt Hoffnung auf, obwohl sie noch nicht verstanden hat, worauf ihre Brüder hinauswollen: »Wos waar na des für a Handel?«

Lenz steht mit geballten Fäusten da, spürt den Schmerz nicht, als sich seine Fingernägel in die Handfläche graben. Wie Magda weiß auch Lenz nicht, was den plötzlich versöhnlicheren Ton seiner Gegner ausgelöst hat.
Jörgl sieht ihm sein Unverständnis an, er ist ein Freund der klaren Worte: »Itz pass auf, Jaga! Des is ganz einfach! Wenn du uns aus'm Weg gehst in Zukunft, dann geh ma dir aa aus'm Weg.«
Kurbi ergänzt: »Nachad hätt ma aa gor nix gega eire Liabschaft. D' Magda woaß dann ollaweil, wann du grod net im Revier bist – sie wohnt ja no dahoam und mir redn vui und gern mitanand!«
Der Jäger versteht immer noch nicht recht und Jörgl wird ungeduldig. Er will diese unangenehme Situation schnellstmöglich hinter sich bringen: »Einsagn suist ihra hoit, wann ma geh kenna! So kunnts es zwoa beinander bleibn! Oa Hand wascht de andere!«
Magda hat den Worten des Bruders erst zweifelnd, dann hoffnungsfroh gelauscht und bewundert den Jörgl jetzt. Die Idee erscheint ihr geradezu ideal. Es würde kein Blutvergießen geben, keine Schuld, die später nach Sühne und womöglich blutiger Rache rufen würde und dass ihre Brüder weiter frei jagern wollen, dafür hat sie durchaus Verständnis.
»Lenz, wos moanst? Do konn ma doch redn drüber!« Magda blickt ihren Liebsten flehend an. »Anders geht's net! Sog ja in Gotts Nam – bevor no a Bluat fliaßn muaß!«
Der Lorenz Bartl aber sieht die Sache gänzlich anders, nämlich von seinem Jägerstandpunkt aus. Nie und nimmer würde er sich mit Wilddieben zusammentun, er könnte sich dann selber nicht mehr in die Augen schauen. Es hat seinem Ehrgefühl in der Vergangenheit schon jedes Mal schwer zu schaffen gemacht, wenn er auf Wilderer getroffen und ihrer bedrohlichen Übermacht ausgewichen war.
»Es seids ja saubere Briada! Des habts eich ja pfundig ausdenkt. Es moants, i waar dann in eirer Hand! Aber bei so am Handel mach i net mit.« Es ist nicht nur die Unmöglichkeit des Vorschlages, die ihn hart werden lässt, sondern auch die Erkenntnis, dass Magda, ausgerechnet die geliebte Magda, von ihm verlangt, seine Ehre wegzuwerfen. Diese Einsicht trifft ihn so hart, dass er die Gefahr, die ihm durch die Wilderer droht, fast vergisst. Tief enttäuscht wendet er sich Magda zu: »Magda, schaam di! Wos waar denn des

für a Liab? Moanst, dann hör i nix und siehg i nix mehr in meim Revier? Der Preis is ma z' hoch! I hob an Diensteid gschworn, und der is mir heilig!«

Um seine Entscheidung unumstößlich zu machen, ruft er laut und meint damit auch die Magda: »Wos seids denn es für schlechte Leit!«

Dem Jörgl reicht es nun, der Zorn gewinnt wieder die Oberhand. Seine Familienehre lässt er nicht ungestaft beleidigen: »Schlechte Leit waarn mir, sogt der Leider! Na wart, Freinderl! Werst glei seng, unter wos für Leit dass du kemma bist!«

Der Kurbi hätte zwar in Zukunft gerne ohne Belästigung gewildert, ist aber nicht unglücklich, dass er seiner Rachsucht nun doch noch freien Lauf lassen kann: »Itz geht der Handel anderst rum!«

Der Klosn-Bene ist bisher wortlos daneben gestanden. Ihn geht ja diese Familienangelegenheit eigentlich nichts an. Er hat aber die ganze Zeit über geahnt, dass sich der Lenz auf einen solchen Handel nicht einlassen und es zur Abrechnung kommen wird. Deshalb hat er während des Disputs seinen Blick schweifen lassen. »Jörgl, siehgst den Haufn do drübn?«, fragt er jetzt.

Jörgl weiß sofort, was der Bene meint und was nun mit dem Jäger zu geschehen hat: »Host as net anderst mögn! Glei derfst da dei Revier von untn oschaugn, du stuizer Jager!«

Bene packt den Lenz von hinten um den Hals und gemeinsam ringen sie den Jäger nieder. Dann holt Bene ein Seil aus dem Rucksack, bindet mit Kurbis Hilfe dem Lenz damit die Füße zusammen, dann schleppen sie ihn zum Ameisenhaufen. Gleich daneben steht ein alter Ahorn und Bene wirft das lange Seilende über einen starken Ast. Zu dritt ziehen sie dann den Lenz in kurzen Rucken hoch, sein Kopf schleift dabei über den Boden, bis er frei in der Luft baumelt. Dann geben sie Lenz das Ende des Seils in die Hand, sodass er sich selber halten kann. Er hängt direkt über dem gewaltigen Ameisenhaufen. Wenn er loslässt, fällt er mit dem Gesicht voraus hinein.

Kurbi versetzt dem hilflos hin und her pendelnden Jäger ein paar schmerzhafte Hiebe mit dem Kolben und drückt ihm die Mündung seines Stutzens an die Brust. »Aus is mit unserm Gschäft! Wenn du no oamoi deine Drecksfinger an unserer Schwester abputzt, nachad verramm ma di!«, droht er.

Der Klosn-Bene rührt noch sadistisch grinsend mit einem Ast die Kuppe des Haufens auf, sodass Tausende Ameisen aus ihren Gängen kommen und mit ihren Leibern die Nadeln bedecken. »Des san de rotn, de beißn bsonders gern!«, ruft er noch.
Dann reißen die Brüder die verzweifelte Magda mit sich, lassen den Jäger hängen. Der hält krampfhaft das Seil fest, blickt auf das aufgeregte, beißlustige Gewühle nur wenige Zentimeter unter seinem Gesicht. Die Ameisensäure steigt ihm scharf in die Nase, er ist fast betäubt und schreit dennoch so laut er kann: »Des habts mir net umsonst do! Des zoi i eich hoam! Es kemmts ma scho no dro!« Aus brennenden Augen schaut er jetzt auf Magda, fühlt, wie sein Herz vereist. Verbittert ruft er ihr zu: »Und mit uns zwoa is aus! Aus und vorbei!«
Lenz hält das Seil mit letzter Kraft, bis die Widersacher zwischen den Bäumen verschwunden sind, dann lässt er es los und stürzt mit dem Gesicht voran in den Ameisenhaufen. Schon während er abrollt, verspürt er den Schmerz von Dutzenden von Bissen. Die Ameisen krallen sich in sein Gesicht und entladen ihre Giftdrüsen, krabbeln in den Hemdkragen und in jede Öffnung, die seine Kleidung bietet. Gerade, als er die Joppe und das Hemd vom Leib reißt, im nächsten Moment auch noch die Hose auszieht und die festgebissenen Tiere vom Oberschenkel putzt, vernimmt er schallendes Hohngelächter. Die Westlbrüder und der Klosn-Bene haben im Verborgenen gewartet, bis er sich fallen lässt – sie wollen Anteil nehmen an seiner letzten Schmach. Kurbi fasst seine Schwester beim Kopf und dreht ihn so, dass auch sie die Schande sehen muss, in der sich der Mann befindet, dem sie ihre Unschuld gegeben und den sie gerade verloren hat.
Lenz steht nackt da, lässt die Ameisen gewähren und ballt die Fäuste. Der Kiefer schmerzt ihm, so fest beißt er die Zähne aufeinander. Er hat nicht gewusst, dass er ein solches Übermaß an Hass und Wut empfinden kann und spürt, wie der letzte Funken Zuneigung zu der Frau, die er noch Minuten zuvor mit jeder Faser seines Herzens geliebt hat, verlöscht.

***

Am Tag nach dieser schicksalhaften Begegnung sitzt die Westlmutter nach einer Aussprache mit Kurbi betrübt am Tisch. Er ist ihr Kummersohn, ein Sauf- und Raufbold, und sie ist es leid, sich wegen ihm Sorgen machen zu müssen. Dass er immer noch am elterlichen Herd hockt und nicht bereit ist, einen eigenen Hausstand zu gründen, damit hat sie sich schon abgefunden, aber dass sie ausgerechnet von der Wiesnerin erfahren musste, was ihre Söhne wieder angestellt haben, das tut ihr weh. Woher diese Ratschn die Neuigkeiten hat, ist ihr schleierhaft, aber es gibt schier gar nichts im Dorf, was die Wiesnerin nicht weiß. Die Westlin nimmt an, dass der Klosn-Bene die undichte Stelle war. Am liebsten wäre sie vor Scham hinter ihrer Ladentheke verschwunden, als die Wiesnerin von der Liebschaft ihrer Tochter und der Gewalttat der Söhne berichtete. Kurbi hat der Mutter auf Nachfragen im Großen und Ganzen alles so bestätigt, wie sie es schon von der Wiesnerin erfahren hat. Nun ist er im Gehen begriffen, hat keine Lust mehr, sich weitere Vorhaltungen machen zu lassen.

»Mach da koane Gedankn, Muada! Do kimmt nix nach!«, sagt er beschwichtigend und verschwindet durch die Küchentüre. Die Westlin muss erst einmal durchschnaufen und zur Ruhe kommen. Es dauert nicht lange, da klopft es ans Fenster. Sie wirft einen Blick hinaus und erkennt Rosi, die Freundin ihrer Tochter. Die hat ihr gerade noch gefehlt, aber sie kann sie nicht draußen stehen lassen und winkt sie herein.

»Griaß di, Westlmuada! Is d' Magda do?«, kommt Rosi gleich zur Sache, als sie in die geräumige Küche tritt. Sie weiß, dass sie bei Magdas Mutter nicht hoch im Kurs steht, und sieht ihr an, über den Besuch nicht sonderlich erfreut zu sein.

»Obn in ihra Kammer is se. Geh hoit nauf!«, sagt die Westlin knapp.

Rosi kennt den Weg zu Magdas Kammer, steigt die knarzende Holzstiege in den ersten Stock hinauf und findet die Tür offen. Als Rosi eintritt, steht ihre Freundin regungslos da und ist so in Gedanken versunken, dass sie keine weitere Notiz vom Besuch der Freundin nimmt. Dann besinnt sie sich, nickt Rosi kurz und ernst zu, holt einen Koffer vom Schrank und beginnt ihre Sachen einzupacken.

Rosi hat keine Ahnung, was vorgefallen ist, und fragt erschrocken: »Wos machst denn, Magda?«
»Oiß geht vakehrt! Furt wui i!«, antwortet diese und beginnt leise zu weinen.
»Ja, warum denn?«, will Rosi wissen und macht sich ernsthafte Sorgen.
»Mit'm Lenz is's aus – und i kriag a Kind von eahm!«, fasst Magda das Schlimmste zusammen. Mit dieser Auskunft gibt sich Rosi nicht zufrieden und bohrt so lange nach, bis sie über alle Einzelheiten Bescheid weiß.
»Des is scho schlimm! Aber des renkt si doch wieder ei!«, versucht sie zu beschwichtigen. »Da Lenz is doch gwieß a braver Mensch. Der lassat di doch net mit am Kind sitzn.«
Doch Magda will sich nicht trösten lassen: »Da renkt si nix mehr ei! Den Lenz dadn meine Briada vor da Hochzeit daschießn! Und außerdem wui er mi doch gor nimmer!«
Rosi versucht nun auf eine andere Weise, ihre Freundin von einer überstürzten Handlung abzuhalten: »Davolaffn is koa Lösung! Wo wuist denn hi?«
»I geh in Dienst bei am Bauern oder in da Stadt.«
»Und wenn 's Kind kimmt! Wer huift dir dann? An Kindsvoda host dann aa koan!«
Der Gedanke daran, dass sie mit ihrem Kind alleine dastehen wird, dass sie ihm keinen rechtmäßigen und vor allem sorgenden Vater bieten kann, bedrückt Magda am schwersten, sie will sich diese Situation gar nicht vorstellen. »Wos sui i denn doa?«, schluchzt sie auf und erhofft sich von der Freundin einen Rat, den sie sich selber nicht geben kann. Auch die Mutter hat ihr nicht helfen können mit der gutgemeinten und doch die Umstände verkennenden Empfehlung, die Zähne zusammenzubeißen und das Jammertal zu durchschreiten, bis sich wieder ein Hoffnungsschimmer auftun würde.
Rosi hat eine weitaus resolutere Lösung parat: »Konnst des net wegmachn? I kenn mi do aus!«, sagt sie leise.
Die Vorstellung, ihr Kind zu töten, erscheint Magda noch viel ungeheuerlicher als es vaterlos zu lassen. »Ja, wos denkst denn du, Rosi? I konn doch des unschuldige Kind net umbringa! Des konn

am wenigstn dafür! Liaber dad i ...«, sagt sie in einer Mischung aus Entrüstung und Hoffnungslosigkeit.
Rosi seufzt tief auf angesichts Magdas Not und nimmt sie tröstend in den Arm. Erst nach Minuten löst sich Magda aus der wohltuenden Umarmung. Die Freundinnen stehen sich eine Weile wortlos gegenüber und Rosi betrachtet Magda, bis ihr klar wird, dass sie den Versuch unternehmen muss, Magda aus den Klauen ihrer Verzweiflung zu reißen und ihr Mut zu machen.
»Reiß di zamm! Du muaßt auf andere Gedankn kemma. Du machst di ja kaputt!«, sagt sie.
»Aber wia denn?«
»Du muaßt unter d' Leit! Und zwar so schnell wia's geht! Dahoam rumhockn und versteckn, des is koa Lebn! So wia du auschaugst, findst glei an andern!«
Der Gedanke, dass ihr ein anderer Mann gut tun könnte, ist Magda in ihrem gegenwärtigen Zustand völlig fremd, aber sie denkt über die Bemerkung Rosis nach und erinnert sich an den Spruch der Mutter, der sie erst vor wenigen Stunden trösten sollte: »Und wenn ma moant, es geht nicht mehr, kommt von irgendwo ein Lichtlein her.«
»I brauch koan andern! Aber recht host scho! I derf net lang alloa sei, sonst grob i mi oiwei no tiefer nei in mei Unglück!«, sagt sie und wischt sich die Tränen ab.
Rosi ist froh, endlich einen Ansatzpunkt gefunden zu haben, wie sie ihrer Freundin helfen kann. »Woaßt wos? Am Samstag is Danz in da Schrann. Do hob i frei. Geh ma hoit mitanand hi!«

Magda will ihre allerärgsten Sorgen nicht der Mutter anvertrauen. Zu sehr fürchtet sie sich vor ihren Vorwürfen – und sie weiß auch, wie wenig Verständnis ihr Vater für »Weiberkummer«, wie er das nennt, aufbringen würde. Wenn sie Rat braucht, dann hat sie diesen bisher immer von ihrer Taufpatin, einer Base in Garmisch, erhalten.
Deshalb macht sie sich noch am selben Tag in ihrer Seelennot auf den Weg nach Garmisch. Anders Dienstwohnung liegt nicht weit vom Häusl der Base entfernt, und gerade als Magda das Gartentürchen öffnen will, kommt Ander vorbei. Als er sie sieht, beschleu-

nigt er seine Schritte, winkt ihr zu und nötigt sie, stehen zu bleiben und auf ihn zu warten.
»Griaß di, Magda!«, sagt er und die Freude darüber, dass er sie antrifft, steht ihm ins Gesicht geschrieben. Magda erwidert seinen Gruß und will sich nicht lange mit ihm aufhalten. Ander aber lässt sich nicht so leicht abschütteln. Er macht ihr Komplimente, erzählt ihr allerlei Belanglosigkeiten und als Magda sich schließlich zu der Bemerkung durchringt: »Duat ma leid, Ander, aber mei Bas wartat auf mi!«, meint Ander: »Woaßt wos, kimm doch am Samstog in d' Schrann! Do is Danz, do kenn ma uns länger unterhoitn.« Dann aber kommt ihm ein verhängnisvoller Satz über die Lippen: »Oder mir treffn uns am Sonntag in da Garmischer Kirch! Do hob i frei!«
»Ko leicht sei«, sagt Magda, »pfiad di!«, und schließt das Holztürl hinter sich.
Ihre Base hat bereits gemerkt, dass sie Besuch bekommt, und wartet in der Haustüre auf sie. Als sie Magda in die Augen schaut, erkennt sie im Gegensatz zum Ander sofort, dass ihr Patenkind Kummer hat. Schnell nimmt sie die junge Frau in den Arm, führt sie in die Küche und setzt sich dort mit ihr an den Tisch.
»Wos druckt di denn, Madl? I siehg da's doch o!«, sagt sie mitfühlend und Magda schildert ausführlich, was vorgefallen ist. Dass sie ein Kind erwartet, traut sie sich aber dann doch nicht zu offenbaren. Als sie mit ihrer Erzählung fertig ist, blickt ihre Base sie mitleidig an. Sie denkt erst ein wenig nach und meint dann: »I hob ghert, wos da Ander gsogt hot. De Rosi hot scho recht. Geh doch zum Danz, dann kimmst auf andere Gedankn. Und da Ander is doch a anständiger Bursch und schneidig dazua! Muaßt 'n ja net glei heiratn!«

Das Abkommen

Im Rauchzimmer des Landhauses von Kommerzialrat Huber läutet das Telefon. Huber, Pächter des Hochwild-Jagdrevieres jenseits der Loisach und Fabrikant von Keramikwaren aus Dresden, sitzt in seinem gemütlichen Lehnstuhl. Jetzt legt er seine Zeitung auf das Sofatischchen und hebt ab. »Hier Kommerzialrat Huber!«, sagt er.

»Lieber Herr Huber, hier ist Kriegelstein. Wir kennen uns flüchtig; ich bin der Pächter der Staatsjagd mit Grainauer Flur und Besitzer des Badersee! Entschuldigen Sie, dass ich Sie anrufe, aber ich habe ein Anliegen, das keinen Aufschub duldet!

»Keine Ursache, Herr Kriegelstein. Wie kann ich Ihnen behilflich sein?«

»Ich will gleich in medias res kommen. Ich habe zunehmend Probleme mit Wildererlumpen. In letzter Zeit räumt mir das Raubschützengesindel nicht nur meine Wälder aus, sondern Fischwilderer auch noch meinen See!«

»Da können wir uns die Hand geben. Bei mir im Bergwald nimmt der Jagdfrevel ebenfalls überhand!«, sagt Huber.

Die beiden Männer schütten sich ihr Herz aus über ihre Nöte, dass sich die Reste des verschreckten Wildbestandes nicht mehr anschauen lassen, dass die »Zunft der stillen Revierteilhaber« ihnen die Ernteböcke, die Zukunfts- und Medaillenhirsche und die Feistböcke wegschießt und ihnen nur noch windige Knöpfer, schlechte Gabler oder höchstens einen überreifen Sechserbock oder einen übersehenen Latschenveteranen übrig lässt.

»Diesen Aderlass werden wir im Winter an den Futterstadeln sehen, wenn die guten Hirsche fehlen!«, sagt Kriegelstein aufgebracht.

»Das ist ein Bankrott unserer Jagdaufseher!«, erregt sich Huber.

»Die Lumpenbande wird immer dreister! Am helllichten Tag!«, ereifert sich Kriegelstein. »Erst kürzlich sah ich mich gezwungen, zwei Buben beim Schwarzfischen mit Schrot nachzuschießen.«

»Recht so! Eine andere Sprache versteht das Diebsgesindel nicht!«, sagt Huber anerkennend.
»Da dies offenbar ein Problem ist, das uns beide betrifft, sollten wir uns mal darüber unterhalten, wie wir dagegen vorgehen können, wenn Sie einverstanden sind!«
Kommerzialrat Huber ist das sehr recht: »Wir werden uns zwar bald beim Jagdessen sehen, aber ich würde mich gerne noch vorher mit Ihnen absprechen.«
»Da sind ein paar offene Worte an die Bauern fällig«, sagt Kriegelstein in drohendem Tonfall, als freue er sich bereits darauf, ihnen die Leviten zu lesen.
Huber ist insgeheim froh, eine reine Staatsjagd gepachtet zu haben, womit ihm zumindest dieser Ärger erspart bleibt.
»Ich hätte heute den ganzen Tag Zeit für Sie. Kommen Sie doch herüber zu mir ins Hotel, wann es Ihnen genehm ist! Ich möchte Ihnen einen Vorschlag unterbreiten, mit dem uns vielleicht beiden geholfen wäre«, bietet Kriegelstein nun an.
Huber hört am Tonfall heraus, dass die Angelegenheit dringend ist. »Ich könnte in gut einer Stunde bei Ihnen sein!«, sagt er, erfreut darüber, vielleicht in Absprache mit dem Kollegen bald eine Lösung für das Wildererproblem zu finden.
»Wunderbar!«, meint Kriegelstein. »Wenn nur die Justiz einsichtiger wäre und Jagdaufseher, die vor dem Gebrauch der Waffe gegen das Wilderergesindel nicht zurückschrecken, gnädiger behandeln würde. Damit wäre uns schon geholfen!«
»Machen Sie sich diesbezüglich keine Sorgen, werter Herr Kriegelstein! Ich habe beste Verbindungen nach oben, für den Fall, dass Ihre völlig berechtigte Notwehrmaßnahme Ärger nach sich ziehen sollte!«

***

Die Jagdversammlung ist erst übermorgen, und an diesem Nachmittag ist nichts los im »Waxenstein«, deshalb hat der Wirt seiner Kellnerin eine Arbeit geschafft. Eigentlich gehört es nicht zu ihren Aufgaben als Bedienung, mit dem Putzlumpen zu hantieren, aber Magda scheut einen Disput mit ihrem barschen Arbeitgeber. Zur

Jagdversammlung werden viele honorige Leute kommen, und dass da der Höfler seine Gaststätte in einem gepflegten Zustand präsentieren will, sieht sie ein. Außerdem muss sie froh sein, dass sie diese Anstellung hat – der Wirt könnte im Handumdrehen zehn Bedienungen haben, wenn die Stelle frei wäre. Es hat ihm eh schon nicht gepasst, dass sie beim Jagdessen nicht bedienen will. Vielleicht muss sie auch deswegen diese Strafarbeit erledigen. Jetzt sitzt er am Biertisch und liest Zeitung. Magda weiß, dass er sie mit Kennerblick taxiert, wenn sie nicht anders kann, als ihm im Knien ihre wohlgeformte Kehrseite zuzuwenden.
Voller inwendigem Zorn schüttet sie das Putzwasser über die Bohlen und schrubbt mit der Wurzelbürste so lange darauf herum, bis das Holz wieder hell wird. Immer wieder muss sie das Putzwasser auswechseln, wenn es nach dem Auswinden des Haderns schwarz geworden ist. Die Hälfte der Bierstube hat sie bereits geschafft, als der Höfler-Xari eintritt.
»Griaß Gott, mitnand!«, plärrt er noch unter der Tür.
Magda mag den gschaftigen Xari schon seit der Schulzeit nicht. Er ist zwei Jahre älter als sie, doch in der Grundschulklasse der Dorfschule wurden alle Kinder gemeinsam unterrichtet. Dort war er immer der Lieblingsschüler des wegen seiner willkürlichen Wutanfälle und Prügelorgien bekannten Lehrers Schwab gewesen – sicherlich auch aus dem Grund, weil der Lehrer zu den besten Kunden des Wirts gehörte. Mädchen hat der zwar nie geschlagen, aber fast jeder Bub, der durch seine Hände ging, hat mindestens eine schmerzhafte Erinnerung an den alten Lehrerdespoten – bis auf den Xari. Der durfte Schwabs Post zum Briefkasten bringen und den Dackel ausführen und musste ihm verraten, wer es war, der da hinter dem Lehrerrücken gewagt hatte zu schwätzen. Weder das Denunzieren der Mitschüler hat dem Xari Schwierigkeiten bereitet noch das Mitansehen der darauffolgenden drastischen Prügelstrafen. Konrad, sein Vater, ist ebenso autoritär wie der Lehrer. Schon früh hat er seinem Sohn das Rückgrat biegsam, seinen Charakter fügsam und wachsam gegen Nachteil wie Vorteil gemacht.
»Wia oft sui i dir des no sogn? Des hoaßt nimmer ›Griaß Gott‹! Des hoaßt itz ›Heil Hitler‹!«, maßregelt der Höfler-Konrad seinen Sohn jetzt rüde.

»Ja, freilich! Des vagiss i no manchmoi!«, meint Xari verlegen.
»Wennst as zu wos bringa wuist in da Partei, na muaßt scho a weni schneller lerna!«, fährt der Vater in seiner Unterweisung fort, greift sich das Buch »Mein Kampf« von einem Regalbrett und hält es dem Xari vor die Nase.
»Nix mehr ›Griaß Gott‹! Des is dei neier Gott, des is dei Bibel! Aus dera muaßt du deine Hitlerbuam vorlesn!«, sagt er laut und schüttelt die dicke Schwarte, von der Magda zweifelt, ob er selbst sie überhaupt ganz gelesen hat.
Dem Xari ist unwohl, weil er die hohen Erwartungen seines Vaters bisher noch nicht zu dessen vollster Zufriedenheit erfüllen konnte: »Des dua i scho, aber es san no net recht vui dazua ganga.«
»Muaßt hoit a weni mehra Reklame machn für d' HJ! Für wos hob i dir sonst mei Schupfn als Versammlungsraum ausbaut?«
»Des werd scho!«, sagt Xari im Brustton der Überzeugung, denn dass er seine Ortsgruppe der HJ noch beträchtlich vergrößern wird, daran zweifelt er nicht im Geringsten.
Die ganze Zeit während der Maßregelung hat Xari die auf Knien schrubbende Magda beobachtet. Um ihn nicht anschauen zu müssen und in ein Gespräch verwickelt zu werden, hat sie ihm den Rücken, aber damit auch ihr aufreizendes Hinterteil zugewandt. Xari hat für nichts anderes mehr Augen und will daher auch nicht das Gespräch mit seinem Vater und politischen Führer vertiefen. Eigentlich sollte er schon längst gemerkt haben, dass Magda mit ihm nichts zu tun haben will, aber es fehlt ihm das nötige Feingefühl und er spricht sie von hinten an: »Griaß … servus, Magda!«, sagt er und hat gerade noch bemerkt, wie der kirchenfeindliche Vater die Brauen hochzieht, bevor er die Wirtsstube verlässt.
Magda will einer drohenden Attacke Xaris zuvorkommen. »Dapp ma mit deine dreckatn Schuach ja net auf den saubern Bodn!«, blafft sie ihn unfreundlich an, ohne sich umzudrehen.
Xari steckt die Abfuhr weg, ohne mit der Wimper zu zucken. »Warum geht's denn gor so gnau?«, will er wissen.
»Jagdversammlung is am Samstag. Do muaß oiß sauber sei.«
»Mogst net amoi mit mir a Versammlung machn? Mir kanntn doch amoi zum Danzn geh?«, fragt Xari in völliger Verkennung der Umstände.

Auch die Magda kann gschert daherreden, wenn ihr danach ist. »Hob koa Zeit, muaß arbatn!«, sagt sie, ohne ihre Wischbewegungen zu unterbrechen oder ihn auch nur anzuschauen. Sie ist so schlecht gelaunt, dass sie eine böse Bemerkung nicht runterschlucken kann, die sie von ihrer Mutter gehört hat. »Mancher moant, er waar dick, dabei is er grod gschwolln!«

***

Am Tag drauf betritt der Jäger Lorenz Bartl ein wenig abgehetzt die Wirtsstube der »Schranne«. Er wischt sich den Schweiß von der Stirn, denn die Neugierde hat ihn ein wenig fester in die Pedale treten lassen, als er es sonst getan hätte. Aber der Kollege Andreas Klotz hat am Telefon nur Andeutungen gemacht, sie sollten sich wegen ihrer Reviere und der Lumpen, die sich darin herumtreiben, dringend unterhalten. So blickt er um sich und erkennt zuerst den Höfler-Xari und dessen Garmischer Freund. Er hat die beiden schon mehrmals im »Waxenstein« in Gesellschaft von Männern gesehen, die er sich gut als Angehörige der Wildererhorde vorstellen kann. Der Xari ist seines Wissens zwar unbescholten, aber auf das unverschämte Grinsen, mit dem der Wirtssohn ihn anschaut, als er an ihm vorbeigeht, kann er sich seinen Reim machen. Er befürchtet sogar, dass der Xari von seiner Niederlage weiß. Tatsächlich hat die Untergrainauer Dorfratschn, die alte Wiesnerin, am Vortag Xaris Mutter bei einem Besorgungsgang erwischt und ihr brühwarm von den Ereignissen auf dem Berg berichtet.
Am anderen Ende der Wirtsstube sitzt Ander. Lenz hängt seine Joppe über die Stuhllehne und setzt sich zu ihm.
»Wos is denn so pressant?«, fragt er, ohne den Kollegen lange zu begrüßen. Er will gleich zur Sache kommen.
»Kimm grod vom Forstmoasta«, antwortet Ander ernst und Lenz spürt, dass die Neuigkeiten, die er gleich erfahren wird, seine Stimmung nicht heben wird.
»Und – wos wuit er?«
»Hot er zu dir no nix gsogt?«
»Naa – sog scho!«
»Mir suin Revier tauschn.«

Lenz ist verblüfft, kann sich keinen Reim darauf machen. »Sauber! Des muaß i von dir hörn, dass du mei Revier kriagst! Hot er gsogt, warum?«
»Er hot des mit'm Kriegelstein und mit'm Huaber ausgmacht. De Einzelheiten werd er dir scho beim Jagdessn selber sogn!«
»Des aa no!«, ruft Lenz erschrocken aus. Die Grainauer Gemeindeflächen gehören zum von Kriegelstein gepachteten Jagdbezirk. Wenn er jetzt der dafür zuständige Jäger sein soll, muss er anstelle des Ander am Jagdessen für die Grundbesitzer teilnehmen – und dort, das weiß er genau, wird er erneut auf seine Peiniger treffen.
»Hot er sunst no wos gsogt?«, fragt er den Ander. Er befürchtet, dass sein unrühmliches Erlebnis vielleicht schon die Runde gemacht hat und der Grund für die Umbesetzung ist.
»Er hot grod gmoant, da Huaber und da Kriegelstein daadn uns sonst entlassn und i sui aufpassn und net alloa geh!«, sagt der Ander.
Lenz ist froh, dass der Freund offenbar nichts von seiner Schande weiß.
»Gratuliere! Do host a scheens Revier kriagt. Gams gibt's do gnua, aber genauso vui Lumpn treibn si rum«, klärt Lenz vorsichtig auf, aber das ist für den Ander offenbar nichts Neues, denn er geht gar nicht auf die Bemerkung ein, sondern fragt den Berufskollegen: »Warum host denn so a gschwollns Gsicht?«
Dass ihm die Folgen seiner Schmach ins Gesicht geschrieben stehen, ärgert den Lenz, aber nie soll der Ander den Grund dafür erfahren. Er wird seine eigenen Erfahrungen machen müssen.
»Woaß net, an Ausschlog vielleicht«, sagt der Lenz deshalb möglichst beläufig.
Beide blicken auf, als die Rosi dem Ander ein Bier hinstellt.
»Bittschee, du schneidiger Jaga!«, sagt sie anzüglich und beugt sich nach vorne, wobei sie dem Ander einen tiefen Einblick in ihren Dirndlausschnitt gewährt.
Das hindert den aber nicht, giftig zu sagen: »Dankschee! Is heit dei Verehrer vom letztn Moi net do?«
»Brauchst net beleidigt sei, aber der Danz war scho vasprochn. Heit obnd is wieder Danz, do derfst du!«
Ander trägt der Rosi immer noch nach, dass sie ihm den Klosn-

Bene vorgezogen hat. »Aber heit mog i net! Hob scho a anderne! De gfoit mir besser!«, sagt er knapp und grob.
»Dann hoit net!«, entgegnet Rosi schnippisch und zieht ab.
Beide Jäger sind in einer Stimmung, die nicht zum fröhlichen, unbeschwerten Ratschen taugt. Sie schweigen sich ein paar Minuten an, dann ruft Lenz die Rosi an den Tisch und zahlt.
»Wos host denn! Muaßt scho hoam?«, fragt der Ander.
»Hob a schware Woch ghabt!«, antwortet ihm der Lenz und wird noch grimmiger, als er an das bevorstehende Jagdessen denkt. Als er aufsteht, ahnt er nicht, dass ihm ein weiterer Nackenschlag unmittelbar bevorsteht: Wie er befürchtet hat, wissen Xari und sein Begleiter genau, was vor ein paar Tagen vorgefallen ist.
Als Lenz zur Türe geht, meint der Garmischer: »Schaug da den Jaga-Gockl o! Dem san d' Federn sauba grupft worn!« Und dann rührt er boshaft in Xari etwas auf: »Und mit dem Kaschperl hot si de Magda eilassn und di lasst s' net hi!«
Xari muss an die schmerzliche Zurückweisung in der Bierstube denken und sagt halblaut zum Garmischer: »A boor Federn hot er no!« und dann laut zum Lenz: »Hoi, Jaga! Wos bist denn so rot und so gschwolln im Gsicht?«
»Hoit's Mei, Xari, du gehst ma grod no ob!«, sagt Lenz im Vorbeigehen und verlässt den Raum. Er hat sich geschworen, in irgendeiner Form Rache zu nehmen, wenn sich die Gelegenheit ergibt, auch an dem anmaßendem Xari. Er hat bald darauf noch mehr Grund dazu, denn Xari schaut seinen Freund auffordernd an, der versteht augenblicklich, was er vorhat und nickt. Beide folgen dem Lenz und als der im Gang die Joppe vom Haken nimmt, ruft ihn Xari von hinten an: »Wos treibt da denn so d' Farb ins Gsicht? Schaamst di no wega de Wuidara oder warn's d' Ameisn?«
Dabei tritt er dem Jäger bedrohlich nahe, überschreitet bewusst die Distanzschwelle. Lenz ist nicht mehr in der Lage, zurückzuweichen und eine weitere Demütigung einzustecken, er muss sich endlich zur Wehr setzen und holt mit der rechten Faust aus, um dem Spötter in die dumme Visage zu schlagen. Der Xari aber, durch seine Teilnahme an mehreren Saalschlachten im Faustkampf geschult, hat den Schlag erwartet und weicht geschickt aus. Inzwischen hat sich der Garmischer unbemerkt in den Rücken vom Lenz gestellt

und packt ihn nun mit dem Arm um die Gurgel, reißt ihn nach hinten, hält ihn fest. Nun holt Xari aus und schlägt dem wehrlosen Jäger mehrmals mit der Faust ins Gesicht, bis ihm das Blut aus dem Mund und den aufgeplatzten Lippen läuft.
»De is für d' Magda, und de is für d' Magda, und de is für d' Magda!«, ruft er dabei wie rasend. Dann packen die beiden den blutenden Jäger und schmeißen ihn zur Wirtschafttüre hinaus.
»Wennst mogst, kriagst no a Zulage!«, schreit Xari zum Abschluss. Dann fällt die schwere Wirtshaustüre zu und Lenz rappelt sich auf, wischt sich zornig das Blut aus dem Gesicht und schwingt sich auf sein Fahrrad. Er muss zurück nach Grainau, in das Dorf, das ihm inzwischen so verhasst geworden ist.

Das Jagdessen

Der ungewöhnlich milde Spätherbst ist dabei, sich in einen nasskalten Frühwinter zu wandeln. Keine Windböen, wie sie sich in den letzten Tagen von den Wänden des Waxensteinkammes herabfallen ließen und dabei erwärmt haben, jagen mehr das dürre Laub über den Boden. Aber nicht nur die Luft ist kälter geworden in Untergrainau.

An den schweren Ahorntischen unter der vom Rauch dunkel verfärbten Kassettenholzdecke der Waxenstein-Wirtschaft sitzen ausschließlich Männer. Ihre Gesichter sind wettergegerbt, die Hände von der harten Bauernarbeit breit und rissig geworden. An einem der Tische hat sich wie so oft das seit ihren gemeinsamen Fronterlebnissen unzertrennliche Trio Westl-Jörgl, Westl-Kurbi und Klosn-Bene zusammengefunden. Auch ihr alter Kriegskamerad, der Lechner-Franzl, ist an diesem Abend der Meinung, er müsse mal wieder unter die Leute kommen und könne sich eine Halbe leisten. Er ist bereits in der Wirtschaft gesessen, als nach und nach die Männer durch die Türe traten und sich auf die Tische verteilten. Der Lechner hat nicht gewusst, dass an diesem Tag das alljährliche Jagdessen, das der Pächter den Grundbesitzern spendiert, stattfindet. Er wäre sonst sicher daheim geblieben, denn es kommt ihn hart an, nun zusehen zu müssen, wie seine Kameraden genussvoll den Braten und die Knödel mit der dunklen Soße vertilgen und sich immer wieder Scheiben von dem zarten Hirschkalb nachlegen lassen.

Als die Teller vom Tisch geräumt sind, hockt sich der Höfler-Xari zu ihnen. Der Lechner mag ihn nicht, er weiß, dass er der Hitlerpartei und sogar der SA angehört und die örtliche Hitlerjugend leitet. Auch das sorglose Leben, das der Wirtssohn führen kann, ist ihm ein Ärgernis. Es erscheint ihm geradezu bezeichnend, dass sich die braun uniformierte Horde »Sturmabteilung« nennt und vorgibt, lediglich die eigenen Redner vor fanatischen, gewaltbereiten Kommunisten zu schützen, in Wahrheit aber lieber selber zuschlägt.

Der Xari hat sich an den Tisch gesetzt, obwohl er weiß, dass er in den Augen der erfahrenen Männer ein unreifes Bürscherl darstellt. Doch er bewundert die örtlichen Kriegs- und Wildererveteranen wegen ihrer so oft bewiesenen Härte und Männlichkeit und hört gerne zu, wenn sie von ihren Erlebnissen im Feld und im Bergwald erzählen.

Abseits davon hat der Wirt einen gesonderten Tisch mit einer Tischdecke versehen; hier hat der Jagdpächer Huber mit seinem Kollegen, dem Seebesitzer Kriegelstein, dem Forstamtsvorsteher Albrecht und einigen Jägern, darunter der Lenz Bartl, Platz genommen.

Der Lenz fühlt sich so elend wie in seinem ganzen Leben noch nicht. Sein verunstaltetes Gesicht hat er noch einigermaßen mit einem Sturz über eine Wurzel erklären können. Zum körperlichen und seelischen Schmerz ist aber gerade zuvor auch noch die Angst um seine Existenz dazu gekommen, denn man hat ihm den Grund für den Reviertausch unmissverständlich erklärt und die Erwartungen, die man damit verbindet: Wenn den beiden Pächtern auch in Zukunft nichts Kapitales, Medaillenträchtiges zu schießen übrig bleibt und nicht in aller Schärfe gegen das Lumpengesindel vorgegangen werde, dann würde das Konsequenzen haben.

An diesem Abend werden im Wirtshaus keine melodramatischen Lieder gesungen von Almglück und Liebe oder dem freien, dem wirklich freien Jagerleben wie sonst, wenn die Männer bierselig werden. Kein schallendes Gelächter brandet auf, wenn jemand einen Scherz gelandet hat. Es liegt eine Spannung im Raum, die jeder spürt und entsprechend ernst sind auch die Gesichter. Es wird wenig gesprochen, und einen solchen Augenblick der Stille nutzt der Xari. Er wendet sich dem Jörgl zu, in seinen Augen der Namhafteste der Wilderer: »Do hert ma ja saubare Sachn von eich, wias es mit'm Jaga Lenz umgsprunga seids! Hund seids scho! – Übern Ameisnhaufn aufghängt!«, verleiht er seiner tiefen Bewunderung Ausdruck.

Dem Jörgl ist es eigentlich wurscht, ob er von dem wichtigtuerischen Xari bewundert wird, doch er lässt sich herab, ihm zu antworten: »Do war der net da Erste. De Medizin is bewährt. De hot no an jedn Jaga kuriert, boi er gor z' diensteifrig war!«

Wie immer gibt ihm der Bruder recht: »Und so arg war's aa wieda net, er hot's ja überlebt. D' Ameisn san eahm hoit a weni ins Gnack nei krabblt und ham n'an a weni obieslt.«
Xaris anerkennendes Gelächter schallt laut durch den Wirtssaal, dann dämpft er verschwörerisch seine Stimme, will witzig sein: »Des Ameisngift sui ja gsund sei! Und braucht hot er's aa, der Drecksjaga!«
Weil niemand etwas darauf sagt, sieht er die Gelegenheit gekommen, sich den erfahrenen Männern weiter anzubiedern: »Mei, waar i do gern dabei gwesn! Nemmts mi hoit aa amoi mit. I hob ma vom Neff-Beppi an Achterneinzger-Karabiner umändern lassn. Des war net billig! De Ausgab muaß si amoi rentiern!«
Jörgl aber zeigt ihm sofort seine Grenzen auf: »Ma sui net fliegn wuin, bevor ma Federn hot! Und du redst aa z'vui! Hoit grod dei Mei! De Rumrederei im Dorf passt ma gor net!«
Xari versucht sein vorlautes Reden zu rechtfertigen: »Des mit'm Ameisnhaufn woaß doch scho a jeder! Und a jeder gfreit si drüber.« Dann schneidet er geschickt ein anderes Thema an: »Aber der Jager is doch heit beim Jagdessn aa do! Habts denn koa Angst, dass eich der bei da Polizei oder bei seim Jagdherrn ozoagt?«
»Der zoagt uns nia und nimmer o! Der Bartl woaß scho, wos ma sonst für an Most huin für eahm!«, ist sich der Kurbi sicher, und diesmal ist es der Bruder, der ihm zustimmt: »Und an Zeugn hot er ja aa koan. Do feit si nix!«
Dann erstirbt das Gemurmel an den Tischen, denn der Jagdpächter Kriegelstein tritt vor die Einheimischen und ergreift das Wort. So mancher wäre nach dem Essen am liebsten aufgestanden und heimgegangen, doch die Männer wissen, dass noch alles Mögliche, was die Jagd und ihre Grundstücke betrifft, zur Sprache kommen wird. Jetzt wenden sie sich ihm zu, doch aus ihren Mienen wird deutlich, dass sie den Pächter nicht mögen.
Der wohlgenährte Mann im forstgrünen Anzug wartet einen Augenblick, räuspert sich und beginnt dann seine Ansprache: »Hochverehrter Forstamtsvorsteher, liebe Jäger und anwesende Grundbesitzer!
Ich freue mich, dass ihr alle meiner Einladung zum Jagdessen gefolgt seid und hoffe, dass euch der Braten geschmeckt hat.«

Bevor er weiterspricht, macht er eine bedeutungsvolle Pause und seine Zuhörer ahnen, auf was er hinauswill: »Bevor wir aber wieder auseinandergehen«, fährt er fort und wird im Tonfall ein wenig schärfer, »habe ich euch noch etwas Wichtiges mitzuteilen, etwas, das euch alle angeht und das sich einige der hier im Saale Versammelten zu Herzen nehmen sollten. Heuer habe ich keinen einzigen starken Hirschen und auch keinen kapitalen Bock erlegt, worauf ich mich das ganze Jahr über so gefreut hatte ... es war keiner mehr da ... alles weggeschossen! Sogar das Gamswild ist dermaßen vergrämt, dass man kaum noch herankommt. Jeder hier weiß, was das bedeutet: In meinem Revier und auch im benachbarten Revier meines Freundes, des Herrn Kommerzialrat Huber, wird schonungslos gewildert!«
Er weist mit der Rechten auf seinen grimmig nickenden Kollegen, legt eine kurze Pause ein und blickt dann wieder in die Gaststube.
»Nicht nur Jagdwilderei, auch Fischwilderei wird in immer dreisterer Form betrieben!« Die wütende Erregung ist deutlich aus seinen Worten zu hören, als er nun fortfährt: »Herr Kommerzialrat Huber und ich«, er weist erneut auf seinen Pächterkollegen, der nun ebenfalls aufgestanden ist, »zahlen aber nicht Tausende von Reichsmark dafür, dass wir uns von Habenichtsen und Kriminellen das Wild und die Fische stehlen lassen! Möglicherweise waren es die gleichen, denen wir das Heu für die Winterfütterung abgekauft haben! Und ...«, er lässt den Blick über die Tische mit den Grainauern schweifen, »... ich kann mir gut vorstellen, dass so mancher Anwesende nicht nur heute Abend von unserem Wildpret oder den Fischen aus dem Badersee satt geworden ist!«
Ein entrüstetes Gemurmel hebt gleichzeitig an allen Tischen an und erfüllt den Saal.
Der zaghafte Zwischenruf »So wos konn ma doch net so einfach sogn!« reizt den Kriegelstein noch zusätzlich und er redet sich in Rage.
»Jawoll! Das sage ich sogar laut und deutlich! Und ich sage noch etwas anderes! Wo es in der Frühe donnert, da schlägt um Mittag der Blitz ein!« Er macht eine kurze Pause, um seine Metapher wirken zu lassen, und wird dann konkreter: »Ich habe mich mit

Herrn Kommerzialrat Huber abgesprochen. Wenn unsere Jäger in Zukunft nicht schärfer vorgehen und den Wilddieben nicht rigoros das Handwerk gelegt wird, dann gibt es nächstes Jahr kein Jagdessen mehr und in den Empfehlungsschreiben der entlassenen Jäger wird man lesen können ›Stand der Wilderei machtlos gegenüber!‹«

Er legt eine weitere Pause ein, um seine Zuhörer aufnahmebereit für die weiteren Drohungen zu machen: »Aber es wird ohnehin nicht mehr lange dauern, dann haben wir einen Reichsjägermeister Göring – und der wird aufräumen mit dem Wilderergesindel!«

Erneut unterbricht Kriegelstein seine Rede, bis sich die unterdrückte Empörung gelegt hat. »Und, meine Herren – was für manche von Ihnen möglicherweise von Interesse sein dürfte: Ab heute darf jeder Jäger Landespolizei anfordern zum Jagdschutz! Das habe ich veranlasst! Auf Wiedersehen, die Herren!«

Dann geht er mit zornig entschlossenen Schritten zur Wandgarderobe, nimmt seinen Mantel und den Hut und verlässt den Raum. Auch Kommerzialrat Huber und der Forstamtsvorsteher sehen keine Veranlassung mehr, länger hier inmitten der vermuteten Fisch- und Jagdfrevler zu verweilen. Sie erheben sich und folgen Kriegelstein.

Die so schroff Gemaßregelten bleiben an ihren Tisch sitzen, schauen zu, wie die Türe ins Schloss fällt und nehmen erregt das Gespräch wieder auf.

Als die Jagdpächter mit ihren Begleitern durch den Flur der Wirtshaustüre zustreben, kommt der Lechner-Franzl gerade vom Pissoir zurück und muss dem rücksichtslos raumgreifenden Schritt des wütenden Kriegelstein ausweichen.

»Bass doch auf, du Depp!«, hätte der Lechner dem Hotelier am liebsten nachgerufen, doch er schaut ihm nur zornig nach, dann betritt er den Wirtsraum und setzt sich wieder zu seinen Kameraden an den Tisch, an dem inzwischen auch der Westlvater und der Garmischer Freund vom Xari Platz genommen haben.

»Is des a gscherter Hamml, der Jagdpächter!«, stellt der Lechner ärgerlich fest. »Der rennat oan pfeilgrod übern Haufn.«

Jörgl meint: »Reg di net auf! Der moant hoit, er is a Kaas, dabei stinkt er bloß!«

Kurbi ist anderer Ansicht: »Des host bei seiner Red gspannt, wos der von uns hoit! Und der ander is koan Deit net besser! De gangadn wega ihre bleedn Hirsch und Gams über Leichn!«, stellt er fest und nimmt wieder einen tiefen Zug aus seiner Virginia.
Der Klosn-Bene, der sich schnell persönlich zurückgesetzt wähnt und dann entsprechend reagiert, sagt voller ehrlicher Empörung: »Habts ihr ghert, wos der gsogt hot, der gschnieglte Herr? Zu de andern sogt er ›hochverehrte‹ und ›liebe‹ ...!« Vor Zorn muss der Bene erst einmal sein noch halbvolles Bierglas austrinken. Dann wischt er sich den Schnauzer ab und ruft so laut, dass es jeder im Saal hört: »... Und mir san grod ›anwesend‹ für den und derfn uns von dem Sauhund aa no bled oredn lassn!« Der Bene ist es gewöhnt, seinen Standpunkt so drastisch zu formulieren. Wer ihn kennt, gibt ihm lieber recht, auch wenn er anderer Meinung ist, um sich einen hitzigen Wortwechsel oder gar körperliche Gewaltanwendung zu ersparen.
Der Lechner allerdings hat sich den Luxus der freien Meinungsäußerung bisher immer geleistet, selbst wenn es ihm Nachteile gebracht hat; dazu kommt, dass er noch hungriger ist als vorher. »Dafür habts von eahm wos Gscheits zum Essn kriagt. Do ko ma si in dera schlechtn Zeit scho a weni bled oredn lassn«, wagt er einzuwenden.
»Wos redtst denn du für an Schmarrn daher!«, schreit ihn der Klosn-Bene verständnislos an.
Der Bratengeruch hängt noch appetitanregend in der Luft, das ärgert den Lechner und reizt ihn zum erneuten Widerspruch: »Ja, stimmt's denn net? I hob koane Wiesn und koan Woid wia es. Mi lodt koana zum Jagdessn ei.«
Der Lechner-Franzl ist zwar im Vergleich zum Klosn-Bene eher ein Grischperl, aber wegen seiner reizbaren, giftigen Art geht man Streitgesprächen mit ihm lieber aus dem Weg. Jeder in der Wirtschaft weiß, welch düstere, fleischlose Zeit im Lechnerhaus seit seiner Arbeitslosigkeit angebrochen ist, auch der Bene. Dem geht es beim Wildern durchaus um den Fleischerwerb und die damit verbundenen Vorteile. Seine Freiheit im Wald, das lustvolle Wuidln ist ihm aber fast noch wichtigster: Er genießt es, den Jägern seine breite Brust zu bieten und am besten so, dass es jeder sieht –

nicht zuletzt wegen der Bewunderung, welche ihm die jungen Burschen und gerade der Xari dafür zollen. Man kann ihn nicht ganz als Gewerbsmäßigen bezeichnen, denn er geht als Maurer in den Sommermonaten einer geregelten Arbeit nach, aber die Trennlinie zwischen Dein und Mein hat er schon längst überschritten. Außerdem verdient er mit seiner Wilderei ganz gerne ein paar Markl dazu, wenn er Wildpret, seine mit dem Kleinkalibergewehr sauber geschossenen und nicht von Dum-Dum-Geschossen zerfetzten Decken, reifige, bis zwanzig Zentimeter lange Gamsbock-Rückenhaare oder schöne Stangen und Krickerl verkaufen kann – vorzugsweise an den Höfler-Konrad, der geldige Abnehmer für das Wilderergut hat. Der Bene, der derbe Menschenklotz, liebt die Konfrontation, er braucht einen Feind, und da bieten sich halt die Jäger am besten an. Sein Leben lang, bereits während der Schulzeit, hat er Auseinandersetzungen geradezu gesucht, war und ist immer noch als Raufbold bekannt und gefürchtet. Nun ist selbst er schon ein bisserl gesetzter und der Ruf, ein freiheitsliebender Wildschütz zu sein, behagt ihm inzwischen mehr als der des Raufers.
Hätte ihm ein anderer als der Lechner-Franzl widersprochen, er hätte es ihn büßen lassen. Doch dem armen Krauterer, der sich und seine Familie nicht mehr rechtschaffen ernähren kann, fühlt er sich überlegen und verzichtet der alten Kriegskameradschaft zuliebe darauf, ihn mit seinen Abortdeckelpratzen beim Krawattl zu packen und gescheit herzubeuteln. So reduziert er seine Lautstärke und meint lediglich: »Mir brauchn dem Kriegelstein oder dem Huaber sein Brotn net. Wenn ma oan brauchn, dann hui ma uns den scho selber!«
Der Jörgl ist ein anderer Wilderertypus. Auch er will frei jagen können, aber aus innerer Überzeugung heraus – und er hat mit seiner weitläufigen Verwandtschaft einen dankbaren Abnehmerkreis für die kostenlosen Fleischgaben. Er will keinen Streit, und schon gar nicht hier am Tisch unter seinen alten Kriegskameraden, für die er sich als Vorstand des Veteranenvereins verantwortlich fühlt. Aber noch einen Grund gibt es dafür, dass er sich im Laufe der Jahre zum Oberhaupt der Untergrainauer Raubschützen entwickelt hat. Er hegt Hass und Neid auf diejenigen, die er als Verräter an der Jagdfreiheit betrachtet. Der Jörgl kennt einige dieser ehemaligen

Wildschützen, welche die Jagdgehilfenprüfung abgelegt haben. Sie tragen ihre alte Wildererjoppe nun umgedreht und können durch die Wälder streifen, ohne schleichen, ängstlich umherspähen und abducken zu müssen.

»Ja, brauchn dean ma 'n net, megn dean ma 'n net, den Jagdherrn, aber trotzdem miaß ma halt zum Jagdessn geh«, sagt er und dann fast entschuldigend zum Lechner: »Hättst gern statt meiner mitessn kenna. Aber ois Grundbesitzer muaß i hoit kemma. Boist net kaamst, nachad machadst di zletzt no verdächtig!«

Den Kurbi drängen ähnliche Beweggründe wie den Klosn-Bene zum »Gratschaugn«. Er ist der beste Jäger unter den Grainauer Wilderern, verfügt über ein blitzschnelles Ansprechvermögen und ein schnelles, alles erfassendes und in Sekundenbruchteilen abschätzendes Auge. Obwohl er während seiner Zeit als Einzelgänger schon zweimal für mehrere Wochen die Hosenträger abgeben musste und Übung im Tütenkleben hat, macht es ihm nach wie vor Spaß, die Beute unter dem Nervenkitzel der drohenden Entdeckung heimzubringen. In ihm glimmt der böse Funke Rachsucht gegen die Jäger, seit sie ihm vor Jahren in einem erbarmungslosen Bergstockgefecht zu zweit erst halb den Schädel eingeschlagen und ihn anschließend dazu gezwungen haben, in Stadelheim den Blechteller auszuschlecken. Wenn man sie danach nicht in anderen Revieren eingesetzt hätte, dann … Den Lechner dagegen mag er gerne, bewundert und beneidet ihn auch ein wenig wegen seiner Treffsicherheit. Er nimmt seine Virginia aus dem Maul, bläst den Schaum von seinem Krügerl und versucht, die Unterhaltung ins Lächerliche zu drehen: »Und 's moanat gor no oana, ma waar vielleicht a Wuidara und trauat si net herkemma!«

Das Gelächter am Nebentisch reizt den Klosn-Bene zum Ausruf: »Grod mit Fleiß samma do!«

Dem Jörgl aber liegt gerade nichts daran, irgendjemandem etwas mit Fleiß zu tun; ihm gehen die Worte des Jagdpächtes nach. Mehr nachdenklich als vorwurfsvoll sagt er: »Und drohn dad er uns – mit'm Göring!«

»Bloß de Dumma moana, de Gscheitn wissen oiß!«, sagt der Westlvater weise, doch der Lechner hält den Pächter für gescheit, ohne sich dabei dumm vorzukommen. »Der hot scho recht!«, sagt

er in pessimistischem Ton. »Es werd nimmer lang dauern, bis de Nazi an d' Macht kemma.«
Xari glaubt sich als Parteimitglied nun berufen, wieder in die Unterhaltung einzugreifen und redet den vermeintlich »roten« Lechner direkt an, hofft, ihn für die Bewegung zu gewinnen: »Wenn der Hitler drokimmt – den brauchst net scheichn. De Nazi san ja schließlich aa Sozialistn und de Sozi moana's doch oiwei guat mit de kloana Leit!«
Der Lechner ist von dieser politischen Übereinstimmung so überrascht, dass er nichts drauf sagen kann, das erledigt an seiner Stelle der Jörgl: »Hör ma grod auf mit de Nazi und mit deiner SA! Du woaßt doch selber, wia es mit de Leit umspringts! Do waarn ma ja fast no de Kommunistn liaber!«
Der Westlvater hat sich an dem Wortwechsel bisher nicht beteiligt. Er ist nicht ins Wirtshaus gegangen, um sich fruchtlose politische Streitgespräche anzuhören. So kommt ihm der Ausdruck »Kommunisten« gerade recht, um das unerfreuliche Thema zu beenden. Er schaut den Xari versonnen lächelnd an und sagt: »Ja, unter de Kommunisten, glei noch'm Weltkriag, do warn mia Wuidara de Herrn im Woid! Des warn Zeitn mit de Spartakistn im Fruahjohr 19 – bis in'n Mai nei! Bis se von da Einwohnerwehr in Burgrain am Weidlegrobn und vo de Freikorps in Münchn übern Haufn gschossn worn san!«
»Brauchst uns nix vazähln, Westlvoda! I war dabei, wia ma mit dem Gschwerl aufgramt ham in Münchn!«, sagt der Bene, von dem jedermann und bei jeder Gelegenheit hören kann, wie er damals, Anfang Mai 1919, mit dem Werdenfelser Freikorps die Diktatur der Münchner Räterepublik blutig beendet hat. Dass sie wegen eines Zugunglückes erst in München ankamen, als alles fast vorbei war, und vor allem wegen ihrer malerischen Gebirgstrachten von der Bevölkerung gefeiert wurden, lässt er unerwähnt.
Xari ist glücklich, dass ihn der Alte angesprochen hat und offenbar ernst nimmt. Obwohl er weiß, dass er damit in einen Zwiespalt gerät und auch nicht ganz seiner Parteilinie folgt, stimmt er ihm zu: »Des hot da Voda scho vazählt. Von de vierzig Garmischer Volksjäger, de von de Kommunistn an Jagdschein kriagt ham! Des wahre Paradies muaß des gwen sei!«

Der Westlvater klärt ihn auf: »Des warn net grod Garmischer. Aber des stimmt scho. Mir ›Volksjäger‹, wia ma uns hoaßn ham derfn, warn olle Wuidara. Auf Veranlassung vom kommunistischn Volksrat hot uns 's Forstamt sogor an Hirschkarrn gebn miaßn zum Wuidbroat hoamfohrn!«

Lechner, der Kleinhäusler ohne glorreiche Wilderervergangenheit, sieht die Sache von der anderen Warte. »Ja, hoamgfohrn habts as! De Stodara hom do nix gseng davo! Bis Münchn is do koa oanzigs Stuck Wuidbroat neikemma; do san dawei de Kinder verhungert.«

Der Westlvater schüttelt unwillig sein eisgraues Haupt. »De reichn Stodtleit san scho von selber kemma«, erinnert er ihn an die chaotischen Monate nach dem verlorenen Krieg und bedauert nun, die immer noch ungebrochene Wildereibegeisterung mit seinen Erinnerungen entfacht zu haben.

»'s is hoit gor z' arg triebn worn! Aber des warn d' Garmischer! Am Kienberg im Linderhofer Revier ham s' sogor mit'm Maschinagwehr gwuidert. Mittn in de Gamsrudl neighoitn! Mei, Bua, is des sei zuaganga!«, sagt er zu dem Garmischer.

»I woaß scho, wia's seimols war!«, sagt der Garmischer. »Mei Voda war selber a Gewerbsmäßiger! De Bessern warn olle Berufswuidara. Fest ogstellt von am Hotel – ois Fleischlieferant!«

Der Lechner sieht sich bestätigt: »Siehgst as? Und in de Städte hot's nix gebn. Bis von Frankfurt und Berlin san de Schiaber und Kriegsgewinnler noch Garmisch in Urlaub gfohrn, weil si se bei uns do de Wampn ham vuifressn kenna.«

Der alte Westl kann sich noch gut erinnern, welch unglaubliche Dinge sich damals abgespielt haben und ergänzt seinen wildererhistorischen Rückblick: »Bis se dann im zwanzger Johr a Fremdenverkehrssperre eiglegt ham z' Garmisch und z' Partenkirchn, damit si der ›Fresstourismus‹ endlich aufhört.« Dann wendet er sich dem Garmischer zu: »Es Garmischer warts scho wirkli de Ärgstn! Eich san damals sogor mir Groanara Wuidara liaba aus'm Weg ganga!«

Lechner gibt zu bedenken: »Es war ja koa Wunder; a jeder is im Kriag gwen und hot's Daschiaßn glernt. Do is's auf oan doadn Jaga oder Wuidschützn nimmer zamkemma.«

Jetzt wird auch der junge Garmischer von der vergangenen Wildererglorie erfasst: »Koa Jaga hot si mehr aus'm Haus traut! De hom grod no fuchtig rausgschaugt aus'm Fenster, wenn se am hellichtn Dog 's Wuidbroat auf'm Karrn am Forstamt vorbeigschobn ham.«
Der Klosn-Bene mischt sich wieder ein: »Wissts no, wia ma de Jaga ogsunga ham: ›Geisenberger, Hohenadl, Krembs, wenns a Schneid habts, kemmts!‹«
Der Kurbi, der auch schon eine Halbe zuviel hat, schwelgt weiter in den Erinnerungen: »Do host von dera Jagabruat koan mehr gseng im Woid.«
Er erntet zustimmendes Glächter am Nebentisch und der Garmischer erzählt weiter: »Dausad Mark hot mei Voda sei verlangt für an schwaarn Hirsch – und kriagt!« Und er legt noch nach: »Und wias 'n dawischt ham – dreißg Mark Straf beim Garmischer Schöffengericht – für gewerbsmäßiges Wildern während der Schonzeit!«
Das Auflebenlassen der alten Wildererherrlichkeit hat sowohl die damaligen Protagonisten wie auch die Zuhörer in der Wirtsstube erfasst, jeder weiß etwas anderes zu erzählen und der Klosn-Bene erntet erneut Gelächter, als er behauptet: »De Schöffn warn damals olle guat versorgt! Sogor in da Schonzeit!«
Und er erinnert noch daran, wie leicht es die Wilderer damals im Werdenfelser Land hatten: »I war dabei, wia da Hackl von Krün zum Richter gsogt hot, er sui a weni schneller doa mit seim Urteil – zwegs de boor Mark Straf. Er hot net so vui Zeit, er muaß wieder naus in 'n Woid und a Geld vadiena.«
Als der Westlvater das aufgekochte Thema endlich beenden will und sagt: »In hundert Johr glaabt des koa Mensch mehr, wia mia damals wuidern hom kenna!«, ergänzt der Xari im Brustton der Überzeugung: »So wird's wieder wern bei den Nazi!«
Da wird dem Westlvater die Begeisterung doch zu groß: »Dua di do grod net deischn, Bua! Wenn 's Unterst noch obn draht werd, des geht net lang guat. Im neinzehner Johr war's des Gleiche. Wia's aus war mit da Revolution, nachad hobn wieda d' Jaga 's Sogn ghabt im Woid. De ham auf Heller und Pfennig zruckzoit. Sechs Dode beim Wuidern – alloa im neinzehner Johr!«
Der Garmischer muss zugeben: »Und in de nachstn Johr san no an etli Wuidschützn im Gäu daschossn worn!«

Lechner deutet auf die Augenklappe des Westlvaters. »Di hätt's ja aa fast dawischt!«
»Des is a Andenkn vom Jaga Geisenberger von Ogau. Weil ma 'n z'vui tratzt ham. Do hot's glei gschnellt bei dem! Glei noch'm Weltkriag, do is hoit da Finger schnell krumm worn.«
»Da Krembs und da Geisenberger habn dir zwoa Sekundn Pardon gebn! Oane zum Gwehr wegschmeißn und oane zum Kreuzschlagn. Wennst z' langsam warst, dann hot's gschnellt!«, erläutert ein alter Mann, dessen rüstige Gestalt vermuten lässt, was für ein drahtiger, flachsiger Bergschütze er in seiner Jugend gewesen sein mag.
Der Westlvater kann nicht verhindern, dass jeder am Tisch noch etwas anderes Unglaubliches aus jenen Tagen zu berichten weiß. Immer weitere Wildererheldentaten werden rekapituliert. Wie damals der Konditor-Hartl und der Baumoaster-Toni den Simla-Seppl übern Haufn geschossn haben in der irrigen Annahme, er sei der Förster Hohenadl, wobei der Simla – ein echter Gewerbsmäßiger, der gleich mehrere Hotels mit Fleisch versorgte – sich von seinen Einkünften doch glatt ein Haus habe bauen können. Auch, dass der gelernte Zimmerer sich vorsorglich seinen eigenen Sarg gezimmert habe, kommt zur Sprache, und dass an seinem Todestag zwei Reichswehrsoldaten, die zum Jagdschutz bestellt waren, niedergeschossen wurden.
Der Lechner hat nun eine Zeitlang nichts mehr gesagt. Die sechs Halbe Bier auf nüchternen Magen, der Bierdunst und der Rauch von Pfeifen, Stumpen, Zigarren und Zigaretten vernebeln ihm die Sinne. Die martialischen Erzählungen und die Vorstellungen von Schießen, Blut, Tod, Rache und Wut vermischen sich mit seinen realen Erinnerungen an die grausamen Erlebnisse des Krieges. Seine damals erlittenen Traumatisierungen steigen vor seinem inneren Auge auf, werden zu einer Vision. Er hört wieder seinen Feldwebel »Sturmangriff« schreien, sieht, wie er selbst und seine verdreckten Kameraden ihre Gräben verlassen und mit todesverachtendem Hurragebrüll zu den feindlichen Stellungen hinrennen und Deutsche wie Franzosen sich mit dem Bajonett niedermetzeln. Er wähnt sich wieder im Krieg; er kann nicht anders, als mit glasigen Augen laut »Hurra!« zu brüllen.

Während besonders die Jüngeren über den Lechner lachen müssen, sieht ihm der Westlvater seinen berauschten Zustand an und erneut den Augenblick der Mäßigung und der Warnung für gekommen. Allzu gleichgültig wird ihm vom Niederschießen von Wildschützen und Jägern gesprochen am Tisch: »Es habts es ja ghert – 's gibt wieda an Jagdschutz! De Hundertschaft Landespolizei, de s' nach Farchant verlegt ham, werd aa gega d' Wuidschützn eigsetzt. Do brauchts eich nix vormachn! Wia vor zwölf Johr de Reichswehr!«
Der Klosn-Bene gibt ihm recht, aber in einer anderen Weise, als es der Alte gemeint hat: »Und heit miaß ma uns wieder mit'm Daschiaßn drohn lassn! Aber …«, er hebt dabei den Bierkrug genüsslich hoch, schaut hinein und weiß, dass er die ungeteilte Aufmerksamkeit ringsum hat. Dann trinkt er langsam aus, setzt ab und wischt sich über die schaumnassen Lippen, »… aber dafür zoit der Jagdherr d' Zech net grod heit!«
Als er noch ruft: »Des Freibier von dem schmeckt ja heit bsonders guat!«, kann sich der Xari kaum noch auf dem Stuhl halten, so schüttelt ihn das bewundernde Lachen.
Den Westlvater beeindruckt der Klosn-Bene nicht. »Es redt koana gscheiter daher, ois wia er is!«, sagt er und lässt offen, wen er damit meint. Dann aber wird er ernsthafter. »De Zeitn san anders wordn!«, sagt er. »Es waht a schärferer Wind, i gspür 'n an. I moan hoit, es suiats wirkli net so oft geh!
Der Klosn-Bene hat dem Freibier besonders reichlich zugesprochen: »Wos hoaßt do oft?«, schreit er heiser. »Mir genga no vui z'wenig. Es is a Notzeit! Niamd hot wos Gscheits zum Fressn!« Dann deutet er mit dem Daumen auf den Lechner und bemüht sich, ernsthaft und deutlich zu sprechen: »Oder moanst du, dass de Lechnerkinder net froh san über jedn Fetzn Wuidbroat, den ma eahna bringt?«
Den Lechner ärgert diese erneute Erinnerung an seine Hilfsbedürftigkeit maßlos. »Es redts eich olle leicht. Es kennts ja gor koa echte Not«, rechtfertigt er sich nun mit schwerer Zunge. Er wendet sich an den Westlvater: »Du hast an Kramerladn, de andern hobn a Viech im Stoi und olle habts eier Arbat. Dazua gehts aa no zum Wuidern – und wos hob i?« Alle spüren schmerzhaft die Bitternis,

mit der er ausruft: »Zwoa Goaß im Stoi und fünf Kinder um an Diisch rum hob i! Koa Arbat und nix zum Fressn hob i!«
Dem Klosn-Bene fehlt das Mitleidsvermögen des Jörgl, er ist einer von der gerade in Oberbayern häufig anzutreffenden Sorte Mensch, der das Gefühl für Pietät fremd ist und die stattdessen lieber einen Sachverhalt geradlinig auf den Punkt bringt, auch wenn er für den Adressaten schmerzhaft, weil erbarmungslos zutreffend ist. So stochert er weiter in der Wunde: »Deine Kinder hom scho wos kriagt von unserm Fleisch – und dir hot's aa gschmeckt! Aber wenn da des z' weni is oder boist da du z' stuiz bist dafür, nachad muast da hoit selba wos schiaßn!«
Der Lechner hat eigentlich einen gemütlichen Abend verbringen wollen im Kreise seiner Freunde und bekommt nun so hart die eigene Bedürftigkeit vorgehalten. »Brauchts ma nix mehr gebn, des is mir so net recht gwen!«, schreit er jetzt in seinem Rausch. »Ess ma hoit wieda mehra Einbrennsuppn und Muas dahoam!«
Der Jörgl will nicht, dass der Streit ausufert. Der Klosn-Bene kann schnell handgreiflich werden, wenn er zu viel getrunken hat, und ist dann nicht mehr in der Lage dazu, einen Freund von einem Feind zu unterscheiden.
»So hot des da Bene net gmoant!«, sagt er beschwichtigend. »Aber boi i mir des recht überleg: Brauchst grod mitgeh am Sunnta! An guadn Schützn wia di kunnt ma ollawei brauchn. Des letzt Moi, do war da Simla-Max dabei, der hot an erstn Schuss gfehlt und 's ganz Rudl war dahi!«
Der Kurbi gibt ihm recht: »Des hot sogor scho da Jagdpächter gspannt, dass 'n de Gams glei im Wind hobn. Der erst Schuss wenn fehlgeht, dann is's vorbei, nachad konnst wieder hoam geh!«
Den Klosn-Bene ärgert immer noch ein wenig der Widerspruch des Lechner von vorhin, darum sagt er unverblümt: »Geh mit, dann brauchst di aa nimmer schaama!«
Bevor der Lechner wieder hitzig werden kann, mäßigt ihn der Jörgl: »Muaßt net glei aufgeh wiar a Dampfnudl! Mir wissn olle, dass du da sicherste Schütz im Dorf bist. Host im Kriag an jedn Franzos troffn. Grod dir ham se vor Verdun des Eiserne Kreiz Erster und Zwoata Klasse umghängt und net uns. Du warst doch der, der de meiste Schneid ghabt hot!«

Lechner ist froh, rehabilitiert zu sein, denn auf diesem Gebiet versteht er keinen Spaß. Einen Feigling darf ihn keiner nennen. So sagt er und hofft, dass seine Freunde Verständnis haben: »Des is's ja! I hob im Kriag oft gnua auf wos Lebendigs schiaßn miaßn. Und wia oft san mir neberanand im Schützengrabn glegn und ham auf'n Bajonettkampf gwart! I mog koa Bluat nimmer seng! Net amoi von am Viech!«

Der Kurbi denkt ganz praktisch. »Ja, wenn's grod des is! Mir brechn 's Wuid scho auf für di! Du brauchst de Gamserl grod schiaßn – und 's Schiaßn gfreit di doch no! Bist Schütznmoasta worn, dann werst doch no an Gamsbock treffn!«

An dem Einwand des Lechner:»I hob ja grod an Kleinkaliber!« erkennen seine Freunde, dass sie ihn bald weichgekocht haben werden.

Der Bene lässt ihm dieses Argument nicht durchgehen. »I aa!«, sagt er. »Mit am kloana Kleinkaliberloch kriagst mehra Geld für d' Deckn! Und i woaß aa, wer's da obkafft!«

»Und de Deckn morgn ghörn olle dir«, bestimmt der Jörgl unter dem zustimmenden Nicken seiner Wildererkameraden.

Lechner fühlt sich in die Ecke gedrängt. Er kann ein paar zusätzliche Mark gut brauchen und weiß, dass die Fellhändler einen anständigen Preis für die Decken bezahlen und auch nicht nach dem Woher fragen.

»Wenn 's Büxerl knallt und 's Gamserl fallt – aus der Felsenwand – her auf'n Stand!«, singt der Kurbi schwärmerisch und fragt in die Runde: »Sog, wos gibt's Scheeners für an freien Jaga?«

Dann greift sich der Klosn-Bene die Gitarre von der Wand und stimmt sie mit ein paar Griffen. Fast alle Männer kennen den Text und singen mit, besonders laut der Xari.

»De Gamserl schwarz und braun,
de san so liab zum Schaugn!
Doch wennst as schiaßn wuist,
dann muast di aufe traun!
De Luada san so gschwind,
de hom di glei im Wind.
Sie fanga 's Pfeifn o und san davo!«

»Wos is?«, provoziert der Bene weiter den Lechner: »Host itz z' vui Stuiz oder z' weni Schneid?«
Bevor sich der Lechner gegen diese Unterstellung verwehren kann, mischt sich der Xari wieder ein und versichert, er habe genug Schneid und würde sofort an Stelle des Lechner mitgehen, auch wenn er keine Decke behalten dürfe.
In diesem Moment sieht der Jörgl, wie die Türe zum Nebenraum aufgeht und sich der Jäger Lenz nähert. Er hat die Absicht, das Pissoir aufzusuchen und muss dazu mit seinem übel zugerichteten Gesicht ausgerechnet den Tisch mit den Männern passieren, die daran schuld sind.
»Hoit 's Mei, Xari!«, sagt der Jörgl, dem der so arg ramponierte Jäger inzwischen fast leid tut, da brüllt schon der angesoffene Klosn-Bene laut und allgemein vernehmlich: »Ja, wen ham ma denn do? Wos muaß ma von dir oiß hern! ... In'n Ameisnhaufn neigfoin! So a Pech!«
Der Bene hat endlich ein Opfer gefunden und Lenz geht ihm auf den Leim. »Ozoang hätt i eich suin! Grod wega da Magda hob i's net gmacht, dass de net ins Gred kimmt!«, sagt er verbittert.
»Oh, du edler Mensch! De Magda hot di schnell vagessn!«, sagt der Klosn-Bene und der Kurbi setzt noch eins drauf: »So wia du ausschaugst, braucht di des net wundern!«, und erntet boshaftes, wissendes Gelächter. Lenz ist sprachlos, blickt auf den Westlvater, der wendet ernst den Blick ab. Die hässliche Unterhaltung ist ihm unangenehm, aber er kann sie nicht verhindern.
»Aber do brauchst dir nix denkn. Dei Nachfolger is koan Deit besser wia du!«, ergreift wieder der Bene das Wort.
»Du liagst doch, wennst dei Mei aufmachst!«, sagt der Lenz böse zu ihm.
»Net frech wern, Jagabürscherl. Host no net Schläg gnua kriagt? I sog grod so vui: D' Magda geht hoit immer gern mit nette Burschn auf'n Tanzbodn.«
Der Westlvater kann sich jetzt nicht mehr zurückhalten. Er hat oft genug erlebt, welch bittere Früchte der Zorn, der Hass zwischen Jäger und Wilderern hervorgebracht hat. »Itz hoit amoi dei Mei, du oida Hetzer, bevors da 's vor lauter Bosheit varenkst!«, sagt er scharf.

Der Klosn-Bene wird daraufhin im Ton ein wenig versöhnlicher: »Wos habts denn, wos seids denn so zwider?«
Er wendet sich wieder dem Lenz zu und sagt: »Geh weida Jaga, sing doch a weni mit.« Dann stimmt er an:

»I bin da boarisch Hiasl,
koa Jaga hot de Schneid,
der mir mei Spuihahnfeder
vom Hiatal oba keit,
der mir mei ...«

Dazu greift er auf der Gitarre scheppernde Akkorde.
Lenz wird rot vor Wut. Er kennt dieses uralte Spottlied.
Bene hat seinen Vortrag beendet, seine Miene ist bösartig, als er sich jetzt dem Lenz zuwendet: »Und jetzt schleichst di, du Herrnknecht, du armseliger, mir ham no wos zum Redn – ohne di! Sonst hängst boid wieder über de Ameisn, aber dann a weni diafa mit'm Schädl! Dann druck ma dir dein bledn Grind nei in Haufn bis d' soachst!
In ohnmächtigem Zorn setzt Lenz seinen Weg zum Pissoir fort. Als er zurückkehrt, nimmt er seine Joppe vom Haken, geht am Wilderertisch vorbei, ohne Notiz von den Männern zu nehmen. Er meint, er habe genug gehört für heute, doch er täuscht sich.
»Pfiad di, Jaga, kimm guat hoam!«, ruft ihm der Klosn-Bene noch nach.

Das Verhängnis

Als Lenz die Treppenstufen vor der Wirtshaustüre hinuntergeht und ihm das laute, schadenfrohe Lachen der Wilderer nachklingt, will er heimradeln zu seinem Jägerhäusl und versuchen, endlich Ruhe zu finden. Er hat schon den Lenker ergriffen, da hört er jemanden von drinnen rufen: »So a Jagadepp!« Daraufhin bleibt er stehen, lehnt sein Fahrrad wieder an die Wand und geht vorsichtig zum mit den grün gestrichenen Holzladen abgedunkelten Wirtshausfenster, hinter dem er den Tisch mit den Wilderern weiß. Obwohl Lenz glaubt, sein gemeinsames Lebenskapitel mit Magda abgeschlossen zu haben, zwingt ihn etwas, zu lauschen. Er will wissen, wer an seine Stelle getreten ist, wer Magda nahe sein darf. Die nach draußen dringenden Stimmen sind gut verständlich. Zuerst hört er den Westlvater sagen: »Hot itz des sei miaßn, des beese Gred? A bees Bluat hot no nia koa guat do!«

Der Lenz ist dem Alten fast dankbar, doch als nun die hitzige Stimme vom Kurbi an sein Ohr dringt, wird er hellhörig: »Geh Voda, wos wui denn der Jagasoacha? Waar dir des recht, wenn d' Magda oiwei no mit'm Lenz beinand waar?«

»So wia's itz is, is's vui besser!«, stimmt ihm sein Bruder zu.

»Den Groanara Jaga hama ihra sauber ausgredt! Und der ander Jaga, da Garmischer, der is ihra vergunnt!«, meint der Klosn-Bene.

Xari sieht eine Gelegenheit, sich wieder ins Gespräch einzuschalten: »Den oana Jaga habts hoibat umbrocht, weil er mit da Magda ganga is und beim andern is's eich recht?«

»Des geht di nix o! Des hot scho sein Grund!«, bestimmt ihn der Kurbi und der Jörgl sagt unmissverständlich: »Du, Xari, i moan, es waar grod gscheider, wenns es zwoa eich an an andern Diisch hockts. Mir hättn wos z' beredn und do kenn ma eich itz grod net brauchn dabei!«

Die beiden Jungen haben verstanden. Wortlos stehen sie auf und Jörgl wartet, bis sie außer Hörweite sind. »De zwoa miaßn net

wissn, wo da Jaga morgn Vormittog is. De daadn zletzt no auf a dumme Idee kemma.«
»Do, wo der morgn is, do is er besser aufghobn ois wia im Woid. Do ko eahm nix passiern!«, sagt Bene, und Kurbi ergänzt: »Und uns aa net. Siegst Voda, mir san oid gnua, dass ma wissen, wos ma dean!«
Ein schlimmer Verdacht beschleicht den Lenz und zugleich verspürt er brennende Eifersucht in sich aufsteigen. Er denkt an das Sprichwort »Der Lauscher an der Wand hört die eigne Schand!«, aber das ist ihm jetzt egal.
Der alte Westl ist anderer Meinung als seine Söhne: »Oid gnua seids scho, aber recht vui gscheider seids net worn dabei! Lassts eich von eierm Voda no oamoi wos sogn! Des mit'm Lenz zerst hätt wirkli net sei brauchn! Es hetzts 'n grod auf! Mir waar liaber, es bleibats morgn dahoam!«
»Akrat morgn sui ma dahoambleibn, wenn weit und breit koa Jaga im Revier is? Do waar ma ja wirkli bled!«, braust Kurbi auf.
»So oafach is des nimmer!«, beharrt der Alte weiter auf seiner Sicht der Dinge. »Boi des itz scho da Xari woaß und rumredt, wias es den Lenz aufgmischt habts, nachad wern's d' Jaga aa scho wissn.«
Der Klosn-Bene hat keine Bedenken deswegen. »Des schodt gor nix, wenn's de wissn. Der Lenz is net bled, der hot sei Lektion verstandn. Und vo de andern Jaga wui gwieß koana a solchane Lektion lerna!«
Der Westlvater deutet auf seine Augenklappe. »Itz red doch net an so an Schmarrn daher. Ja, moanst denn du, dass si des d' Jaga auf Dauer gfoin lassn? I hob's doch dalebt, wia's vorbei war mit da Wuidaraherrlichkeit noch'm Weltkriag. Do ham ma unsan Übermuat biaßn miaßn. Do ham ma den Zorn von de Jaga gspürt!«, wiederholt er seine leidvollen Erinnerungen.
Kurbi hat es satt, sich ständig vom Vater belehren lassen zu müssen, die wiederholten Einwände gehen ihm auf die Nerven. Jörgl sieht die Dinge ähnlich, doch er hofft im Gegensatz zu seinem kompromisslosen Bruder, dass der Vater Verständnis für ihr Handeln aufbringt: »Voda, du bist doch aa net hinterm Kachlofn hockn bliebn, wiast jung warst! Du host di doch vom Großvoda aa net hoitn lassn!«

Der Westlvater weiß, dass sein Ältester recht hat, doch er beharrt auf seiner Warnung: »Mir schaugt des oiß z'oafach aus!«, sagt er und wiederholt das, was ihn am meisten ärgert: »Und i hob ma vo meim Voda no wos sogn lassn!«
Er hat nun eingesehen, dass seine Söhne nicht bereit sind, auf seine mahnenden Worte zu hören, und setzt sich wütend an einen anderen Tisch. Die Westlbrüder, der Klosn-Bene und der Lechner sind nun unter sich.
»Bedient d' Magda heit gor net?«, versucht der Lechner das Gespräch in eine andere, unverfänglichere Bahn zu lenken, ohne zu wissen, was er damit anrichtet.
»Naa, des is's ja! De danzt grod mit'm Jaga Ander. Schlaffn duat se bei da Bas«, antwortet ihm Jörgl.
»Und am Sunntavormittog geht se mit'm Jaga in d' Kirch. Host as itz vastanna?«, sagt Kurbi.
Der Klosn-Bene glaubt witzig sein zu müssen: »Des passt! Do ko se glei zum Beichtn geh!«
»Reiß du di itz grod zam, du gfotzata Hund! D' Magda is oiwei no unser Schwester!«, staucht ihn der Jörgl zusammen.
»Des war grod a Gspaß, Jörgl! Mir is des aa wurscht, wo se schlafft und wos se beicht. Mi intressiert grod, wann 's Revier frei is«, versucht der Klosn-Bene die Entrüstung seines Freundes zu dämpfen.
»Und woher wissts es des olles so gnau?«, fragt der Lechner nach.
Jörgl ahnt nicht, dass er nicht nur den Lechner aufklärt: »Schaug, Franzl! D' Magda wohnt no dahoam bei da Muada. Und dera vazoiht se hoit oiß, wos se so auf'm Herzn hot und wos se macht – und aa, wos da Garmischer Jaga macht. Und d' Muada sogt's am Voda und der sogt's dann uns!«
Klosn-Bene lacht dreckig. Jörgl weiß, dass die Häme auch seiner Schwester gilt und stellt klar: »D' Magda macht bei dera Lumperei grod aus dem oana Grund mit, dass mir und d' Jaga uns net gegnseitig d' Schädl eischlogn. De hot unsern Gaachzorn ja erlebt! De woaß, dass des aa anders ausgeh ko!«
Kurbi wird allmählich ungeduldig: »Wos is itz! Den morgign Dog miaß ma nutzn, bevor's zum Schneibn kimmt!«

Jörgl sieht ein, dass sie allmählich zu einer Entscheidung kommen müssen: »Mir kunntn an Griasberg geah, do hot's no Gamsal gnua!«, schlägt er vor.
»De hot er uns olle übriglassn, der feine Mensch von Jagdpächter, weil er do mit seiner Wampn net naufkimmt«, ergänzt der Klosn-Bene spöttisch.
Jörgl wendet sich dem unschlüssigen, inzwischen vom Rausch schwer gezeichneten Lechner zu und sieht ihm an, dass er keinen Widerstand mehr leisten wird: »Und du gehst mit! Es hot no koan Schnee, 's is guat zum Geh! Du kriagst de Hälftn von ollm, wos gschossn werd!«
Kurbi stellt dem Lechner noch zwei Holzfässer in Aussicht, in denen er das geschossene Wildpret einlegen und haltbar machen kann. »Deine hungrign Kinda wern da dankbar sei! Und dei Weib aa. Wos moanst, wia lang itz im Winter des Essigfleisch im Keller herhoit! Do habts lang wos zum Schnabuliern!«
»Koa …« Jörgl will gerade weiter in den Lechner dringen, redet aber nicht weiter, weil Xari und der Garmischer die Wirtschaft verlassen und dabei den Grainauer Wilderern zunicken. Die schauen kurz auf, dann gilt ihr Interesse wieder dem Lechner.
»… Koa Jaga geht uns auf, der is in da Kirch!«, schließt Jörgl ab.
Als der Klosn-Bene fragt: »Wos is da liaba, Franzl? Lätschade Kutelfleck, a Voressn …«
»… oder a reschs Gamsbraterl?«, gibt sich Lechner geschlagen, will nicht immer wieder dieselben Vorhaltungen hören, wenn er ins Wirtshaus geht. Von Natur eigentlich ein cholerischer Mensch, will er jetzt nur noch seine Ruhe haben und ins Bett. »In Gotts Nam! Da sui's hoit so sei! Wann treff ma uns?«
»Morgn, am Sunnta, um sechse bei mir!«, beendet Jörgl die Unterredung, froh darüber, dass der schusssichere Lechner mit von der Partie sein wird und im guten Glauben, ihm etwas Gutes zu tun.

Lenz hat genug gehört. Er löst sich vom Fenster und greift wieder nach dem Fahrradlenker. »Na wart, Ander, des zoi i dir hoam!«, sagt er zwischen zusammengebissenen Zähnen zu sich selber. Seine Wut auf den Kollegen ist im Moment fast noch größer als der Hass auf die Wilderer.

Als der Wirtssohn und der Garmischer aus der Wirtschaft treten, sehen sie noch, wie sich Lenz auf sein Fahrrad schwingt. Xari wundert sich, dass der Jäger nicht in Richtung Badersee, zu seinem Häusl, sondern genau in die entgegengesetzte Richtung, nach Garmisch, fährt. Während der Lechner-Franzl heimgeht und zum letzten Mal in seinem Leben als unbescholtener Mann einschläft, tritt der Lenz verbissen in die Pedale seines Radls und spürt die empfindliche Kälte weder im Gesicht noch an den bloßen Händen.

***

Abgehetzt, sich die in der Kälte steif gewordenen Hände reibend, tritt Lenz durch die Türe und lässt den Blick über die Tanzfläche der »Schranne« schweifen. Er braucht nicht lange zu suchen, um Magda und Ander darauf zu entdecken. Das kleine Tanzorchester spielt gerade die schnelle Helenenpolka von Johann Strauß, und die Paare hüpfen dazu vergnügt im Zweivierteltakt über die gebohnerten Holzbohlen. Lenz hängt seine Joppe an einen Wandhaken, bleibt am Türpfosten gelehnt stehen und sucht die Tische ab. Wie er gehofft hat, findet er Rosi in einen Ratsch vertieft neben einem anderen Mädchen sitzen. Entschlossen geht er auf sie zu und fordert sie auf. Sie gibt ihm gerne die Ehre und wundert sich, als Lenz sie bei der Hand packt und fast grob auf die Tanzfläche zerrt. Rosi lässt ihn gewähren, auch als die Musik etwas Langsames spielt und Lenz sie recht derb und besitzergreifend an sich zieht und ihr seinen Oberschenkel zwischen die Beine drückt. Rosi spürt, wie sie das erregt und drückt ihrerseits mit dem Unterleib gegen Lenz' Oberschenkel. Sie ist sich nicht sicher, ob ihr Tanzpartner großes Interesse an ihr als Mensch hat, aber sie ist schon damit zufrieden, wenn es ihrem wogenden Busen und ihren sonstigen körperlichen Reizen gilt.
Fast alle Paare tanzen nun engumschlugen und Lenz sieht, dass auch Ander die Magda lachend an sich zieht. Es herrscht eine erotisch aufgeladene, knisternde Stimmung auf der Tanzfläche. Lenz verspürt ebenfalls wachsende Erregung, aber nicht der Lust, sondern des Zorns.

Bei Ander verhält es sich genau andersrum. Er drückt Magda eng an sich, will ihren schlanken, festen Körper spüren und nähert sich mit dem Mund immer begehrlicher ihrem Nacken. Magda mag den Ander, ist dankbar für seine Gesellschaft und dafür, dass er sie aus den Tiefen ihrer Niedergeschlagenheit hebt, sie auf andere Gedanken bringt, aber sie verspürt keinerlei körperliches Verlangen nach ihm, so sehr er sich auch bemüht, ein solches in ihr zu wecken. Sie will ihn nicht zu nahe an sich herankommen lassen, sagt freundlich, sie wolle jetzt nicht mehr tanzen und Ander führt sie brav zum Tisch zurück.
»Warst du in am Tanzkurs? Du konnst as ja richtig guat!«, sagt sie rasch und Ander wagt sich nach diesem aufmunternden Kompliment noch ein Stück weiter vor aus seiner Deckung: »I ko scho no wos anders ois danzn! Und gor net schlecht!«
»Danzn langt ma scho!«, schlägt Magda die Attacke zurück. »Host koan Wein mehr?«
Er kommt ihrer Aufforderung nach, beugt sich mit der Flasche in der Hand vor und flüstert ihr ins Ohr: »Itz kenn ma uns scho recht guat, mir zwoa! Und je länger mir uns kenna, umso mehra mog i di!«
»Beim Wein san d' Madln oiwei scheener!«, pariert Magda auch diesen Angriff und wird ein wenig ernster: »I mog di ja aa, Ander! Muaßt hoit a weni Geduld hobn mit mir!«
»Geduld hobn, des is net oafach neba dir! Du host so scheene Augn und bist a so a saubers Madl! Mir zwoa daadn scho guat zammpassn!«
Magdas Lächeln deutet Ander als Chance, noch an diesem Abend seinen Eroberungsfeldzug erfolgreich abschließen zu können, und er schenkt mit berechnendem Grinsen nach. Während er dabei auf den Flaschenhals blicken muss, hat Magda anderswo hingeschaut und ihr Gesichtsausdruck wird hart. Lenz ist inzwischen absichtlich auf Magdas Tisch zugetanzt und tut nun so, als hätte er sie gar nicht gesehen. Er will sich rächen und widmet sich demonstrativ der Rosi, turtelt mit ihr, küsst sie auf den Hals. Rosi lacht auf und lässt den Lenz gewähren. Ander hat die beiden nicht bemerkt, stellt die Weinflasche auf den Tisch, greift nach seinem Glas und meint: »Itz miaß ma aber scho Bruderschaft trinken!«

Dieses Angebot kommt Magda im richtigen Augenblick. Sie zwingt sich zu einem belustigten Lächeln und greift ihr Glas, verschränkt ihren Arm mit Anders und im Wissen, dass Lenz die Szene beobachtet, küsst sie Ander auf den Mund – länger, als sie es sonst getan hätte. Sie zieht auch den Kopf nicht weg, als ihr Ander etwas ins Ohr flüstert, nickt und bemüht sich, dabei einen erfreuten Eindruck zu machen.
»Ja, gemma!«, sagt sie, bleibt lächelnd sitzen, während Ander zahlt. Als er sie siegessicher hinausführt, torkelt sie ein wenig.
Lenz hat alles beobachtet und mit dem Verschwinden Magdas schlagartig seine Begeisterung für Rosi abgelegt. Er kehrt zu seiner Grimmigkeit von zuvor zurück. Auch der Rosi ist schnell die gute Laune verflogen. Sie lässt den Jäger auf der Tanzfläche stehen, der sie gar nicht mehr wahrzunehmen scheint und nur noch zur Türe starrt. Das hat sie noch nie erlebt, dass ein Tanzpartner plötzlich das Interesse an ihrer so offenkundig gezeigten Bereitschaft zu einem Techtelmechtel verliert. Lenz starrt noch ein paar Sekunden dorthin, wo eben Magda und sein Widersacher lachend Hand in Hand verschwunden sind und folgt ihnen.
Was hat er in den letzten Tagen und Stunden für Demütigungen hinnehmen müssen! Und nun auch noch sein vermeintlicher Freund Ander! Wie ein Lämmergeier hat sich der über die Magda hergemacht! Und dass die ihn so schnell vergessen hat! Lenz erinnert sich an das unmoralische Angebot ihrer Brüder und es beschleicht ihn ein böser Verdacht. Es gibt keine andere Erklärung. Was er jetzt tut, muss er tun, muss endlich zurückschlagen, nachdem er so harte Schläge einstecken musste, ohne sich wehren zu können. Er würde sonst die Achtung vor sich selbst verlieren.
Als er sieht, wie die Wirtshaustüre hinter Ander und Magda zuschwingt, lässt er sich vom Wirt das Telefon freischalten, nimmt den Telefonhörer ab und wählt. Es dauert lange, bis sein Gegenüber abhebt. Der Mann ist schon im Bett gewesen.
»Herr Oberforstmeister, hier ist der Bartl-Lenz! Entschuldigen Sie bitte, dass ich bei Ihnen noch so spät anrufe, aber ich muss Ihnen eine wichtige Mitteilung machen …!«

***

Ander sperrt die Haustüre auf und führt Magda an der Hand durch den schmalen Flur zum Wohnraum seines bescheidenen einstöckigen Jägerhauses. In einer Nische steht ein alter Herd, davor ein aus Weidenruten geflochtener Holzkorb, daneben ein schlicht bemalter Bauernschrank mit Schubläden und in einer Ecke ein einfacher Ahorntisch mit Eckbank. Die Wände sind holzverkleidet, ebenfalls die Decke. Die ganze Ausstattung der Behausung entspricht dem niedrigen Lohn eines einfachen Forstwartes. In einer anderen Ecke steht der verschlossene Gewehrschrank. Die Wände sind überladen mit Gehörnen, Gamskrucken und Hirschgeweihen und an den in die Holzschalung geschraubten Haken hängen zwei Lodenkotzen, Anders Waidsack und sonstige Jagdutensilien. An der gegenüberliegenden Wandseite steht ein altes Kanapee, bezogen mit verschossenem, blauem Veloursstoff; darüber zeigt ein verschrammter Regulator auf weit nach Mitternacht. Ander bedeutet Magda, auf dem Sofa Platz zu nehmen. Magda fröstelt; es ist kühl in der Stube. Der Ofen stellt die einzige Wärmequelle dar und ist seit vielen Stunden kalt. So füllt Ander zuerst das Schürloch mit dicken Scheiten und entzündet sie mit Fichtenspänen, doch auch als die Flammen hochlodern, wird Magda nicht wärmer.
Dann holt der junge Mann eine Flasche schwarzgebrannten Enzian aus dem Schrank, dazu zwei kleine Becher und stellt sie auf das Tischchen vor dem Sofa. Als er sich zu ihr setzt, ist Magda wieder reserviert und macht einen ängstlichen Eindruck. Ander schenkt ein, bedauert, dass er keinen Wein im Haus hat und versichert, dass es gleich wärmer werden würde. Er merkt, dass das Terrain für einen erfolgreichen Eroberungsfeldzug nicht gerade ideal ist, doch er ist zuversichtlich.
»Hot di der Schneid wieder a weni verlassn, Magda? Des macht nix, itz trink ma erst amoi a Schlückerl«, schmeichelt er.
»Ja, trink ma erst amoi a Schlückerl, Ander.«
Ander kippt sein Stamperl entschlossen mit einem Schluck hinunter. Magda beäugt ihn dabei misstrauisch und tut es ihm gleich. Sie weiß, welche Hoffnungen sie in dem jungen Jäger geweckt hat und will sich Mut antrinken, weil sie ihn gleich enttäuschen muss. Was sie befürchtet hat, tritt nun ein, denn Ander stellt den leeren Becher ab und legt den Arm um ihre Schultern.

Mit den Worten »Siehgst, Magda, auf den Moment hob i itz scho so lang gwart! Auf den hob i mi scho so lang gfreit, dass du freiwillig mit mir mitgehst!«, versucht er zur Sache zu kommen.
Magda spürt die Wirkung des Alkohols, reißt sich zusammen, bemüht sich deutlich zu sprechen: »So freiwillig war's aa wieder net!«
»Aber es hot di doch koana zwunga!«
»Naa, Ander. I moan hoit, da Wein hot bei dera Sach scho a bisserl dazua do!«
»In vino veritas – im Wein liegt die Wahrheit – sogn de gscheidn Leit! Dass d' ma du itz fei ja koan Rückzieher mehr machst!«, reagiert Ander wenig einfühlsam.
Er schenkt beide Becher erneut voll, nimmt noch einen Schluck, dann legt er erneut den Arm um Magda, zieht sie an sich und will sie küssen. Magda widerstrebt, doch Ander hat sie nun endlich in seinem Bau, glaubt immer noch, es wäre nur anfängliches Zieren, das seine Auserkorene da an den Tag legt, um den Anstand zu wahren.
»Magda, i hob di ehrlich gern und du mogst mi doch aa. Aber woaßt ... grod spaziern und in d' Kirch geh, des is mir halt z' weni!«, versucht er sie zu überreden.
Bevor Ander noch zudringlicher werden kann, klingelt das Telefon im Flur. »Akrat itz!«, sagt er ärgerlich, nimmt den Arm von Magdas Schulter und erhebt sich seufzend vom Kanapee. Als er die Türe zum Flur hinter sich schließt und den Hörer abnimmt, ist Magda heilfroh, dass sie nun Zeit hat, darüber nachzudenken, wie sie seinen zu erwartenden Avancen ausweichen und seine Höhle verlassen kann, ohne ihn zu verletzen.
»Hier Forstwart Klotz!«, sagt der Jäger forsch, ändert aber sogleich Haltung und Tonfall.
»Jawoll, Herr Oberforstmeister!«, sagt er ernsthaft und lauscht wieder eine Zeitlang ergeben in die Muschel. »Jawoll! ... Das macht nichts, Herr Oberforstmeister! ... Freilich! ... Da können S' Ihnen drauf verlassen! ... Ja, um fünf Uhr!«
Ander legt den Hörer wieder auf, ist stockwütend über das Hindernis, das so kurz vor dem vermeintlichen Ziel seiner Bemühungen aufgetaucht ist. Zurück in der Stube setzt er sich nachdenklich auf

einen Stuhl und unternimmt keine weiteren Annäherungsversuche mehr. Magda blickt ihn erleichtert an und nimmt ihr Schnapsbecherl. »Prost, Ander! Lass ma's für heit guat sei! Trink ma aus und gemma jeder in sei eigns Bett!«
»Ja, es is scho spaat! Aber wuist du no mittn in da Nocht und bei dera Kältn noch Groana geh?«
»Noch Groana ko i itz freili nimmer geh. I schlaf bei da Bas! De wohnt net weit! Um Viertl nach achte hol i di ab in d' Kirch!«
Nachdenklich meint Ander: »Ja, des werd wohl des Gscheider sei. I muaß no mei Sach herrichtn! Muaß friah raus morgn!« Und dann sagt er ganz nebensächlich etwas, das Magda in helle Aufregung versetzt: »Abholn in d' Kirch brauchst mi aber net!«
Als Ander bei diesen Sätzen seine Bergschuhe unter dem Kleiderkasten hervorzieht, zum Gewehrschrank geht und mit prüfendem Blick ein Patronenpäckchen öffnet, denkt die zutiefst erschrockene Magda darüber nach, ob er nichts mehr von ihr wissen will oder ob etwas Schlimmeres droht. »Ander, wos is los? Mir wuitn doch morgn in d' Neinemess geh mitanand!«
Bedauernd meint Ander: »Des hätt i bis vor a boor Minutn aa no gmoant. Um hoibe neine bin i morgn aber ganz wo anderst!«
Obwohl Magda der Enzian arg in den Kopf gestiegen ist, dringen Anders Worte scharf in ihr umnebeltes Bewusstsein. Instinktiv wittert sie das aufziehende Unheil.
»Da Forstmoasta Albrecht war grod am Telefon.«, setzt Ander zur Erklärung an.
»Ja, wos wuit denn der no so spat von dir?«
»Änderung im Dienstplan! Reviergang morgn friah!«
In Magdas Stimme ist die Angst hörbar: »Am Sonntag? Ja, wo muaßt denn hi?«
»Am Griasberg sui i mi umschaugn. Da Forstmoasta hot wos gsteckt kriagt, dass si do a boor Lumpn rumtreibn. I werd übern Loach und Riedberg auf'n Griesberg und weiter zum Loameck geh! Sogor zwoa Grüne von da Landespolizei gibt er mir mit zum Jagdschutz! De sui i um fünfe in Empfang nemma. So wos war no nia do!«, setzt er zornig hinzu.
Magda hält sich erschrocken die Hand vor den Mund und stammelt: »An Griasberg! Ander, dua des net!«

Nun ist es an Ander, misstrauisch zu werden: »Wos host denn, Magda, wos bekümmert di denn so stark?«
Magda weiß nichts zu sagen, starrt an die Wand.
»I moan, du host wos! Di druckt doch wos!«, dringt Ander in sie.
»Ah … nix! I mach ma hoit Sorgn um di, wenn der Forstmoaster di extra wohi schickt und dir aa no zwoa Mann Jagdschutz mitgibt!«
»Des wundert mi aa. Sonst geh i ollaweil alloa und 's is no nia nix passiert. Bis itz hob i mir oiwei zerst d' Schuach zuabundn, wann i an Wuidara gseng hob! Wenn i dann gmütlich fertig worn bin mit'm Schuachbindn, na war koa Wuidara mehr do. Aber des is itz anders!«
Der letzte Satz hat Magda zusätzlich beunruhigt, sie steht auf und umklammert Anders Arm. Er denkt erst, der Schwindel lasse sie nach einer Stütze greifen, doch dann sieht er, wie ihr Blick zur Wanduhr schweift. Nackte Verzweiflung spricht aus ihr: »Ander, bleib do! Forder 's Schicksal net raus!«
Ander schüttelt sie ab, tritt einen Schritt zurück. Eine böse Ahnung beschleicht ihn. »Wos host denn itz Gspinnerts auf amoi? Zerst wuist nix vo mir wissen und itz daadst mi nimmer auslassn! Do stimmt doch wos net! Magda, sog ma auf das Stell, wos di druckt!«
»I hob a schlimme Ahnung! A Unglück werd gschehn, wenns d' gehst!«, sagt sie ausweichend.
Ander schaut Magda, die sich an einer Stuhllehne einhält und ihm flehend in die Augen blickt, nachdenklich an. »A Unglück werd gschehn? Warum sogst du so wos?«
Er muss kurz nachdenken und fährt dann in gefährlich drohendem Tonfall fort: »Itz kimmt's ma schee langsam. San eppa deine Briada unterwegs am Griasberg, weilst gor so vui Angst host? Du werst eahna doch net z'letzt …!«
Mit aufsteigendem Zorn ruft er: »Itz woaß i endlich, wos gspuit werd! Ja, so wos Hinterfotzigs! Du steckst deine saubern Briada, wenn d' Katz aus'm Haus is! Und de Mäus moana, sie könna morgn Vormittog auf meim Diisch danzn, wia se lustig san, weil d' Katz in da Kirch is! De ham di auf mi ogsetzt!«

Magda versucht zu retten, was doch nicht mehr zu retten ist, und greift besänftigend nach Anders Hand.
»Aber so is doch am bestn, Ander!«, sagt sie beschwörend. »Wenns eich aus'm Weg gehts, dann konn koam wos passiern!«
Ander schiebt ihre Hand grob weg und schreit: »Woaßt du, wos mir boid passiert? Woaßt du, wos da Jagdpächter duat und mir in meine Papiere neischreibt, wenn des so weitergeht? Der schmeißt mi naus und schreibt ma nei: ›Stand der Wilderei machtlos gegenüber!‹«
Er macht eine Pause und wird noch lauter: »Woaßt du überhaupt, wos so a Zeugnis für an Jaga bedeit? Aus is mit'm Schuach zuabindn! Des ko i mir nimmer leistn!«
Magda bricht in Tränen aus, verzweifelt ruft sie: »Ander, bleib do, du kennst meine Briada net!«
Doch Ander ist wütend auf Magda und die ganze Westlbrut. »Naa, i kenn s' net, aber de wern mi kennalerna!«
Wo vor wenigen Minuten noch echte Zuneigung war, herrscht nun Wut und Enttäuschung: »Und di mog i nimmer kenna, du schlechts Mensch, du foischs! Geh ma aus de Augn!«
Zornbebend deutet Ander, das Gewehr in der Linken, mit der Rechten zur Türe. Magda hat bereits erkannt, dass es kein Bleiben mehr für sie gibt. Wortlos nimmt sie ihren Mantel vom Haken, stützt sich kurz am Türpfosten ab und verlässt schluchzend Anders Wohnung.

Als Magda an der frischen Luft ist, dreht sich alles um sie. Sie greift nach den Zaunlatten und hält sich daran fest, atmet mehrmals tief durch, doch der Sauerstoff tut ihr nicht gut. Ein Ruck geht durch ihren Körper und in einem breiten Schwall ergießen sich Wein und Schnaps in den Straßenschmutz. Die junge Frau wischt sich benommen den Mund mit dem Handrücken ab, lehnt sich mit dem Oberkörper auf den Zaun und spürt den Schmerz kaum, als ihr die spitzen Latten in die Unterarme stechen.
In ihrem benebelten Hirn regiert nur ein Gedanke: Sofort muss sie heim, wenn sie noch etwas retten will. Die Zeiger auf Anders Regulator haben fast zwei Uhr morgens angezeigt und sie weiß, wie früh die Brüder zum Wildern aufbrechen. Es bleiben ihr vielleicht noch

drei Stunden für die mehr als sechs Kilometer. Die weinerliche Verzweiflung in ihren Zügen weicht nun Härte und Entschlossenheit und sie macht sich auf den Weg. Doch Magda kommt nicht weit. Bereits nach wenigen Metern wird ihr der Boden unter den Füßen weggezogen und sie fällt in den Straßengraben, mühsam rappelt sie sich wieder auf und unternimmt einen erneuten Versuch, sich ihrem Heimatort zu nähern und die Brüder zu warnen. Ein paar hundert Meter legt sie taumelnd zurück, dann muss sie einsehen, dass es unmöglich ist, noch rechtzeitig nach Grainau zu kommen, und sie gibt auf. Sie muss dem Schicksal seinen Lauf lassen.
Am Haus ihrer Base angekommen, kratzt Magda am Fensterladen und lässt sich dann in trostloser Verzweiflung, ohne ein Wort der Erklärung, von der erschrockenen Verwandten in die Schlafkammer und zum Bett führen.

Der Aufbruch

Es ist kurz nach sechs Uhr und nur der Mond gewährt dem angebrochenen Unglückstag ein bleiches Licht, als die alte Westlin aufwacht. Sie hat einen leichten Schlaf. Wie oft schon ist sie in der Nacht wach geworden, wenn ihr Mann aus der Wirtschaft oder aus dem Bergwald heimkam! Beim Gedanken, dass er gleich sicher neben ihr liegen würde, hat das Gefühl der Beruhigung bisher immer den Ärger überwogen. Sie war dann gleich wieder eingeschlafen und am Morgen war der Zorn verflogen und sie hat auf Vorhaltungen verzichtet, den Tag nicht mit einem Misston beginnen wollen. Besonders ganz am Anfang ihrer Ehe war das so, noch vor dem Krieg, wenn er von einem Pirschgang heimkehrte und etwas geschossen hatte. Da brauchte er den Schutz der Dunkelheit, um seine Beute unbemerkt zum heimischen Herd zu schaffen. Kaum war der Krieg vorbei, machten die Söhne da weiter, wo der Vater aufgehört hatte.

Der Jörgl hat inzwischen sein eigenes Haus in der Nachbarschaft gebaut und lebt dort mit seiner Frau und dem vierzehnjährigen Sohn. Der Kurbi ist noch ledig und ihrer Meinung auch zu ungestüm, zu hitzig für die Ehe. Er weckt nach wie vor die Mutter nach seinen regelmäßigen Ausflügen zur Jagd und vor allem in das Wirtshaus. Auch diese Nacht hat sie ihn spät heimkehren gehört – wahrscheinlich war er wieder in Gesellschaft des Bene, seines alten Sauf- und Raufkumpanen.

Die Westlin kann nicht bei geschlossenem Fenster schlafen, so hört sie die knirschenden Schritte auf dem Kies vor dem Haus. Der Vollmond steht noch leuchtend am Himmel und sie tritt ans Fenster, um nach dem Verursacher der verdächtigen Schritte zu forschen.

»Wia ma an'n Teufel denkt, kimmt er aa scho!«, murmelt sie leise, als sie den ihr widerwärtigen Freund der Söhne um die Ecke biegen sieht. Als knapp dahinter der Lechner-Franzl folgt, will sie schon aufatmen.

»Sie gehn grod auf'n Berg!«, sagt sie erleichtert zu sich selber und will dem Bene schon innerlich Abbitte leisten. Wenn der Lechner dabei ist, gehen sie gewiss nicht zum Wildern, sondern wollen vielleicht nach dem ihnen vom Forstamt zugewiesenen Rechtholz schauen, das sie noch vor Weihnachten schlagen werden. Sie kennt den Lechner als hochanständigen, gesetzestreuen Familienvater und er war, soweit sie Bescheid weiß, noch nie bei einer Wildererpartie dabei. Doch dann sieht sie etwas, das ihre Hoffnungen verfliegen lässt. Ihrem aufmerksamen Blick fällt der steife Gang und der rechte, abgewinkelt an den Leib gepresste Arm des Kleinhäuslers auf. Sofort ist ihr klar, welcher Art der sperrige Gegenstand ist, den er unter seiner abgewetzten Kotzen verbirgt. Ihre Söhne werden zwar mit ihm und dem Bene in den Wald gehen, aber nicht, um nach dem Holz zu schauen. Seufzend legt sich die Westlin wieder ins Bett.

Der Bene klopft an das Küchenfenster vom Westlhof, um den Kurbi herauszuholen, während der Franzl auf der anderen Straßenseite an die Türe beim Jörgl pocht. Der Kurbi hat noch geschlafen, fährt erschrocken hoch, schlüpft fluchend in sein Gewand und macht seinem Freund die Türe auf. Gleich sei er fertig, er müsse nur noch seine Sachen zusammenpacken und sich schnell noch ein wenig Brot in die Milch brocken, sagt er. Inzwischen kommen auch schon die beiden anderen bei der Türe herein und setzen sich an den Tisch. Jörgl ist ein wenig verärgert über das Verschlafen seines Bruders. Es ist nicht das erste Mal, dass er seine Kameraden warten lässt, und Jörgl lässt ihn seinen Unmut spüren. Der ältere der beiden Westlsöhne ist der unumstrittene Anführer der Wildererpartie, und obwohl er viel leiser spricht als sein Bruder oder gar der großmäulige Bene, hört jeder auf ihn. Der Kurbi entschuldigt sich für sein Verschlafen und trinkt seine Schüssel Milch nicht leer, schaufelt nur die milchgetränkten Brotbrocken in sich hinein und packt im Handumdrehen seine Sachen zusammen. Jeder hat einen geräumigen Waidsack umhängen, in dem weit mehr Platz findet als die Brotzeit und Schaft und Lauf des Wildererstutzens.

»Hubertus, huif!«, sendet der Jörgl noch ein mehr forderndes als demütiges Bittgebet zum Himmel, dann verlassen sie das Haus und

gehen still und auf leisen Sohlen nebeneinander her, während über den Berggraten im Osten ein heller Schimmer den Tag ankündigt und sich die Westlin wieder in ihrem Bett umdreht und vor Ärger lange nicht mehr einschlafen kann.
Die vier Männer reden nichts, solange links und rechts noch Häuser stehen, wollen möglichst niemanden auf sich aufmerksam machen und ahnen nicht, dass sie versteckt hinter einer Hausecke der Höfler-Xari beobachtet und sich erst hervorwagt, als sie außer Sichtweite sind. Selbst als sie auf dem Höhenrain, einem als Sommerviehweide der Untergrainauer genutzten, langgestreckten Moränenhügel, angelangt sind und hinab ins enge Flusstal steigen, spricht noch keiner ein Wort.
Inzwischen ist es über der Gipfelkette des Wettersteingebirges bereits heller geworden. Der Dauerföhn, der in den letzten Wochen Mensch und Natur gewärmt hat, ist am vergangenen Tag zusammengebrochen. Es ist kälter geworden, doch es hat noch nicht geschneit. Die vier Männer überqueren den Fluss, gehen dann stumm und zielstrebig über eine Kahlschlagfläche auf einen rindenbedeckten Holzerdobel zu und achten darauf, im Gewirr der auf dem Boden liegenden Äste möglichst auf keinen zu treten. Sie sind nicht mehr jung, doch sehnig und knochenstark. Jörgl, der Anführer, öffnet die provisorische Türe. Er greift hinter ein Schalbrett zwischen den Dachsparren und zieht drei längliche Gegenstände, in ölige Tücher gehüllt, hervor. Noch im Dunkel der fensterlosen Holzerbehausung wickelt er eines der Bündel aus. Die Handgriffe sind ihm geläufig. Er schraubt den gekürzten Lauf an das Gewehrschloss und reicht die Waffe nach draußen.
»Kurbi, des is da dei!«
Jörgls Bruder nimmt den Abschrauber entgegen, besieht ihn sich von allen Seiten und lächelt stolz. »Des is a Stutzn! Mit dem hob i vor fuchzehn Johr no auf d' Franzosn gschossn. De hob i damals genauso weggraamt ois wia de Gamserl heit.«
»Grod a weni länger is se damals gwen, dei Infantrielattn! Und besser troffn host aa!«, meint der Klosn-Bene spöttisch und nimmt seine eigene Schusswaffe, ein Kleinkalibergewehr, in Empfang.
Fast vorwurfsvoll sagt der Kurbi: »Dass du dir koa gscheits Gwehr zualegst? Mit deim lappatn Flobert kimmst doch net weit!«

Der Bene lässt nichts über seine kleinkalibrige Waffe kommen, weist darauf hin, dass sie leichter und praktischer sei als das Militärgewehr der Kameraden und dass er die extralangen Bosquette-Patronen verwendet, mit der auch auf fünfzig Meter jedes Reh oder jede Gams liegen bleibt, wenn er sauber trifft.
»Ja, wennst as sauber triffst!«, meint der Kurbi und zweifelt auch die Distanz an, preist dann den Vorteil seiner an den Spitzen angefeilten Dumdumgeschosse: »Bei mir bleibt a jeds Stuck genau do liegn, wo i's derwisch, ganz wurscht wo!«
Der Bene ist anderer Meinung: »Liegn bleibn se bei dir scho, aber de Sauerei jedsmoi! Do is ma a saubers, kloans Kleinkaliberloch scho liaber! Drum zoin de Fellhandler für meine Deckn aa mehra wia für deine ausgfranstn Fetzn!«
Jörgl hat dem waffentechnischen Disput seiner Gefährten kaum zugehört. Er stopft die Öllumpen hinter das Brett, tritt gebückt mit seiner eigenen Waffe aus dem Rindendobel und schließt die Türe. »Redts net so vui, wo is da Ruaß?«, verlangt er.
Der Bene holt eine Dose aus der Hosentasche, greift mit drei Fingern hinein. Seine Begleiter wissen, was er vorhat, nehmen ihre Hüte ab und stellen sich vor ihn hin. Bene schmiert ihnen mit sichtlichem Vergnügen den Ruß auf Backen, Kinn, Nase und Stirn, bis die weißen Augäpfel aus den bis zur Unkenntlichkeit geschwärzten Gesichtern leuchten, dann zieht er eine schwarze Zipfelkappe mit ausgeschnittenen Augenlöchern aus der Joppentasche und stülpt sie sich über den Kopf.
Seine fast entschuldigende Bemerkung »I mog ma mit'm Ruaß net 's Gsicht vaschmiern!«, kontert der Kurbi, wie immer auf der Suche nach einem Witz auf Kosten des jeweils anderen, mit der Bemerkung: »Ums verschmierte Gsicht waar's dir net, aber ums Waschn danoch! Mit'm Waschn host as du doch net!«
In Wirklichkeit ist jedoch nicht mangelndes Reinlichkeitsbedürfnis der Grund für die Vermummung des Bene, sondern seine Eitelkeit. Er will sich seinen mächtigen, gezwirbelten Schnurrbart nicht mit Ruß vollschmieren. Das hat er einmal gemacht und dann den schwarzen, fettigen Dreck fast nicht mehr herausbekommen. Dem Jörgl ist die Vermummung auch lieber, denn so ein Bart, wie ihn der Bene trägt, fällt auf und könnte sie verraten.

Der Bene macht eine scherzhafte Ausholbewegung, als wolle er dem Kurbi eine seiner gefürchteten Watschn verabreichen, dann ruft sie ihr Anführer zur Ordnung: »Gebts a Ruah, hob i gsogt! Es ko leicht sei, dass net weit weg no a Stuck in seim Bett liegt!«
Munition haben sie bereits daheim aus den Verstecken geholt und der Lechner lässt sich vom Bene, der sich gerade die dreckigen Finger am nassen Gras abgewischt hat, fünf der speziellen Kleinkaliberpatronen mit dem höheren Schwarzpulveranteil in die offene Hand geben. Mit jedem Fahrer Ruß, den ihm der Bene zuvor ins Gesicht geschmiert hat, hat er gespürt, wie seine Rechtschaffenheit, auf die er sein Lebtag so viel Wert gelegt hat, geringer und geringer wird. Die vier laden ihre Gewehre und legen den Sicherungsstift um.
»Wo und wia geh ma überhaupt heit? Dean ma riegln oder geh ma glei höher nauf, auf Gams?«, will der Klosn-Bene wissen, und der Jörgl sagt: »D' Brunft is scho lang vorbei, 's Rotwild steht nimmer hoch, aber d' Gamsal san scho herunt vo da Schneid und stenga im Woid. Mir pirschen an Griesberg nauf! Wia ausgmacht! Da Kurbi und da Franzl genga links, i in da Mittn und du rechts, Bene – Schützenreihe! Net mehra wia vierzg, fuchzg Meter Abstand! Schee unteranand!«
Dem Bene ist die Entscheidung recht, ebenso dem Lechner und dem Kurbi.
»Na pack mas hoit in Hubertus' Nam!«, meint er und zweifelt nicht im Geringsten daran, dass der Heilige auch für das Jagdglück der Wilddiebe zuständig ist.
Die Männer gehen schweigend mit federndem Berglerschritt auf den Waldrand zu und steigen dann zwischen verbissenen Strauchbuchen und breitastigen Wetterfichten den Hang hinauf. Nur ihre Spuren bleiben im taunassen, glitzernden Gras zurück.
Besonders der Lechner-Franzl ist froh, endlich im Schutz der Bäume verschwunden und neugierigen Blicken entzogen zu sein. Er wagt nun auch, seinen Flobert mit dem Lauf nach unten über die Schulter zu hängen. Hier wird ihnen niemand begegnen, so hofft er inständig, schon gar nicht der für das Revier zuständige Jäger.
Die Wildschützen erreichen das Plateau einer terrassenförmi-

gen Seitenmoräne der Loisach, unter ihnen liegt der inzwischen sonnenbeschienene Silberteppich aus Nebel über dem Flusstal. Schweigend, immer noch ein wenig schläfrig und in eigene Gedanken versunken kommen sie zu der Stelle, wo der Steig zum Griesberg hinauf ansteigt. In der Nacht war es klar und damit kalt.
Der Bene schaut den steilen Berghang hinauf und meint, dies sei gut, weil dann zwischen den Felsschrofen das Gras verreift sei: »De Gams fressn des net gern und kemma zur Äsung runter in Woid. Do san se zwar net so leicht zum Dakenna, aber dafür kemma mir näher an de Viecher hi.«
»Und brauchn net so weit naufgeh«, ergänzt Kurbi, dem nach den zwölf Halben Bier des letzten Abends ebenfalls nicht der Sinn nach einem Gewaltmarsch steht.
Der Hang liegt nun im hellen Sonnenschein und sie nehmen sich vor, bereits jetzt die Augen offen zu halten, um ja kein Tier zu verschrecken. Sie hoffen, noch unterhalb der Baumgrenze auf ein Rudel Gams zu stoßen. Das würde ihren Pirschgang erheblich verkürzen, und sie könnten bereits am frühen Nachmittag wieder daheim sein.

***

Zwei Stunden vor Aufbruch der Wilderer haben sich in Garmisch ihre bewaffneten Widersacher mit demselben Ziel auf den Weg gemacht. Es sind dies der dreiundzwanzigjährige Aushilfsjäger Andreas Klotz, aus Mittenwald stammend, und zwei noch jüngere, neunzehn und einundzwanzig Jahre alte Landespolizisten, die zu der in Farchant stationierten Hundertschaft gehören. Die drei haben sich noch nie zuvor gesehen und reden auch nicht viel, als sie hintereinander dem Steig folgen, der oberhalb der Loisach ebenfalls in Richtung Griesberg verläuft. Ander wundert sich immer noch über den eigenartigen Befehl, den er am Morgen von seinem Vorgesetzten erhalten hat. Der überraschende Revierwechsel mit seinem Kollegen Lorenz Bartl ist offensichtlich bereits amtlich und sein erster Gang führt durch ihm ziemlich fremdes Gelände. Er kennt die Grenzen seines neuen Revieres noch nicht so genau, weiß aber, dass es im Osten an die Tiroler Landesgrenze anstößt und im Wesentlichen aus drei ziemlich genau zweitausend Meter hohen Bergen mit ihren Vorgipfeln besteht und dass deren Hänge mit ihren Matten und Almwiesen sowohl für Galtvieh im Sommer als auch für Gämsen und Wilderer zu jeder Jahreszeit ein beliebter Aufenthaltsort sind. Die dazwischen liegenden Frieder-, Rotmoos-, Enning- und Stepbergalm und die Bergwälder bis hinab zur Loisach unterstehen nun ebenfalls seinem Schutz.

Noch in der Dunkelheit hat ihm der Oberforstmeister die zwei »Grünen« als Forst- und Patrouillenschutz zur Seite gestellt und ihn mit ernster Miene darauf hingewiesen, er solle aufpassen. Ander hat nicht lange nachgefragt, was der Grund der überraschenden Abkommandierung ist, sondern hat sich pflichtbewusst auf den mondbeschienenen Weg gemacht.

Dass dies kein normaler Kontrollgang zum Jagdschutz ist, ist ihm klar, deshalb hat ihn der Albrecht auch nicht alleine losgeschickt. Ander Klotz ist nicht wohl zumute, als er im kalten Morgennebel auf der Karte die rot angestrichenen Steige betrachtet, denen er laut Vorschrift zu folgen hat. Er hat eine offene Rechnung mit den Westlbrüdern und wird sich nicht die Schuhe binden können, wie er das bisher getan hat, wenn er auf Wilderer gestoßen ist. In Gesellschaft der Polizisten könnte er sich das sowieso nicht erlauben, müsste befürchten, dass sich nach der Rückkehr einer der jungen Burschen verplappert und er für sein Nichteinschreiten zur Verantwortung gezogen wird.

Er wird das ungute Gefühl nicht los, als er in der Dunkelheit die ungewohnten Wege geht, er denkt an den vor wenigen Wochen von seinem Partenkirchner Kollegen erschossenen Wilderer und an seinen letzten Wildererzusammenstoß vor wenigen Monaten. Er hatte oberhalb des Eibsees einen Schuss gehört und mit dem Fernglas von weitem beobachtet, wie am gegenüberliegenden Hang zwei Männer einen Rehbock aufbrechen. Er war nicht eingeschritten und stattdessen sofort ins Tal zurückgekehrt und hatte die Polizei benachrichtigt. Die Männer – zwei Obergrainauer – waren gleich darauf gefasst, verhaftet und ins »Sanatorium Wildererruh« eingeliefert worden. Er ist jetzt froh, dass er bei dieser Aktion damals nicht hat in den Vordergrund treten müssen und sein Mitwirken unbekannt geblieben ist. Er hat die Wilderer bisher lieber

von weitem gesehen, aber hier in diesem waldigen Griesberggebiet muss er damit rechnen, ihnen plötzlich auf kurze Distanz von Angesicht zu Angesicht gegenüberzustehen.
Dass auch in den umliegenden Revieren in letzter Zeit zunehmend gewildert wird, das weiß er – in zunehmender Höhe, seit infolge ihrer eigenen Gier Reh- und Hirschbraten zunehmend von den Speisezetteln der Wildererfamilien verschwunden sind und der zähere Gamsbraten an ihre Stelle getreten ist. Am Griesberg, einem Schonbezirk und Gamsreservoir ersten Grades, gibt es noch die meisten Kruckenträger weit und breit. All das geht ihm durch den Kopf, als die Gruppe in der Morgenkälte dem Hochplateau oberhalb der Loisach flussaufwärts folgt. Nur eine halbe Stunde später werden die Westlbrüder, der Klosn-Bene und der Lechner-Franzl denselben Weg nehmen.

***

Bald nachdem die Söhne aufgebrochen waren, ist auch der Westlvater aufgestanden, um in den Stall zu gehen. Er ist immer noch verärgert über den Verlauf des letzten Abends, und gleich als er die Haustüre aufmacht, sieht er etwas, was seine Laune zusätzlich verschlechtert. Es ist eine regelmäßige Linie von Gsod, kurz geschnittener Einstreu, die jemand von seinem Haus weg über die Straße hin zum Baderseeweg gestreut hat. Er braucht ihr nicht weit zu folgen, um zu erkennen, dass sie zum Jägerhaus führt und was das bedeutet: Irgendwer im Dorf will das Verhältnis seiner Tochter zum Jäger Lenz bekannt machen und sie damit öffentlich schmähen.
Bisher sind kaum Menschen auf den Beinen, so nimmt er schnell einen Rechen und einen Schubkarren und beseitigt in der Hoffnung, dass noch niemand sie gesehen hat, die verräterischen Spuren bis in den Waldweg hinein. Dann macht er sich an seine Stallarbeit und lässt seine Wut mit manchem Stockhieb an den Kühen aus, wenn sie beim Melken einen Schritt zur Seite machen und er deswegen Milch verschüttet.
Wenige Stunden danach ist die Sonntagsmesse in der Grainauer Pfarrkirche noch nicht ganz gelesen und die Wirtsstube des Gast-

hofes Waxenstein« noch fast leer. Nur Xari und sein Garmischer Freund haben auf den Kirchgang verzichtet, ebenfalls der Stammgast Naz, der stattdessen regelmäßig zum sonntäglichen Frühschoppen geht. Eigentlich heißt er Ignaz, aber seit mehr als fünf Jahrzehnten hört er auf die bairische Verballhornung »Nazi« seines schönen Namens. Der Nazi ist aber alles andere als ein Nazi und lehnt als gläubiger Katholik die deutlich erkennbare Religionsfeindlichkeit der nationalsozialistischen Ideologie strikt ab. Seit der Reichstagswahl vor mehr als einem Jahr, als die NSDAP innerhalb von nur zwei Jahren ihren Wähleranteil von weniger als drei auf über achtzehn Prozent gesteigert hat, will er auch nominell kein Nazi mehr sein und sagt zu jedermann, er solle ihn doch bitte in Zukunft mit »Naz« ohne »i« am Ende ansprechen. Der Naz würde auch gerne den Sonntagsgottesdienst besuchen, kann dies aber nicht, weil ihm mit seiner schlecht sitzenden und schmerzenden Oberschenkelprothese der Weg nach Obergrainau zu weit ist. Gerade lässt er sich von Magda die zweite Halbe bringen.

Sie hat arges Kopfweh und wäre nach dem Schrecken des letzten Abends am liebsten heim, um sich in ihrer Kammer unter der Bettdecke zu verkriechen, doch das wäre der Mutter sofort aufgefallen. Darum hat sie wohl oder übel den Dienst antreten müssen. In weniger als einer Stunde hat sie den Weg vom Haus der Base nach Untergrainau zurückgelegt, ist gar nicht mehr heimgegangen und hofft immer noch, dass ihre Brüder bei der Jagdversammlung zu tief in ihren Bierkrug geschaut und ihr Vorhaben abgeblasen haben.

Die drei Männer am Stammtisch wissen von alledem nichts, und der Garmischer sagt leutselig zu dem Versehrten: »Des war a Gaudi gestern mit dem Jagdherrn! Herrgottsakra, war der narrisch!«

Verständnisvoll meint der Naz: »Do waar a jeder narrisch, boi er an Haufn Geld zoit für a Jagd und dann schiaßn s' eahm oiß weg!«

Xari mischt sich auf seine gschaftlhuberische Art ins Gespräch ein. Der Wirtssohn widerspricht gerne, wo er sich trauen kann, kommt sich dabei wichtig vor. Er kennt auch die Einstellung des Naz bezüglich der nationalsozialistischen Idee und weiß von seiner Namensänderung. Jetzt kommt dem Xari zugute, dass er einen von der Partei angebotenen Rede-Widerrede-Kurs belegt und dabei gelernt hat, dass man sein Gegenüber rhetorisch am besten dadurch in die Knie zwingt, wenn man seine These erst aufnimmt und dann um hundertachtzig Grad umdreht.

»Des is's ja grod, Nazi!« Er unterbricht kurz, weil er weiß, dass den Naz die Benutzung seiner abgelegten Anredeform ärgert.

»I bin koa Nazi, du Hundsbua. I bin da Naz, aa für di!«, reagiert der wie von Xari erwartet, doch der macht nur eine abschätzige Handbewegung, entschuldigt sich auch nicht, sondern fährt in seiner Argumentation fort: »Des Pachtgeld miaßat der Kriegelstein an uns zoin, an de Einheimischn, anstatt dass er uns oamoi im Johr mit am Jagdessn abspeist! Dann schiaßt eahm aa koana mehr wos weg, wos eahm sowieso ghört!«

Der Garmischer gibt ihm recht: »Des is unser Hoamat! Der Woid ghört uns! Auf unserm Grund wachst des Wuid! Do hot der gor nix zum Suachn drin!«

Xari spottet weiter: »Außerdem versteht der vom Jagern nix, wenn er nix schiaßt! De unsern bringa oiwei wos hoam!«

Naz gibt sich aber nicht geschlagen: »Aber wos is, boi da Kriegelstein und da Huaber de Jagdn zruckgebn? De kaffn schließlich de Bauern 's Hei ob für d' Fuaderung! Des is a scheens Geld!«

Xari meint darauf nur: »Nachad kemman andere und kaffn eahna 's Hei ob. Mir passt des sowieso net, dass de Einheimischn bei dem Preißnbinkl, der si bei uns herin broat macht, d' Hand aufhoitn und aa no Danksche sogn miaßn!« Er mag es nicht, wenn ihm jemand dagegenredet, den er als nicht ebenbürtig betrachtet, und wagt nun eine schärfere Klinge: »Aber wia redst denn du überhaupt daher! Zu wem huifst denn du?«, sagt er in drohendem Ton zu dem Weltkriegsveteranen, der gute dreißig Jahre älter ist als er.

Der Naz will keinen Streit und meint: »Wenn in da schlechtn Zeit gwuidert werd, na is des scho recht. Aber so leicht wias mit'm Wuidern war bis itz, so geht des nimmer lang weiter. Habts as ja ghert, sogor an Jagdschutz gibt's wieder!«

Xari sagt: »Wos sui do scho vui passiern? Wenn da Jaga mit a boor vo dene Biablan von der ›Greana Polizei‹ unterwegs is – de hörst doch auf an Kilometer scho.«

Auch der Garmischer sieht keine Bedrohung der alten Wildererherrlichkeit und äußert zustimmend: »Oiß net so tragisch! De Jaga san doch net bled! De genga scho auf d' Seitn! De wuin schließlich aa ins Wirtshaus geh, ohne dass ma s' naushaut!«

Dem Naz wird es zu dumm, sich mit den Burschen herumzustreiten, und er wendet sich ab. Xari aber hat inzwischen schon ein paar Halbe intus und ist entsprechend angriffslustig. Jetzt sieht er Magda hinter dem Tresen stehen. Dass er nicht in den Genuss ihrer körperlichen Reize kommen kann, dass sie ihm wohl niemals ihre Zuneigung schenken wird, hat ihn reizbar und böse gemacht. Es reicht ihm nicht, dass er ihre Schande im Schutze der Nacht öffentlich gemacht hat, vor allem, weil die Aktion wirkungslos geblieben ist, da der Westlvater so früh die verräterischen Spuren entfernt hat. Er sieht die Gelegenheit gekommen, jetzt, wo weder ihr Vater noch einer ihrer Brüder da sind, um ihr beistehen zu können, einen zusätzlichen Heimzahlbetrag auf Magdas Rechnung zu schreiben. Auch die Abreibung, die er ihrem Liebhaber verpasst hat, wiegt die Erinnerung an die erlittene Abfuhr nicht auf. Wie immer, wenn er sich missachtet fühlt, spürt er, wie die blanke Wut in ihm hochkocht. »Naa, bled sans net, de Jaga, aber hoaß ... Und wer is schuid an dera Hitz? – D' Magda!«, sagt er so laut, dass sie es hören muss. »A Sauerei is des, wos de duat!«

Der Garmischer hat von einem Spezl erfahren, dass der Jäger Ander mit der Magda an der Hand den Tanzsaal der »Schranne« verlassen hat. Natürlich hat er das dem Xari sofort brühwarm berichtet. Er kennt seinen Freund. Das Hetzen macht ihm Spaß, deshalb treibt er dem Xari denselben Stachel wie schon am Tag zuvor in die verwundete Seele: »Bist oiwei no eifersüchtig, dass se net mit dir, sondern mit am Jaga geht?«

Mit dieser Bemerkung hat er den Xari ins Mark getroffen, und entsprechend reagiert der: »Wos hoaßt do mit oam! Von oam noch dem andern lasst se si vögln! Mit'm Garmischer Jaga schiabt se itz! Dera is a jeda Jaga guat gnua!«, plärrt er voller Wut und bestellt eine weitere Halbe.

Magda bleibt nichts anderes übrig, als ihm das Glas Bier zu bringen und vor ihm auf den Tisch zu stellen. Xari schaut sie erst in einer Mischung aus Lüsternheit und Gewaltbereitschaft an, greift ihr dann an das Gesäß und sagt: »Ois wenn's koan Bessern gab, z' Untergroana! 's gibt koan Bessern ois wia mi!«

Magda ist zutiefst verletzt, reißt seine Hand weg. »Dua deine dreckatn Finger weg!«, schreit sie ihn an.
Xari genießt seine Überlegenheit. »Öha! Wer is do dreckat? Ja, moanst denn du, du bist a feine Dame! Bist da für an Wirtssohn z' guat?« Verächtlich fügt er hinzu: »A billigs Jagaflitscherl bist! Und sonst nix!«
Der Garmischer bohrt weiter in der Wunde: »Ja – wohr is! Deine Briada gehn zum Wuidern und schaugn, dass se wos auf'n Diisch bringa, und du Schnoin treibst di mit dene Herrnknecht rum!«
Xari ist angetrunken, will der Frau, die ihn verschmäht, nur noch wehtun: »Von dir mog i koa Bier mehr. Des schmeckt ma net, des stinkt, boist as du in da Hand ghabt host!« Er nimmt sein Bierglas, schaut Magda giftig an und leert dann langsam das Bier auf den Boden. Magda erstarrt, blickt ein paar Momente wie gebannt auf die Bierlache, dreht sich dann abrupt um und rennt aus der Wirtsstube. Im weiten Flur des Gasthofes lehnt sie einen Augenblick lang wie verloren den Kopf an die Wand. Dann reißt sie die Bedienungsschürze herunter und schmeißt sie auf den Boden. Mit tränennassen Augen läuft sie die Eingangstreppe der Wirtschaft hinab auf die Straße. Das trostlose, nasskalte Wetter passt zu ihrer Stimmung. Sie will nur noch heim, sich im wärmenden Bett verkriechen und von der bösen Welt nichts mehr wissen, da kommt ihr der Vater entgegen. Er ist immer noch wütend, sieht aber sofort, dass mit seiner Tochter etwas nicht in Ordnung ist.
»Magda, wos host?«, fragt er. »Grod wuit i mir a Bier von dir gebn lassn!«
Magda birgt den Kopf an der Brust des Vaters und flüstert: »I mog nimmer bediena! De Mannsbuida san so gschert zu mir!«
Der Westlvater meint, Magda wüsste bereits, dass man ihr das entlarvende Gsod gestreut hat und fragt trotzdem: »Wos is denn gschehn?«
»Ogfeindt wer i und wos i aa dua, oiß mach i vakehrt!«, schluchzt sie.
Der Vater weiß, wie beeinflussbar seine Tochter ist, dennoch kann er sich den Vorwurf nicht verkneifen: »Ja, do brauchst di aa net wundern. Warum host as denn oiwei mit de Jaga? 's gaab doch andere schneidige Burschn aa no!«

»Itz fangst du aa no o! Da Lenz und da Ander warn olle zwoa guate Kerl.«, jammert Magda.
Der Vater wird misstrauisch: »Warn guate Kerl? Warum warn? Is's itz mit'm zwoatn Jaga aa scho glei aus?«
Magdas Blick ist von Tränen verschleiert, als sie hilfesuchend zu ihrem Vater aufschaut: »Ja, Voda! 's is aus.« Sie zögert noch, es kostet sie viel Überwindung, sich dem Vater, von dem sie weiß, wie hart ihn diese Nachricht treffen wird, zu offenbaren: »Und i muaß dir no wos vui Schlimmers sogn!«
»Ja, um Gotts wuin! Wos denn no?«, presst der alte Westl hervor.
»Der Ander woaß itz, wos gspuit werd. Man hot eahm heit in da Friah auf'n Reviergang gschickt auf'n Griasberg – mit Jagdschutz!« Dann überfällt die pure Verzweiflung die junge Frau, sie kann die traurige Wahrheit nicht mehr für sich behalten: »Und weil ma scho dabei san beim Beichtn! I glaab, i kriag a Kind vom Lenz!«
Der Westlvater steht da wie vom Schlag gerührt. Er war zwar nie besonders zartfühlend im Umgang mit seinen Kindern, hat sich aber immer bemüht, gerecht zu sein. Nun aber ist das Maß an Kümmernis, das ihm die Magda bereitet hat, voll. Er schaut seine einzige Tochter erst mit vor Schreck geweiteten Augen an, packt sie dann grob bei den Schultern und schüttelt sie. Fassungslos sagt er: »Wos host du grod gsogt? Hob i do recht ghert? Von dem oan Hundsjaga lasst da a Kind machn? Und da ander Jaga macht Reviergang am Griasberg – mit Jagdschutz?« Dann bricht auch aus ihm die Verbitterung heraus: »Woaßt du, wo deine Briada itz grod san?«
Magda kann nicht mehr reden. Es ist also doch wahr. Sie nickt nur schuldbewusst und lässt den Kopf hängen.
Der Vater schiebt sie mit ausgestreckten Armen angewidert von sich weg und schreit ihr ins Gesicht: »De san hinter deine Briada her!« Er deutet zum Griesberg: »Do drobn geht's auf Lebn und Tod! Und des oiß grod, weil du di mit de Bluatsjaga eiglassn host! D' Schand bringst aufs Haus mit deim Jagerschrazn und itz no a Bluat dazua, wenn's schlecht nausgeht!«
Magda sehnt sich in diesem Augenblick erst recht danach, den Kopf wieder an die Vaterbrust zu lehnen und Trost zu finden,

doch der Mann, dessen Mitgefühl sie noch nie so nötig hatte wie gerade jetzt, stößt sie von sich. »Geh ma aus de Augn!«, plärrt er. »Geh zu deine Jaga!«

Alles Unglück der Welt stürzt über Magda herein, als sich der Vater abrupt abwendet, mit entschlossenem Schritt heimgeht. Schon immer hat sie nach persönlichen Niederlagen lange gebraucht, sich wieder aufzurichten, aber nun sieht sie nicht mehr den kleinsten Hauch Hoffnung. Sogar der Vater hat sie verstoßen und lässt sie in ihrer Not alleine, will nichts mehr von ihr wissen! Wer oder was soll ihr noch helfen können? Verzweifelt weinend steht sie auf der Straße vor der Wirtschaft. Die Bäuerinnen, die vom Kirchgang heimgehen, um ihren Männern das Mittagsmahl zu kochen, und die Bauern, die ins Wirtshaus zum Frühschoppen gehen, schauen sie neugierig an, aber keiner von ihnen kümmert sich um die junge Frau. Sie sind in ihrer Verachtung für eine, die sich mit einem Jäger einlässt, nicht bereit, wenigstens mit einem tröstenden Wort beizustehen.

So verbringt Magda schreckliche Minuten der völligen Verlassenheit, dann hebt sie den Kopf. Die Tränen versiegen, ihr Gesichtsausdruck verklärt sich. Sie nimmt ihre Umgebung nicht mehr wahr. Die lächelnde Nixe vom Badersee erscheint vor ihrem inneren Auge und winkt ihr zu. Ihr ist, als erklinge Harfenmusik dazu. Sie weiß nun, wo sie Ruhe und Geborgenheit finden kann.

Die Pirsch

Die alte Westlin steht am Herd und kocht, als ihr Mann mit versteinerter Miene die Küche betritt, wortlos seinen Schoapn, die Lodenjoppe mit den angestrickten Ärmeln, bereitlegt und seine Bergschuhe anzieht.
Überrascht schaut seine Frau von der Teigschüssel auf, meint, er sei immer noch verärgert wegen der Gsodspur, und fragt: »Voda, wos host denn? So schlimm is's doch aa wieder net!« So früh ist er vor dem sonntäglichen Mittagessen noch nie heimgekommen.
»Du wuitst doch auf a Bier geh!«, sagt sie und wäre froh, wenn er aus dem Haus wäre und sie wie gewohnt in Ruhe werkeln könnte.
Der alte Westl bringt nur ein missmutiges »Mir schmeckt heit koa Bier mehr!« heraus und bindet seine groben, genagelten Schuhe.
Besorgt hört die Westlin auf, den dünnen Nudelteig auf dem Küchenbrett in dünne Streifen zu schneiden und wendet sich ihm zu. »Host an Streit ghabt in da Wirtschaft?«
Ihr Mann kann sich um eine Antwort nicht drücken. »In da Wirtschaft net, aba davor.«
»Mit wem denn?«, will die Westlin wissen.
Er kann seine Erregung nicht verbergen: »Mit da Magda!«
Echte Besorgnis klingt nun aus der Stimme der alten Westlin: »Warum denn mit da Magda? De bedient doch grod beim Wirt!«
»Naa, de bedient itz nimmer! Davoglaffn is se!«
»Maria, huif! Wega wos denn?«
»Weils as in da Wirtschaft so bleed ogredt ham, zwecks ihre Jaga, mit dene wo se si rumtreibt!«, poltert ihr Mann.
Die Westlin ahnt, was sich grad eben abgespielt hat. »Ja, bravo! Do moan i, host wos ogstellt! Do lafft dir des arme Kind in d' Arm und braucht a Zuasprach – und wos duast du? Du schimpfst as aa no, so wiar i di kenn!« Als er nicht darauf reagiert, sieht sie ihre Vorwürfe bestätigt. Sie ändert die Tonlage und noch deutlicher klingt der Vorwurf heraus: »Oh mei, oh mei, Voda!«

Ihr Mann blickt zu ihr auf: »Des arme Kind, des arme Kind! Woaßt du, wos des ogstellt hot, des arme Kind? Mit'm erstn Jaga war's nix, mit'm zwoatn Jaga war's nix – des waar ja koa Schodn – aber se kriagt a Kind vom erstn!«
Nun hat es für Sekunden auch der Westlin die Sprache verschlagen: »Wos! Unser Magda is von am Jaga schwanger! Mein Gott! Wenn des de Leit dafrogn!«, verleiht sie ihren ersten Empfindungen Ausdruck, doch dann besinnt sie sich. »Aber itz sog i dir wos! Wenn der Lenz aa a Jaga is, so is er doch a sauberer und a anständiger Mensch! Des hätt scho wos wern kenna mit de zwoa! Mit da Zeit hätt si a jeder dro gwöhnt!« Wieder macht sie eine Pause: »Und wer is schuid an da Magda ihrm Unglück, dass se itz alloa dosteht? Schuid san deine Buam!«
Diesen Vorwurf will der Vater nicht auf sich sitzen lassen. Nun muss die ganze, bedrückende Wahrheit auf den Tisch: »Meine Buam san aa deine Buam! Aber des Ollerschlimmste von deine Buam woaßt du ja no gor net! De san heit beim Wuidern auf'm Griasberg und da neie Garmischer Jaga passt auf sie!« So außer sich hat die Westlin ihren Mann noch nie erlebt, als er seine verzweifelte Hilflosigkeit herausplärrt: »Und de denkn si nix und moana, da Jaga is dahoam!«
Die Westlin dreht sich mit dem Messer in der Hand langsam um, lässt die Nudeln Nudeln sein und wendet sich ganz ihrem Mann zu. Sie spricht jetzt völlig ruhig: »I war dir oiwei a guads Weib und hob da aa fast nia dagegngredt! Hätt i 's grod öfter do! Aber itz muaß i dir amoi d' Wahrheit sogn! Du host deine Buam des vafluachte Wuidern net ausredn kenna und aa gor net megn. D' Jaga wissen doch, wia da Jörgl und da Kurbi und da Klosn-Bene mit'm Lenz umgsprunga san! Ja, moanst denn du, des lasst si oana a zwoats Moi gfoin! De hoitn doch zam!«
Genau dies hat der alte Westl ihr sagen wollen und er kann seiner Frau nicht ersparen, hinzuzufügen, dass die Lage noch viel schlimmer ist: »No dazua, wo se itz an Jagdschutz dabei hom!«
»Jessas, Maria!«, ruft die Westlin. Nun wird ihr die ganze Tragweite der Katastrophe, die sich gerade anbahnt, bewusst: »De wenn aufanandatreffn, dann passiert wos!«
Erregt ruft der Westlvater: »Drum bin i ja so narrisch worn!

I hob's ja gspürt, dass do a Unglück im Vazug is, aber de ham net auf mi ghert!«

Inzwischen hat er die Schuhbänder fest verknotet, steht auf, lockert ein Bodenbrett, hebelt es mit einem Messer aus und greift in die Höhlung darunter. Von dort holt er seinen alten Abschrauberstutzen hervor, den er seit vielen Jahren, seit er durch einen Streifschuss ein Auge verloren hat, nicht mehr in Händen gehalten hat. Er entfernt das Öltuch, sieht mit ein paar prüfenden Blicken, dass die Waffe nirgendwo verrostet ist, steckt den Lauf aufs Schloss, kramt in der Bodenöffnung herum und zieht eine Munitionsschachtel heraus.

Der Westlin wird allmählich bewusst, was ihr Mann vorhat: »Voda, spinnst denn du? Du muaßt doch do net aa no mitmachn!«

Sie greift nach dem Gewehr und mit einer Kraft, die er ihr nicht zugetraut hätte, ringt sie ihrem Mann die Waffe ab. Sie weiß aber, dass sie ihn mit Gewalt von seinem Entschluss nicht abhalten kann. »Voda, i bitt di!«, sagt sie, den Stutzen in Händen haltend. »Bring doch net no mehra Unglück über uns! Du konnst itz nix mehr doa für d' Buam ... Grod no zu de vierzehn Nothelfer betn!«

Der Westlvater gibt sich geschlagen, setzt sich verzweifelt auf den Stuhl. Die Westlin legt den Stutzen auf den Boden. Sie achtet nicht auf das Zischen und Dampfen auf dem Herd, wo der Wassertopf überbrodelt, in dem schon lange die geschnittenen Suppennudeln kochen sollten, holt einen Stuhl und setzt sich neben ihren niedergeschlagenen Mann in der Hoffnung, doch noch etwas für die Söhne und vor allem die Tochter tun zu können.

»Wia is's denn mit da Magda weiterganga?«, will sie wissen, doch die Antwort ihres Mannes lässt sie nach Luft schnappen: »Davogjagt hob i s'! Hob gsogt, sie sui zu ihre Jaga geh!«

»Heilige Maria und Josef! So wos sogst du zu da Magda in ihrm Zuastand! Sie, de oiß duat, damit koam wos gschieht, jagst du zum Deife, du Depp! Wo sui denn des arme Luada hi, wenn se ned amoi mehr hoam ko!«

Die Westlin steht vom Stuhl auf, greift mit der einen Hand nach dem Gewehr und wischt sich mit der anderen am Schürzenzipfel die Augen. Dann öffnet sie das Ofentürl und steckt das Gewehr mit dem Holzkolben voraus ins Feuer. Der Westlvater sieht zu

und tut nichts dagegen; die tiefe Reue, die er inzwischen empfindet, hindert ihn daran. Dann zieht seine Frau den Wassertopf vom Feuer, legt die Herdringe ein und greift nach dem Umhängtuch.
Der nun völlig geknickte Westlvater ruft ihr noch bedrückt nach:
»Sie sui zu ihre Jaga geh, hob i ihra gsogt!«
Seine Frau bleibt in der Türe stehen und denkt kurz nach, dann stürzt sie aus der Küche, während ihr Mann regungslos und resigniert sitzen bleibt und auf das offene Ofentürl starrt. Er sieht noch eine Weile regungslos zu, wie der Holzkolben seines Wildererstutzens in Flammen aufgeht, nimmt die Patronenschachtel und legt sie wieder in die Bodenöffnung neben sein altes Gewehr, das er aus dem Krieg heimgebracht und seitdem nie benutzt hat, weil der Lauf zu lang war, um damit unbemerkt auf die Jagd zu gehen.
Die Westlin hastet inzwischen über die staubige Dorfstraße, sucht nach ihrer Tochter. Sie trifft auf zwei Bäuerinnen, die beieinanderstehen und miteinander ratschen, und fragt sie ohne einleitende Worte oder einen Gruß, ob sie die Magda gesehen hätten. Es sind dieselben Frauen, die das Mädel kurz zuvor weinend mit dem Vater reden gesehen hatten und sich seitdem über die Zustände im Hause Westl mokieren.
»Ja, z'erst grod! In'n Baderseeweg is se neiganga!«, gibt die eine Auskunft. So sehr die beiden sich gerade noch das Maul über die junge Frau zerrissen haben, so ernsthaft besorgt sind sie angesichts des Gemütszustandes der Mutter nun doch: »Wos is denn mit da Magda?«
»I brauch s' hoit grod schnell!«, lautet die unwirsche Antwort der Westlin. Sie hat jetzt keine Zeit für erklärende Worte, hofft, dass ihre Tochter zum Vater ihres Kindes gegangen ist. Bis zu seinem kleinen Jägerhaus am Fußweg zum Badersee sind es nur ein paar Hundert Meter, doch dieser Weg fällt ihr schwer, nicht nur wegen der körperlichen Anstrengung des ungewohnten Laufens. Als sie dort ankommt, ist sie völlig außer Atem. Der Lenz kehrt gerade vor der Haustüre zusammen, da öffnet sie das Gartentürl und rennt auf ihn zu. Sie kann in ihrer Atemnot noch nicht reden, bleibt keuchend vor dem erstaunten Jäger stehen und schaut ihn ernst an.
Nach den Vorfällen der letzten Nacht hat Lenz ein schlechtes

Gewissen, fürchtet jetzt die Vorwürfe der Mutter seiner Widersacher. Er hat zwar nur wenig geschlafen, doch seine Erregung hat sich inzwischen gelegt und nüchternen Überlegungen über die Folgen seiner Meldung Platz gemacht. Gerade im Moment bedauert er, dass die Geräusche des Besens die Schritte der Westlin überdeckt haben und er sich nicht rechtzeitig zurückziehen konnte. Nun muss er sich ihr stellen.

»Wos pressiert's da denn so, Westlmuada?«, fühlt er sich gemüßigt zu sagen. »Is wos gscheng im Dorf?«

Die Westlin hat keine Ahnung davon, welches Eifersuchtsdrama sich am letzten Abend abgespielt und wer sich mit Schuld beladen hat. Ihr ist der Jäger eigentlich immer sympathisch gewesen. »No is nix Schlimms gscheng, aber es ko boid so weit sei!«, sagt sie.

»Is wos mit deine Buam, Westlin?«, fragt er, weil er zu wissen glaubt, was die alte Frau so in Erregung versetzt hat.

»Mit de Buam aa, aber um d' Magda hob i no mehra Angst!«

Diese Antwort hat er nicht erwartet. Mit einem Schlag macht sich die Frau, auf die er noch am Abend zuvor eine solche Wut gehabt hat, wieder in seinem Herzen breit. »Wos is mit da Magda?«, fragt er erschrocken.

»Is des Madl denn net bei dir? Maria, huif, na muaß ma ja Angst hobn, dass se si wos oduat.«

Lenz ist jetzt in Alarmzustand versetzt. »Ja, wega wos denn?«, will er wissen.

»Von olle verlassn is se! Da Voda hot s' nausgschmissn wega ihrm Verhältnis mit dir und sie is in ihra Verzweiflung davoglaffn und koana woaß wohi!«, sprudelt es aus der Westlin heraus.

Die Vorstellung, dass seine Magda nun wegen ihm so einsam und von aller Welt verlassen ist, bereitet dem Jäger ungeahnte Schmerzen. Von einem Augenblick auf den anderen ist der Zorn, der ihn innerlich in den letzten Tagen fast zerrissen hätte, wie weggewischt.

»Sie is in Gefahr, i spür's! Lenz, huif, wenn dir no wos an ihra liegt!«, ruft die Westlin flehentlich und der Jäger muss nicht lange nachdenken.

» I glaab, i woaß, wo se is!«, ruft er der Westlmutter zu. »Geh du wieda hoam! Vielleicht find i s'!«

Er hört nicht mehr das beschwörende »Lenz, dua wos!«, er ist in Gedanken schon ganz woanders, als er den Besen fallen lässt und zu rennen beginnt.

***

Die Wilderer sind auf einem breiten Querband inzwischen im Abstand von ein paar Dutzend Metern bis zur Beichtstuhllaine nebeneinander hergetrottet ohne auf Wild zu stoßen und wenden sich jetzt wieder dem Berghang zu. In steilen Windungen steigen sie neben der Klamm auf, bis sie schnaufend den Steig hoch über dem Talboden erreicht haben, der nun ziemlich eben weiter zum Griesberg führt. Es ist derselbe Weg, auf dem eine halbe Stunde zuvor ihre Widersacher gegangen sind. Die Männer wissen, dass dieser schmale, nur selten von Menschen benutzte Steig dem Wild als Hauptwechsel dient und sie jetzt jederzeit mit einer oder mehreren nahrungssuchenden Gämsen rechnen können. Sie machen sich wieder schussbereit und das ohnehin knapp und leise geführte Gespräch verstummt ganz; stattdessen achten sie jetzt sorgsam darauf, möglichst keine Geräusche zu verursachen und auf keine trockenen Äste zu treten.
Nach wenigen Hundert Metern angespanntem Pirschgang ist es der Bene, der oberhalb des Steiges die erste Gams erblickt. Er hat die schärfsten Augen und weiß auch aus Erfahrung, wo die stolzen Kruckenträger zu erwarten sind. Wortlos bleibt er stehen und seine Kameraden mit ihm. Er streckt bedächtig die Hand aus in die Richtung, wo die Geiß zwischen den Bäumen äst. Sie steht in ungefähr fünfzig Meter Entfernung, eine Schussdistanz also, aus der man sicher treffen kann, wenn sich das Ziel nicht bewegt. Für Benes Kleinkaliber befindet sie sich aber trotz seiner langen Munition zu weit weg. Die vier sagen nichts, sondern blicken sich nach allen Seiten um, ob nicht irgendwo noch ein lohnendes Ziel sich zum gleichzeitigen Abschuss anbietet, können aber kein weiteres Tier entdecken.
»Des is des oanzige, wia's ausschaugt. Wos moants, sui ma's schiaßn?«, flüstert der Jörgl.
Während der Bene dafür ist, weiterzugehen, bis man auf ein Rudel

stößt, hegt der Franzl die Hoffnung, nach einem gut gesetzten schwarzen Schuss bald wieder heim zu können. Er äußert seine Meinung trotzdem nicht laut, ist aber froh, als der Kurbi leise das Wort ergreift: »Des letzte Moi hamma gor nix dawischt. I moan aa, mir schiaßn 's!«

Sein Bruder ist derselben Meinung, und der Bene versucht gar nicht, auf seinem Standpunkt zu bestehen. Der Jörgl hat bisher stets nach Anhörung der Kameraden die Vor- und Nachteile gegeneinander abgewogen und entschieden, was getan wird, ohne lange Erklärungen abzugeben. So ist es immer gewesen und so wird es auch bleiben, so lange sie miteinander wildern. Lange Diskussionen sind hier fehl am Platz.

»Wer duat den Schuss?«, will Bene wissen. Er ist gar nicht so scharf darauf, weil er heute nach dem reichlichen Biergenuss des Vorabends keine ruhige Hand hat und sich auch noch näher heranpirschen müsste.

»Da Franzl sui schiaßn, wenn er trifft, ghört des ganz Stuck eahm. Seids einverstandn?«, sagt der Jörgl aus der Überzeugung heraus, dass dies aus mehreren Gründen die sinnvollste Entscheidung ist. »Muaßt aber no a boor Meter näher hi!«, fügt er hinzu.

Wenn der Franzl trifft, hat er sich seine Fleischration selber verdient; schießt er daneben, dann ist er selber schuld, wenn er nichts mit heimbringt. Der Jörgl weiß aber auch, wie gut der Lechner schießt und spekuliert mit dem Gedanken, dass der Franzl nach einer erfolgreichen Jagd sie vielleicht bei den nächsten Touren begleiten würde. Zu seiner Entscheidung hat zudem die Überlegung beigetragen, dass ein verhältnismäßig leiser Kleinkaliberschuss besser ist als das gewaltige Krachen seines eigenen Sturmgewehrstutzens und dass damit die Jagd noch nicht beendet sein muss.

Der Franzl ist nicht feig, hat sich noch nie vor einer Verantwortung gedrückt, so zögert er nicht lange, streift den Riemen seines Floberts von der Schulter, legt den Rucksack und die Lodenkotze auf den Waldboden und entsichert. Die lange Patrone ist flugstabiler und hat eine höhere Durchlagskraft als die übliche kurze Munition, dennoch rät ihm der Bene, sich noch acht oder zehn Meter näher heranzupirschen. Das tut er dann auch, gedeckt von den starken Stämmen einiger Weißtannen, während seine Kameraden regungslos und stumm auf das immer noch ahnungslos äsende Tier starren, stets in Sorge, die Geiß würde plötzlich verharren, zu ihnen her äugen, sichern und mit einem Warnpfiff das Weite suchen. Doch der Wind steht gut. Dreißig Meter sind eine hervorragende Schussdistanz, der Lechner kann unmöglich vorbeischießen. Bedächtig legt er den Lauf auf einen abgebrochenen Aststummel, der aus dem Stamm einer Tanne ragt, fährt über Kimme und Korn visierend von oben ins Ziel, hält eine Fingerbreite drüber und drückt ab. Zeitgleich mit dem Peitschen des Schusses fährt die Gamsgeiß hoch, zittert und will nach oben weg, doch sie kommt nicht weit, schon nach wenigen Sprüngen knickt sie in den Hinterläufen ein, sie verliert das Gleichgewicht und rutscht um sich schlagend ein paar Meter auf dem laubbedeckten Waldboden abwärts, bis sie oberhalb einer mächtigen Buche liegen bleibt. Kurz noch zucken die Läufe, doch bis die Wilderer bei dem Tier eintreffen, ist es schon tot.

»A guade Goaß!«, sagt der Bene fast andächtig.

»Do host no scheene Kruckn dazua!«, sagt der Kurbi. »Sauba gschossn, muaß ma sogn! Ohne Sauerei! De miaß ma net auswaschn!«

Ohne ein Wort zu verlieren, zieht er sein scharfgeschliffenes Stichmesser aus der Scheide, rammt es der Gams in die Kehle und zieht es nach unten bis zum Brustbein. Der Kurbi ist geübt in diesen Dingen, jeder Griff, jeder Schnitt sitzt, und der Lechner schaut bewundernd zu, wie fachmännisch der Freund sein blutiges Handwerk versieht.

Während Kurbi noch die Bänder des prall gefüllten Waidsackes zuschnürt, geschieht etwas, was noch nie vorgekommen ist. Bisher hat Jörgl seine Kameraden zwar stets nach ihrer Meinung gefragt, ihnen dann aber seinen zuvor schon wohl überlegten Vorschlag unterbreitet, der von ihnen widerspruchslos angenommen wurde. Diesmal aber ist es anders.

»Wos is, Mannda? Sui ma scho hoamgeh? Fress ma an Doag so oder mach ma Spatzlan?«, fragt er. Er will damit andeuten, dass nach dem verhältnismäßig leisen Kleinkaliberschuss durchaus mit weiterem Jagdglück zu rechnen ist.

Dieser Meinung ist auch Kurbi. »Mir is's no z' friah. Mir san ja no

gor net auf'm Griesberg! In a Stund hot se oiß wieder beruhigt«, meint er.
Der Bene möchte ebensowenig heimgehen, allerdings aus einem anderen Grund: »Aa wenn ma koa Gams mehr otreffn, do herobn hot's Adler. A gscheida Adler waar mir liaba wia drei Gams. I brauch an nein Flaam auf'm Huat! Du woaßt ja, wos a Flaam kost!«, sagt er, denkt aber in Wahrheit daran, was er seinem Hehler, dem Höfler-Konrad, für die weißen Flaumfedern abknöpfen wird.
Der Jörgl hat ein ungutes Gefühl, hätte lieber den Teig gleich gefressen, aber er fügt sich den Wünschen der Kameraden. »Boi ma net 's letzt Moi geh daadn heier, nachad waar i dafür, dass ma hoamgenga, aber mir ham heit an Franzl dabei und der ko a Fleisch im Fassl no besser brauchn wia du an Flaam auf'm Huat!«
Man wird also weiterpirschen, aber vorerst hat es keinen Wert, denn die Gämsen sind vergrämt. Man muss warten.
»Pressiern duat's itz nimmer. Mach ma Brotzeit!«, schlägt Kurbi vor, der am Morgen nicht satt geworden ist.
Jörgl setzt sich nieder, wo er steht, die anderen steigen zu ihm hoch und folgen seinem Beispiel. Sie legen die Gewehre neben sich ins dürre Gras und packen ihre Brotzeit aus den Waidsäcken.

***

Der Jäger Andreas Klotz geht voran, die zwei schlaksigen Landespolizisten in grüner Uniform folgen ihm nach. Er hat das Gewehr lässig mit dem Lauf schräg nach vorne über die Schulter gehängt, die Polizisten tragen ihre Waffen vorschriftsmäßig am Rücken.
Die drei wissen nicht, dass ihnen nur wenige Hundert Meter dahinter die Grainauer Wilderer auf genau demselben Quersteig folgen. Sie erreichen einen v-förmigen Graben mit einem Bächlein, das weiter unten vor Urzeiten eine Klamm in das Dolomitgestein geschnitten hat und wegen der von ihm geschaffenen eigenartigen Felsformationen von frommen Talbewohnern die Bezeichnung Beichtstuhllaine erhalten hat. Ein paar enge Serpentinen führen zu dem Rinnsal hinab, sie springen darüber und steigen auf der anderen Seite wieder hoch. Gleich dahinter haben sie den Höhen-

rücken des Griesberges erreicht, der sich in Ost-West-Richtung parallel zu und hoch über der Loisach vor den darüberliegenden Rauhen Köpfen hinzieht.
Ander ist während des ganzen Weges wortkarg gewesen. Die beiden jungen Landespolizisten haben bisher lediglich bei politischen Versammlungen aktiv werden müssen, haben mit dem Schlagstock ineinander verkeilte Nazis und Kommunisten getrennt, bevor die sich ihre hasserfüllten Schädel einschlagen konnten. Von der Schusswaffe hat noch keiner von ihnen Gebrauch machen müssen. Die Situation ist völlig neu für sie, und sie ärgern sich beide, dass der Jäger sie nicht besser über das aufklärt, was sie möglicherweise erwartet. Dabei gibt es doch so viel, was nur er ihnen sagen kann: Ob überhaupt damit zu rechnen ist, auf Wilderer zu treffen, ob sie in diesem Falle dann scharf schießen müssen und ob es denn in letzter Zeit zu Zusammenstößen solcher Art gekommen ist.
Der Jäger hat ihnen nur knappe Antworten gegeben. Einerseits ist er immer noch verärgert, dass ihm so mir nichts dir nichts das Revier seines Kollegen aufgehalst worden war, noch dazu im gefährlichsten Bezirk. Andererseits weiß er ja selber nicht so genau, wie sich die Dinge entwickeln können, verfügt er doch ebenfalls über keinerlei Erfahrung. Er hat auf jeden Fall keine Lust, viel zu reden, und richtet seine Aufmerksamkeit lieber auf die Umgebung, um ja kein warnendes Vorzeichen zu übersehen. So vertiefen sich die beiden Polizisten ins Gespräch miteinander, tauschen sich über ihre Ausbildung aus, ihre bisherigen Ordnungseinsätze, die politische Lage und Mädel, die sie auf Tanzveranstaltungen kennengelernt haben, bis die Unterhaltung dem Ander zu laut wird. Er weist die beiden an, sich ruhiger zu verhalten, da man sie sonst auf einen Kilometer Entfernung hören kann. So erstirbt die Unterhaltung ganz, und schweigend trotten die Männer auf dem schmalen Steig dahin in Richtung auf eine Stelle oberhalb eines kleinen Wasserfalles.
Der Griesberg wird bald erreicht sein. Als der Jäger einige der schwarzen, struppigen Schalenträger zwischen den Felsschrofen stehen sieht, während andere weiter unten im Bergwald nach Nahrung suchen, erkennt er zu seiner Erleichterung, dass sie noch nicht vergrämt worden sind. Allem Anschein nach ist also hier nichts

vorbeigekommen, das sie als Gefahr ansehen. Die Jagdschutzpatrouille erreicht nach dem Überqueren eines weiteren schmalen Bächleins die offene, dicht mit hellem, dürren Berggras bewachsene Stelle. Der Flecken ist nur sehr dünn mit Föhren und Latschen bestanden und bietet einen schönen Blick auf das Tal und die umliegenden Berge. Klotz gibt Anweisung, eine Rast einzulegen und Brotzeit zu machen.

Es ist schon elf Uhr vormittags, und die Sonne hat noch so viel Kraft, dass man sich hier an der Baumgrenze von ihren Strahlen wärmen lassen kann. Unter ihnen liegt im Kältenebel das Loisachtal, fast schon ganz beschattet von den mächtigen Waxensteinen, die sich in ewiger Regelmäßigkeit von Dezember an vor die Sonne schieben und Obergrainau und Untergrainau wochenlang in einen frostigen Winterschlaf versinken lassen. Angesichts der Kälte im Tal ist es hier im Südhang direkt gemütlich, und die Anspannung beginnt sich zu lösen.

Ander bietet den beiden Burschen etwas von seinem Schwarzgeräucherten an. Er weiß, dass sie in ihrer Kaserne kurz gehalten werden und immer hungrig sind, und säbelt ihnen mit dem Knicker ein paar dicke Scheiben ab. Dankbar nehmen die zwei den Speck entgegen, ziehen ihre Brotkanten heraus und kauen gerade mit vollen Backen, als sie plötzlich einen Schuss hören. Er ist einige Hundert Meter weit entfernt abgefeuert, das erkennt Ander sofort, ist sich auch sicher, dass er von einem Kleinkalibergewehr stammt – also von einem Wilderer. Kein Jagdberechtigter würde mit einem solchen Gewehr schießen. Die Polizisten erschrecken, wollen aufspringen, doch der Jäger bleibt sitzen. Die Entfernung und die Richtung, aus der der Schuss gefallen ist, sagen ihm, dass er noch genügend Zeit hat, sich auf die Auseinandersetzung vorzubereiten. Er wird den Westlbrüdern und vor allem dem Großmaul Bene, falls sie es wirklich sind, schon zeigen, wer der Herr im Wald ist. Sobald er sie hinter Schloss und Riegel gebracht hat, ist er die Sorge um seine Anstellung los.

Die ratlos im Gras sitzenden Polizisten wundern sich über die Untätigkeit ihres Anführers, spüren aber deutlich seine Angespanntheit und warten auf Anweisungen. Immer deutlicher wird ihnen nun bewusst, dass es in Bälde zu einer bewaffneten Aus-

einandersetzung kommen kann, möglicherweise unter Gefahr für Leib und Leben.
Besonders der Angermann, ein milchgesichtiger, ängstlicher Typ, ist nervös, blickt auf sein Dienstgewehr und fasst es fester. Auch der Glühspieß, von Natur aus weniger furchtsam und auch kräftiger als sein Kamerad, ist nun aufgeschreckt. »Ham Sie des ghert, Jager?«, fragt er den Ander.
Der lauscht angestrengt, lässt den Schuss verhallen und sagt dann: »Ja, des san se. De san auf'm Weg zu uns. In a hoibn Stund san s' do!«, und versetzt damit seine Begleiter in noch hellere Aufregung.
Er weiß, dass es jetzt höchste Zeit ist, die beiden jungen Burschen auf das zu erwartende Duell vorzubereiten: »Mannda, itz horchts amoi her! Hot eich scho oana gsogt, wos es doa miaßts, wenn ma so an Lumpn oder mehra otreffn? Des ko nämlich boid sei!«
Die beiden Landespolizisten schütteln wortlos und ernst den Kopf.
»Merkts eich de Verhaltensregeln, de i eich itz sog! Erstens: Ihr derfts nia schiaßn ohne vorherigen Anruf ›Gwahr weg!‹ – und den Anruf mach i! Wennst schiaßt ohne Anruf, nachad machst di strafbar – aa bei dem Gsindl! Zwoatens derfts nia schiaßn ohne Deckung. Sofort hinter an Baam oder hinter a Kuppn springa und 's Gwahr in Anschlag und entsichern! Aber brauchts koa Angst hobn, mir suachn uns vorher scho a gscheide Deckung!«, fügt er noch hinzu.
Der Polizist Angermann möchte wissen, ob nicht auch eine gewaltfreiere Lösung des Problemes möglich wäre: »Ja, miaß ma denn überhaupts schiaßn?«
Ander klärt ihn auf: »Wenn se glei 's Gwahr wegschmeißn, net. Aber soboid da erste Schuss foit, nachad geht's um dei Lebn! Boist net schiaßt, nachad gherst da Katz! Du oder er! So schaugt's aus!«, sagt er recht humorlos.
Gleich darauf brechen die drei wieder auf, dem Griesberg zu. Nach wenigen Minuten schon treten sie aus dem Schatten der Bäume auf die nicht mehr so steile, waldfreie Fläche und erneut bietet sich ihren Augen der traumhafte Blick auf das im Nebel des Kältesees verschwommene Dorf mit seinen hie und da rauchenden

Schornsteinen und die sonnenbeschienenen hellen Kalkgipfel des Wettersteinmassivs darüber. Unter der mächtigen Zugspitze, in den dunklen Wald eingefasst wie eine glänzende Perle, liegt der Eibsee.
Ergriffen von der Schönheit des Anblicks bleiben sie kurz stehen. Die beiden Polizisten haben ein so herrliches Bergpanorama noch nie gesehen und würden am liebsten vergessen, zu welch gefährlichem Auftrag sie abkommandiert sind.
Aber schon im nächsten Augenblick ruft Ander »Gemma!«, geht voraus und die Polizisten folgen ihm geduckt, bis sie die große, grasbewachsene Lichtung erreichen, die früher einmal als Alm gedient haben mag und auf der um diese Jahreszeit fast immer Gamswild anzutreffen ist. Gerade hindurch verläuft der Steig. Klotz überblickt kurz die Lage, erkennt am anderen Ende der Grasfläche, wo bereits wieder einzelne Bäume stehen, eine Mulde und davor einen Deckung bietenden Felsbrocken, etwa ein Dutzend Meter oberhalb des Steiges. Wenn dieser Ort das Schlachtfeld sein soll, dann kann er sich darauf einrichten.
»Do miaß ma nauf! Do pass ma s' ob!«, ordnet er an.
Die drei Männer gehen durch das bereits dürr gewordene, langhalmige Lanergras hoch zu ihrer Deckung und legen sich nebeneinander hinter die Kuppe der Mulde und nehmen ihre Gewehre ab. Von hier aus haben sie einen guten Überblick über das freie Feld und den Steig, der hinter einer Geländekante zu einem kleinen Graben hinabführt und verschwindet. Von dort müssen die Wilderer kommen.

***

Jörgl, Kurbi, Bene und der Lechner-Franzl haben ausgiebig Brotzeit gemacht. Es pressiert nicht; je länger sie sich Zeit lassen, umso eher werden sich die Gams wieder aus der Deckung und zurück zur Äsung wagen. Nun packen sie ihre Brotzeitreste und die Wasserflaschen wieder in die Rucksäcke, schnüren sie zu und greifen zu den Gewehren.
Wie gewohnt übernimmt der Jörgl das Kommando: »Itz miaß ma staadli doa! Wenn ma auf'm Steig san, nachad san's grod no a boor

Hundert Meter bis zu de Wasserplattn am Griesberg! Do steht 's Lanergros – und hoffentli aa a boor Gamslan!«
Dem Wildererneuling Lechner ist es fast peinlich zu fragen, aber er will keinen Fehler machen. »Wia geht's nachad weida, wenn ma Gams seng?«
Jörgl holt weiter aus mit seinen Anweisungen: »I geh a boor Meter voraus. Hinter mir da Kurbi, nachad du und da Bene! Wenn i steh bleib, dann muaßt herschaugn! Zwoa Zoachn muaßt da merkn! Des hoaßt ›niederduckn!‹ und des hoaßt ›staad nochkemma!‹«
Zugleich demonstriert Jörgl mit der Rechten die entsprechenden Handzeichen und schärft den Freunden erneut ein: »Und koana schiaßt z' friah! Erst auf mei Zoachn!«
Was dem Bruder und dem Bene schon in Fleisch und Blut übergegangen ist, erklärt er nun dem Lechner: »Mir schaugn zerst, dass ma möglichst nah hikemma an de Gams. Boi ma nah gnua dro san, nachad wern se aufteilt! Heit mach ma's so, dass da Bene mit seim Kloakaliber des nimmt, des am nähestn do is und du glei des nächste. I nimm des ganz linke und da Kurbi, der nimmt des ganz rechte ins Visier. Dass ma net zu zwoat auf deselbe Gams schiaßn! Auf mei Kommando schiaß ma olle gleichzeitig! Habts mi?«
Lechner nickt und die Männer stehen auf.
»Nachad pack ma's hoit in Hubertus' Nam!«, sagt der Jörgl noch und denkt gar nicht daran, dass sich der Schutzheilige der Jagd für Wildschützen vielleicht gar nicht zuständig fühlen könnte.
Wortlos sind sie hintereinander dem Steig gefolgt und eben in dem kleinen Wassergraben vor der Lichtung angelangt, da dreht sich der Jörgl um und sagt: »Glei samma do. I schaug amoi!«
Er geht vorsichtig weiter, an den glatten, nassen Kalkplatten vorbei, bis er die Kuppe erreicht hat und späht vorsichtig darüber. In gebückter Haltung bleibt er einige Sekunden regungslos stehen und dreht sich schließlich zu den leise nachgerückten Kameraden um. Noch bevor sie ebenfalls auf die Lichtung blicken können, erkennen sie auf Jörgls Miene deutliche Anzeichen von Enttäuschung. »Nix! Koa oanzigs Gams! I vasteh des net!«, murmelt er.
Der Klosn-Bene, dem ein Adler viel lieber wäre als eine Gams, sagt: »Wega dem Kloakaliberschuss ko 's net sei, der war z' weit weg und des is aa scho z' lang her.«

Kurbi sagt verärgert: »Auf dem Fleck warn doch oiwei Gams! Itz hamma an Dreck im Schachterl!«
Jörgl grübelt immer noch. »Wieso san do heit koane Gams? Des muaß a Ursach hobn!«
Wieder verspürt er das ungute Gefühl, das ihn schon nach dem Schuss des Lechner befallen hat. »Mannda, do stimmt wos net! I moan, do war heit scho wer do!«
Der Kurbi meint: »Des wern scho Garmischer gwen sei. De san gwieß am Steig noch weiter zum Loameck!« Gleich stellt er aber klar: »Aber laar hoamgeh mog i net! Itz hamma scho so lang gstroaft! Mir miaßn grod weiter an Berg nauf. De Gams san hinauf zua ausgwichn! Es hot ja koan Reif mehr!«
Bene ist derselben Meinung, aber aus einem anderen Grund: »Schneider mog i net bleibn! A gscheida Adler daad no an zwoatn und an drittn Flaam obgebn! Und a boor sauberne Huatfedern dazua!«
Der Kurbi spekuliert neben dem Fleischerwerb auf eine andere Form von Hutschmuck, der in eigenhändig gewilderter Form weitaus mehr Ansehen mit sich bringt als ein gekaufter: »A saubara, reifiger Gamsbort waar aa net schlecht – und de Gams san scho in da Winterdeckn – de bringan aa a Gaid!«, setzt er hinzu.
Jörgl sieht ein, dass seine Kameraden nicht heimgehen wollen. Er wendet sich an den Lechner, will ihm die Entscheidung überlassen wie schon beim ersten Mal: »Wos sogst du dazua, Franzl? I daad hoamgeh, irgendwos is do faul! Aber zwecks dir steh ma itz do herobn. Du wuist a Fleisch hoambringa! Du brauchst as am notwendigstn! – Sog du!«
Der Lechner ist sich der Tragweite seiner Überlegungen nicht bewusst und denkt laut nach: »Boi ma itz laar hoamgenga, na waar ja der ganze Zirkus für eich umasunst gwesn!« Jörgls Rat hat ihn aber auch beunruhigt: »Es hot doch ghoaßn, 's ko nix passiern, weil da Jaga dahoam is – und a anderer werd doch net unterwegs sei!«
Der Bene ist sich sicher: »Brauchst da nix denkn, Franzl, do is koa Jaga! Des warn Garmischer!« Dann bringt er ein weiteres Argument vor, das so ganz zu ihm passt: »Samma Hosnscheißer? Sui ma uns vo a boor Garmischer vascheichn lassn? De lachn uns ja aus!«

Trotz seiner Bedenken gibt ihm der Jörgl innerlich recht. Die zweite Geige hinter den Garmischer Wildererkollegen spielen will er nicht. So unterwirft er sich zum zweiten Mal an diesem schicksalhaften Tag gegen seine innere Stimme dem Willen der Kameraden. »Wias es moants! Nachad gemma hoit weida in Gotts Nam!«, sagt er. »Aber gebts Obacht, Mannda! Machts eich schussfertig!« Dann folgt er als erster dem Steig über die Geländekante, dahinter kommen sein Bruder und schließlich der Lechner. Bene bleibt im Graben zurück, denn er hat Durst. Er hat nach dem Gezeche des letzten Abends einen gewaltigen Brand und seine Wasserflasche längst ausgetrunken. Aufschnaufend schiebt er seine Lochmaske hoch, stützt sich auf sein Kleinkalibergewehr und bückt sich hinab zu dem Rinnsal. Mit der hohlen Hand fängt er das Wasser auf, das über einen Stein sprudelt, und trinkt in gierigen Schlucken.

***

Magda eilt mit verschleiertem Blick durch den Baderseewald. Sie folgt nicht dem Weg, will durch den Wald abkürzen, stolpert über Felsbrocken, schlägt sich die Knie an den Steinen und die Stirn an der rauen Rinde einer Tanne blutig. Endlich treten die Bäume zurück und die ruhige und sonnenüberflutete Wasserfläche tut sich vor ihr auf. Sie geht bis zum Ufer, zu der Stelle, wo sie mit Lenz vor gar nicht langer Zeit noch glücklich gewesen war. Hier hat er das neue Leben in sie gepflanzt. Ein leichter Nebelschleier liegt über dem Wasser, lässt den See noch märchenhafter, unwirklicher erscheinen.

Als sie sich am Ufer auf einen bemoosten Stein setzt, um sich zu sammeln, hört sie das helle Bimmeln der kleinsten der vier Glocken im Grainauer Kirchturm. Es ist die bronzene Maria, das Sterbeglöckerl. Sie lauscht den sich monoton wiederholenden Schlägen, empfindet jeden als einen Vorwurf für ihre Sünden.

Magda will ihren schmerzlich süßen Erinnerungen nun nicht mehr nachhängen, will dem Unheil, das die Glocke jetzt aller Welt verkündet und damit ihre Schuld daran, so schnell wie möglich entfliehen. Bald wird sie die schwere Last, die ihr niemand tragen hilft, ablegen können und Erlösung finden. Sie watet in den See, hin zur

Nixe, und spürt nicht die Kälte des Wassers, hat keine Angst vor der bevorstehenden Qual des Ertrinkens. Auf einem Stein bleibt sie im brusthohen Wasser stehen und wartet, bis sich die Wellen verlaufen haben und die Wasseroberfläche sich wieder beruhigt hat. Noch nie war sie der Nixe so nah, konnte ihr so direkt in die freundlichen Augen blicken, die ihr Mut machen wollen, weiterzugehen. Aus der Tiefe winkt sie Magda lächelnd zu sich in ihr nasses Reich. Magda erwidert das Lächeln und will sie nicht warten lassen. »I kimm scho! Glei hob i mein Frieden!«, sagt sie, dann hebt sie die Hände über den Kopf, stößt sich vom Stein ab und versinkt mit nach oben ausgestreckten Armen im tiefen, klaren Wasser.

Lenz sieht gerade noch, wie Magdas Hände im See verschwinden, springt über die aus dem Waldboden ragenden Felsbrocken, weicht den Baumstämmen aus, die ihn noch vom Ufer trennen. Im Laufen reißt er seine dicke Lodenjoppe mit den angestrickten Schafwollärmeln vom Körper, dann stürzt er sich kopfüber in den See. Doch der Temperaturunterschied zwischen seinem erhitzten Körper und dem eiskalten Quellwasser des Badersees ist zu hoch. Ein dumpfer Schmerz fährt ihm in die Schläfen und ihm wird schwarz vor Augen, doch instinktiv macht er unter Wasser ein paar Schwimmstöße in die Richtung, in der er Magda vermutet. Erst nach Sekunden kehrt das Bewusstsein zurück, er öffnet die Augen und sieht die Nixe unter sich auf der Steinplatte ruhen und einladend lächeln. Dann erst nimmt er wenige Meter vor sich eine schwarze Wolke wahr. Es sind die im Wasser schwebenden Haare von Magda. Ihre bewegungslosen Beine hängen nach unten, fast in Griffnähe der Nixe, die ihren Arm danach ausstreckt. Grauen erfasst Lenz, doch er muss sich überwinden.

Nur noch ein paar Stöße, dann wird er bei Magda sein, bevor seine Lunge platzt oder ihm in der Kälte des Wassers die Armmuskeln den Dienst verweigern. Er spürt keinen Schmerz und keine Kälte mehr, nur die würgende Atemnot, als sich seine Faust um Magdas Haare schließt. Mit einer Hand paddelt er nach oben und Panik macht sich in ihm breit, als er merkt, dass Magda keine eigenen Schwimmbewegungen mehr macht. Wie ein Stein hängt sie an ihm, doch er lässt seine leblose Last nicht aus dem Griff, kämpft sich verbissen nach oben. Noch bevor er die Wasseroberfläche erreicht, muss er ausatmen. Mit letzter Willensanstrengung kann er das Einatmen gerade noch so lange hinauszögern, dass er statt der kalten Luft nicht das todbringende Wasser in seine leeren Lungen pumpt. Keuchend versucht er so schnell wie möglich das Ufer zu erreichen, spürt, wie seine Arme erlahmen und geschüttelt von der Kälte greift er nach einer von einem Felsen herabragenden Wurzel und zieht sich daran aus dem Wasser. Mühsam zerrt er Magda auf die ebene Moosbank, die einst ihr Liebeslager war. Er drückt das Ohr an ihre Brust und ist überglücklich, als er ein schwaches Pochen verspürt. Doch noch ist Magda nicht ins Leben zurückgekehrt. Angestrengt haucht er ihr seinen Atem ein, um sie für sich zurückzugewinnen. Lange Minuten müht er sich ab, reibt die Beine, die Arme, beatmet sie, dreht sie auf den Bauch, weil er hofft, so das Wasser besser aus ihrer Lunge drücken können. Endlich beginnt Magda zu würgen und Wasser zu spucken. Lenz klopft ihr dabei zwischen die Schultern, hört sie keuchen und um Luft kämpfen, bis sie endlich ruhiger wird. Ganz sanft wendet er sie dann zu sich her.

Verständnislos blickt sie ihn aus ihren schwarzen Augen an, scheint nicht zu wissen, was vorgefallen ist. Unendlich müde macht sie die Augen zu. Lenz bettet ihren Kopf auf seinen Schoß und legt ihr die warme Joppe über, zittert selber am ganzen Körper. Seit seiner Kindheit hat er nicht mehr geweint, doch nun kann er die Tränen nicht mehr zurückhalten. »Magda, i brauch di, du muaßt lebn!«, flüstert er heiser.

Als er Magda auf den Mund küsst, öffnet sie erneut die Augen. Sie ist noch nicht wieder von dieser Welt, fragt leise: »Bin i scho im Himml?« Erst langsam realisiert sie die Umgebung, erkennt ihren Retter, stammelt: »Lenz!«

»Grod no hob i di dawischt, bevor du a Dummheit machst. I glaab, i muaß besser auf di aufpassn!«, sagt er.

Auch Magda überfällt der Schüttelfrost am ganzen Körper.

»Geh ma zu meim Häusl, do is's warm!«, sagt Lenz und hilft ihr auf die Beine. Er stützt sie, hüllt sie in seine dicke Joppe und führt sie weg vom See, der fast ihr Grab geworden wäre. Als er einen letzten Blick zurückwirft, scheint ihm, als lächle die Nixe nicht

mehr, sondern recke drohend den Arm zu ihm hoch, zornig darüber, dass er ihr ein Opfer geraubt hat, das ihr zusteht.
Es ist nicht weit zu seiner Behausung. Er führt Magda zum weichen Kanapee, legt sie nieder, hilft ihr dabei, die nassen Kleider auszuziehen, und hängt diese über die Ofenstange. Er breitet zwei wärmende Decken über die am ganzen Körper zitternde Magda, dann zieht er sich selber um und heizt mit dicken Buchenscheiten den Herdofen an. Das Wasser im Seitenschiff ist noch heiß. Er schöpft eine große Tasse daraus, schüttet Zucker dazu und gießt einen kräftigen Schuss Rum hinein. Dann rührt er mit einem Löffel um und flößt Magda das heiße Getränk in kleinen Schlucken ein. Als sie schließlich die Tasse mit beiden Händen selber halten kann, stopft er sorgsam die Decken um sie fest.
»Bin glei wieder do! I sog grod deiner Muada Bescheid, dass se koa Angst mehr um di hom muaß!«, sagt er und huscht aus der Türe. Magda lauscht dem heimeligen Knacken der verbrennenden Holzscheite und genießt die Hitzestrahlung, die der Ofen aussendet und die Kälte aus ihrem Körper vertreibt.
Es dauert nicht lange und Lenz ist wieder zurück, setzt sich leise an den Tisch und betrachtet die junge Frau. Er meint, sie sei eingeschlafen, doch als er ein paar weitere Holzscheite in die Brennkammer des Ofens wirft, öffnet sie die Augen und sagt traurig: »Lenz, i hob koa Dahoam mehr!«
Lenz starrt auf die auflodernden Flammen, sagt lange nichts. »I woaß scho vo da Muada, wos gschehn is. Aber des renkt si scho wieder ei mit deim Voda!«, meint er schließlich.
»I glaab net dro. De Sach is und bleibt ausgrenkt. Aber vielleicht is's besser, ma ko nimmer hoam, als ma ko nimmer furt!«, wispert Magda. Sie richtet sich vom Kanapee auf, blickt auf den Boden und fügt hinzu: »Ja, furt wui i, ganz weit furt!«
»Des is net guad, wenn ma alloa is, Magda. I kenn des!«, antwortet Lenz ernst, dann schließt er die Ofenklappe und setzt sich neben die junge Frau.
Er zögert erst, endlich aber bringt er die Kraft auf zu sagen: »Magda! Du host koa Dahoam mehr und i haus ganz alloa in meim Jagahäusl. Mogst net bei mir bleibn? Plootz waar gnua!«
Die Erkenntnis, dass es doch noch einen Menschen auf dieser Welt

gibt außer ihrer Mutter, der zu ihr hält, lässt Magdas Lebensgeister zurückkehren. Liebevoll schaut sie zu Lenz auf und ihre Lippen zittern, als sie flüstert: »Ja, mogst du mi denn no, noch dem, wos oiß gschehn is?«
»I hob di immer megn und i werd di immer megn, von mir aus a ganz Lebn lang!«, antwortet er kaum hörbar.
Magda legt einen Arm um Lenz' Hals und drückt seinen Kopf mit der ganzen Kraft ihrer Dankbarkeit an den ihren. »Vor a hoibn Stund wuit i mi no umbringa und itz is mir schwindlig vor Glück!«, sagt sie mit bebender Stimme und will ihn nicht mehr loslassen. Dann öffnet sie ihre Umklammerung, zieht die Decke schützend vor ihrer Brust zusammen und blickt ihn wieder ernst an, will jede Regung in seinem Gesicht deuten können bei dem, was sie ihm jetzt zu verstehen geben will: »Aber bevor i bei dir eiziag, hob i no a Frog! Is in deim Häusl aa Platz für drei?«
»Für drei, wos sui des hoaßn?«
»I trog a Kind unterm Herzn – von dir! Dem host du net bloß des Leben gebn – du host eahm aa scho 's Leben grettet!«
»Du kriagst a Kind von mir? Ja, warum sogst denn do nix davo!«
Nun ist es Lenz, der seine Arme um Magda legt. Er sagt nichts, drückt nur ihren Kopf an seine Brust.
Magda fühlt sich so beschützt wie noch nie in ihrem Leben zuvor. »Bedeit des, mir derfn bei dir bleibn?«, fragt sie und weiß die Antwort schon vorher.
»Nia mehr lass i di aus! Und mit am Kind bist ma no mehra wert! Heit no huist deine Sachn vo dahoam und ziagst bei mir ei!«
Die Decke rutscht von Magdas Schultern. Ihr ist so warm, dass sie Angst hat, Lenz würde sich an ihr verbrennen, als sie aufs Kanapee sinkt und ihn mit sich zieht. »Des hot no Zeit!«, sagt sie zärtlich, denkt nicht mehr an die Katastrophe, die sie ausgelöst hat, will in diesem Augenblick nur noch vergessen und erneuern.

***

Eine halbe Stunde zuvor hat der Lenz die Westlmutter angetroffen, als sie gerade aus der Haustüre getreten ist und sich mit dem Gebetbuch in der Hand auf den Weg zur Kirche gemacht hat. Seine

Nachricht hat ihr einen Stein vom Herzen gerollt, aber halt nur einen von zweien, die so schwer darauf lasten.

»D' Magda is bei mir. Es ko ihra nix passiern!«, hat er sie knapp beschieden. Die Westlin hat daraufhin ein Kreuzzeichen geschlagen und auch dem Lenz eins auf die Stirn gezeichnet. »Pass guat auf sie auf!«, hat sie nur gesagt. »Sie braucht wen, der auf sie aufpasst!«

Dann aber hat sie sich immer noch schwer beladen mit Sorgen auf den Weg gemacht zur malerisch vor dem Waxensteinmassiv auf einem Hügel stehenden Kirche Sankt Johannes. Wer kann ihren sündhaften Söhnen noch helfen? Ihr Mann nicht und die Polizei oder sonst eine irdische Ordnungsmacht schon gar nicht. Sie drückt die schwere Kirchentüre auf, taucht die Finger ins Weihwasserbecken, bekreuzigt sich und geht ganz nach vorne, aber nicht vor den Hauptaltar mit dem Bild des Kirchenheiligen, auf dem dargestellt ist, wie er Jesus im Jordan tauft, sondern zum Seitenaltar. In der ersten der harten Bänke kniet sie nieder, bekreuzigt sich noch einmal und blickt hilfesuchend hoch zur Maria, der Schmerzensreichen, der Leidensgenossin, der wie ihr die Schwerter des Kummers im Leib stecken.

»Heilige Maria, olle vierzehn Nothelfer, huifts! Habts Erbarmen!«, fleht sie. »Maria, breit dein' schützenden Mantel über d' Magda! Himmlvoda und olle heilign Helfer in der Not! Helfts meine Buam! Und aa dem Bene, aa wenn i 'n net mog! Machts, dass eahna nix passiert! Und vergib allen ihre Schuld!« Noch nie in ihrem Leben hat die Westlin so flehentlich gebetet. Meist hat sie die Dinge selber in den Griff bekommen, aber nun sieht sie sich den Geschehnissen, die über sie hereinbrechen, hilflos ausgeliefert, kann keinen Einfluss darauf ausüben. Nur noch der göttliche Beistand kann helfen.

»Gegrüßet seist du, Maria ...«, beginnt sie monoton den Englischen Gruß zu murmeln und findet wenigstens ein wenig innere Ruhe dabei.

Das Gefecht

In banger Erwartung liegen der Jäger Ander Klotz und die zwei Landespolizisten nun schon eine Weile in der Deckung und passen auf die Wilderer, die geladenen Gewehre griffbereit vor sich. Der Ander hat Saupostenpatronen in die beiden obenliegenden Schrotläufe seines Drillings geschoben und hat Bedenken, weil ein Schuss damit aus kurzer Distanz eine verheerende Wirkung haben kann. Angermann hebt den Kopf über die Deckung. »Vielleicht kemma s' ja gor net!«, flüstert er ängstlich und hoffnungsvoll zugleich.
»Kopf runter und koa Wort mehr! De kemma scho no! Koana duad wos ohne mei Kommando!«, weist ihn der Jäger zurecht und zerstört grob die zart aufgekeimte Zuversicht Angermanns, dieser Kelch könne an ihm vorübergehen.
In atemloser Spannung starren die drei weiter auf die Kuppe vor dem Graben, aus dem die Wilderer auftauchen müssen.
Das erste, was Angermann hört, ist das Rascheln der welken und in der Herbstsonne dürr gewordenen Buchenblätter, die der Wind in der Vertiefung des Steiges zusammengeweht hat und die nun unter den Tritten genagelter Bergschuhe zerbrechen. Dann hören auch Klotz und Glühspieß deutlich das Knirschen von Schritten. Vor Anspannung wagen sie kaum noch zu atmen. Zuerst sehen die drei nur den Kopf vom Jörgl, der stehen bleibt, vorsichtig über die Kuppe späht und aufmerksam die ganze Umgebung mit den Augen absucht.
»Entsichern und Kopf runter!«, flüstert Ander, dann machen auch die Landespolizisten möglichst geräuschlos ihre Waffen scharf und verschwinden gänzlich hinter ihrer Deckung.
Während sich ihre Gegner im Hinterhalt unsichtbar gemacht haben, betreten Jörgl, Kurbi und Franzl ahnungslos die Lichtung und queren die freie Fläche. Ander will sie eigentlich nicht zu nahe herankommen lassen, aber er wartet ab, denn er will sicher sein, dass seine Kontrahenten vollzählig sind und keiner hinter der Kuppe zurückbleibt. Erst als sie genau unterhalb ihrer Mulde

sind, gibt der Jäger den beiden Polizisten ein Zeichen und die drei richten sich mit der Waffe im Anschlag auf.
»Hoit! Gwahr weg!«, ruft Ander laut.
Die Männer unten bleiben ruckartig stehen und beide Parteien stieren einander feindselig an. Die Wilderer wissen, dass in dem Moment, in dem sie ihre Waffe hochnehmen, das Feuer auf sie eröffnet wird. Dem Lechner ist der Schrecken erst siedendheiß in die Glieder gefahren, dann kriecht die kalte Angst in sein Herz, als ihm in Sekundenbruchteilen bewusst wird, dass sein Leben gerade dabei ist, zu entgleisen. Er kommt der Aufforderung nach, lässt sein Gewehr zu Boden fallen und hebt die Hände.
Die Westlbrüder dagegen wissen, dass ihre Kontrahenten zu jung sind, um durch die Kriegsgräuel abgestumpft sein zu können. Sie werden zögern und einen Menschen nicht ohne Weiteres über den Haufen schießen. Die Brüder sind zudem auf eine solche Situation vorbereitet, haben längst schon miteinander abgesprochen, was unter welchen Umständen zu tun ist. Mit ihrer Waffe in der Hand springen sie auf der anderen Seite des Steiges in Deckung.
Hilflos und alleine steht der Lechner einen Augenblick lange zwischen den Fronten. Als kein Schuss fällt, tut er es den Kameraden nach, kommt zwischen Jörgl und Kurbi zu liegen und drückt sich furchtsam auf den Boden. Er schaut auf sein ein paar Meter vor ihm liegendes Gewehr und kommt sich nackt vor.
Auch Ander und die Polizisten verkriechen sich wieder hinter dem Stein und in der Mulde, als sie sehen, dass der scharfe Anruf nicht zum erwünschten Erfolg geführt hat.
Bewegungslos liegen sich beide Parteien in Deckung gegenüber und jede Seite wartet auf eine Aktion der anderen.
Jörgl zischt Franzl ärgerlich an: »Wo host dei Gwehr?« Nur knapp hat er sich ein »Du Feigling!« verschmerzen können.
Kurbi ist weniger zartfühlend, aus seinen Worten spricht die harte Verachtung: »In Frankreich warst no a andara Kerl! Für wos ham s' dir des Eiserne Kreiz gebn?«
Der Lechner schaut erschrocken von einem zum anderen, realisiert jetzt erst, dass sich die Kameraden nicht ergeben wollen und wird sich immer mehr seiner schmählichen Lage bewusst.
Jörgl spekuliert darauf, dass die Jagschutzpatrouille daran interes-

siert ist, mit heiler Haut aus dieser Situation herauszukommen. Er weiß, dass der Jäger ihn und seine Kameraden mit ihrer Vermummung nicht erkannt haben kann. Er will keine Eskalation, sondern beabsichtigt, den Vertretern der Ordnungsmacht die Möglichkeit zum Rückzug zu geben, doch dann entwickeln sich die Dinge ganz anders, als er sich das vorstellt.

Entschlossen ruft Ander aus seiner Mulde heraus: »Machts koan Blödsinn, schmeißts de Gwahr weg!«

Jörgl will gerade antworten: »Schleichts eich selber, dann passiert nix!«, da beschließt der Lechner-Franzl, seine beschädigte Ehre wiederherzustellen. Würdelos, ohne Waffe, will er nicht länger wie ein Wurm am Boden liegen, deshalb kriecht er entschlossen aus der Deckung auf sein Gewehr zu.

Der Jäger nimmt ihn sofort ins Visier, könnte abdrücken, was er auch dürfte, da sich die Wilderer auf seinen Anruf nicht ergeben haben und jetzt einer sogar Anstalten macht, sich mit der Waffe zu widersetzen. Er tut es aber nicht, kann nicht auf einen Wehrlosen schießen.

Der Jörgl hat sein ganzes Augenmerk auf die Mulde gerichtet, hinter der der Jäger und die Polizisten liegen, und bemerkt zu spät, wie der Lechner die Deckung verlässt. Vergeblich greift er mit der Hand nach dessen Hosenbein, schreit: »Bleib in Deckung!«, doch da hat der Lechner bereits sein Gewehr ergriffen. Er schaut auf, sieht, dass der Jäger auf ihn zielt und hört den Warnschuss knapp über seinen Kopf hinwegpfeifen und krachend in einen Baum einschlagen.

Das Geräusch erregt ihn so hochgradig, dass die schrecklichen Geschehnisse, die er vor vielen Jahren erleben musste, wieder in ihm wach werden und von seinem Denken Besitz ergreifen. Er hat den Horror des Grabenkampfes nie verwinden können. Bereits das stoßweise Atmen der Westlbrüder neben ihm hat ihn zurückversetzt nach Nordfrankreich – und erst recht das peitschenartige Knallen des Schusses aus nächster Nähe und der fast gleichzeitige Ruf des Jörgl. Genau so hat es damals gekracht und genau diese Worte hat der Jörgl ihm auf dem Chemin de Dames an der Aisne zugerufen, kurz vor dem fürchterlichsten Sturmangriff, den die beiden zu überstehen hatten. Der Franzl hatte sich schon zum

Sprung über die Grabenkante bereit gemacht an jenem Bluttag und der Jörgl hat ihn zurückhalten, verhindern wollen, dass er zur ersten Angriffswelle gehört, die praktisch keine Chance hat.
Der alte Frontkämpfer befindet sich jetzt in Trance, die Emotionen haben die Macht über sein Denken gewonnen. Er hört wie vor fast fünfzehn Jahren seinen Hauptmann »Sturmangriff!« schreien und er kann nicht anders, als »Hurra« brüllend auf den Feind zuzustürmen und jeden niederzumachen, der sich ihm in den Weg stellt, bevor er selber dran glauben muss. So springt er hoch, rennt vorwärts, schreit und gibt auf Ander, der für ihn nun ein Franzose ist, einen Schuss ab, möchte repetieren und erneut feuern und wundert sich, was für ein Spielzeuggewehr er da in der Hand hält. Es kann nicht der Jörgl sein, der hinter ihm verzweifelt »Franzl! In Deckung!« plärrt. Der Lechner ist sich sicher, dass der Kamerad an seiner Seite ist, mit ihm hinüberrennt zu den feindlichen Stellungen.
Jörgl aber folgt ihm diesmal nicht. Der einzige Kameradschaftsdienst, den er ihm heute erweisen kann, ist ihm Feuerschutz zu geben. Sowohl Jörgl wie sein Bruder feuern auf die Deckung der Gegner, wollen sie niederhalten und verhindern, dass sie den offen anrennenden Lechner niederknallen.
Der Jäger hat nicht mit diesem unsinnigen Verhalten gerechnet und zu spät reagiert. In die Schulter getroffen, zuckt er zusammen und zieht den Kopf hinter die Deckung zurück. Blut färbt den Ärmel seiner Joppe dunkel und er kann den rechten Arm nur noch unter Schmerzen bewegen. Eine Grenze ist überschritten und hasserfüllt schreit er: »Schiaßts as übern Haufn, de Grattler!«
Daraufhin wagen auch die Polizisten ihre Köpfe über die schützende Bodenwelle zu erheben, gehen in Anschlag und nehmen den anstürmenden Wilderer ins Visier, wollen ihn stoppen. Lechner kann die fast zwanzig Meter Entfernung bis zur feindlichen Stellung nicht so schnell hinter sich bringen, wie er gedacht hat, denn er ist nicht mehr jung und der Hang ist steil und das Gras rutschig. Er erreicht den einzigen frei stehenden Baum im Schussfeld und sucht dahinter Schutz vor dem Feindfeuer.
Er dreht sich um und wirft dem Kurbi noch einen trotzigen Blick zu, will ihm damit mitteilen, dass er kein Feigling ist, dass er seine

Ehre wiederhergestellt sieht und wendet dabei den Kopf nach links. Es ist sein letzter Augenblick auf dieser Welt, dann wird es schwarz um ihn herum und am Ende der Schwärze tut sich ein helles, tunnelartiges Licht auf und kommt näher, immer näher auf ihn zu. Eine nie erlebte Stille erfüllt ihn, als er durch das helle Tor tritt.

Der Schuss des Landespolizisten Glühspieß hat ihn verfehlt, aber seitlich den Baum getroffen, hinter dem Lechner Deckung gesucht hatte. Der Aufschlagwinkel ist so flach, dass die Kugel sich nicht ins Holz bohrt, sondern seitlich abprallt. Das Projektil trifft als schwirrender Querschläger Lechners Kopf und reißt ihm den halben Schädel und den Unterkiefer weg.

***

Die Westlin hat ihre Bittgebete beendet und die Kirche verlassen. Gerade geht sie gesenkten Hauptes über den Bergfriedhof, da hört sie aus der Ferne die Schüsse krachen. Erst blickt sie noch verwundert in die Richtung, aus der sie den Schall vernommen hat, dann vernimmt sie erneut das peitschende Knallen und den rollenden Nachhall und sie erkennt, dass die Schüsse, die an ihr Ohr dringen, jenseits der Loisach gefallen sind, dort, wo der Griesberg liegt. Sie kauert sich nieder und vergräbt vor Entsetzen das Gesicht in ihrer Schürze. »Maria hat nicht geholfen!«, ist ihr erster Gedanke.

Eine Frau und ein Mädchen richten nicht weit von der Westlin ihr Familiengrab für den Winter her. Sie erneuern den Gräberschmuck vom Gräberumgang zu Allerheiligen, graben die verblühten, rosafarbenen Heidekräuter aus, decken die Humusfläche mit Weißtannenzweigen ab und legen den Rand der Nagelfluheinfassung mit schönen Tannenzapfen aus. Die Lechner-Maria und ihre Tochter Elisabeth, denn sie sind es, haben die Schüsse ebenfalls gehört und schrecken zusammen. Jetzt steht die Lechnerin auf und starrt ebenfalls stumm und verständnislos hinüber zum Griesberg.

»Elisabeth, mir genga hoam!«, sagt sie dann ernst, packt ihre Gerätschaften in einen Korb und macht Anstalten, mit der Tochter den Friedhof zu verlassen. Sie nimmt die verblühten Heidekrautbuschen, bröselt noch die Erde aus den Wurzelballen auf eine freie Stelle zwischen den Pflanzen und bringt sie zu einem für Grababfälle bereitgestellten Korb. Davor steht eine Bank, auf der sich die alten Leute gerne ausruhen, und auf der sitzt totenbleich die Westlin.

»Fehlt dir wos? Ko i dir helfn?«, fragt die Lechnerin. Die Westlin schüttelt nur den Kopf, obwohl es ihr noch nie im Leben so viel gefehlt hat und sie sich noch nie so hilfsbedürftig gefühlt hat. Sie blickt hinüber zum Griesberg, dann kreuzen sich die Blicke der beiden Frauen. Die Lechnerin weiß nun Bescheid und senkt den Kopf.

***

Als der zuckend am Boden liegende Lechner noch einmal seinen so abscheulich entstellten Schädel hebt, ergreift Wilderer wie Jäger und Polizisten das blanke Entsetzen. Wie gelähmt halten sie ihre todbringenden Waffen in den Händen.

Dem Bene ist der grauenhafte Anblick noch erspart geblieben. Als er die Schüsse fallen und die unheilvollen Rufe gehört hat, ist er sofort aus der kleinen Schlucht hochgestiegen, um den Kameraden beizustehen und in den Schusswechsel einzugreifen. Er weiß, dass es da oben, hinter der Kante, um Leben und Tod geht, zieht seine Kappe wieder vors Gesicht und späht über die Kuppe. Sofort fällt sein Blick auf den sich in Todeszuckungen windenden Lechner. Dann erblickt er die vor Entsetzen erstarrten Polizisten und den Jäger. Als Ander sieht, wie Bene den Lauf auf ihn richtet, wird ihm schlagartig klar, dass der Buckel, hinter dem er sich verschanzt hat, keine Deckung zur Seite hin bietet. Auch die Polizisten erkennen ihre hoffnungslose Lage. Noch bevor sie beide aufspringen und auf den Wald zulaufen, werfen sie ihre Gewehre weg in der Hoffnung, dass dann nicht weiter auf sie geschossen wird.

Ander steht unter Schock und ist für Sekunden nicht in der Lage, zu einem Entschluss zu kommen. Er hat das Gesindel lediglich hinter Schloss und Riegel bringen wollen, doch nun ist der Albtraum eines jeden Jägers wahr geworden – ein tödliches Renkontre mit Wilderern. Er wundert sich, dass der Bene noch nicht auf ihn geschossen hat, rechnet aber jeden Augenblick damit und will sich nicht abknallen lassen wie einen Hasen. Blitzschnell schwenkt er den Lauf seiner Drillingsbüchse und drückt ab. Bene steht fast vierzig Meter weit entfernt. Die großen Schauschrote haben eine breite Streuung, prasseln in die Bäume, pfeifen an ihm vorbei und zwingen ihn, zurück in den Graben zu springen. Dann rennt der Jäger ebenfalls in wilden Sprüngen davon; im Gegensatz zu Angermann und Glühspieß aber wirft er sein Gewehr nicht weg. Nur ein einziger Gedanke brennt in seinem Hirn – den schützenden Wald zu erreichen, ohne dass sich zuvor eine Kugel in seinen Rücken bohrt.

Kurbi zielt auf den flüchtenden Jäger, hat ihn fest im Visier, doch bevor die Feder ausschnellt, der Schlagbolzen nach vorne rast und die an der Spitze abgefeilte Patrone auf den todbringenen Weg schickt, legt ihm der Bruder die Hand auf den Lauf und drückt ihn nach unten.

»Lassn laffn, den kriagn ma scho. Der is ogschossn, der kimmt net weit!«, sagt er, dann wenden sie sich der Leiche des Lechner zu. Es ist ihm nicht mehr zu helfen und Jörgl drückt ihm die starren Augen zu, die noch das Erstaunen widerspiegeln über das, was ihm beim Übergang ins Jenseits widerfahren ist.

Bene ist inzwischen am Ort des Geschehens eingetroffen. Während der Jörgl seine Tränen nicht zurückhalten kann, beherrscht den Kraftlackl der blanke Hass. »Schaug ma, dass ma an Jaga dawischn!«, unterbricht er die Trauer. »Dem Lechner ko koana mehr helfn! Do is er obegrennt!«, sagt er und springt in weiten Sätzen davon, um Rache zu nehmen.

Kurbi folgt ihm auf der Stelle, doch Jörgl bleibt neben seinem gefallenen Kameraden knien und bettet den so fürchterlich zerfetzten Kopf auf den Waidsack. Auch er muss nun an die gemeinsam erlebten Schlachten im Krieg, aber auch an die Freuden denken, die sie miteinander geteilt haben. So vieles hatten sie zusammen erlebt und überlebt! Den Krieg, ja, den haben sie überlebt, aber jetzt liegt der Franzl in seinem Blut, mitten im Frieden und in der Heimat!

Sein Bruder und Bene hingegen sind zu solchen Empfindungen nicht fähig. Sie gieren nach Vergeltung, rennen zu der Stelle, wo sie die Kontrahenten haben hinter den Bäumen verschwinden sehen.

Bene reißt sich die Haube vom Kopf, um ein größeres Sichtfeld zu haben, und rennt voran im Glauben, der Jäger würde versuchen, aus Angst vor den Verfolgern so schnell wie möglich das Tal zu erreichen, doch er irrt sich.
Als Ander Klotz die ersten schmalen Kiefern im steilen Gelände erreicht hat und bergab laufen will, kommt er an eine etwa zwei Meter hohe Felswand und hat keine Zeit, lange zu überlegen, wie er sie umgehen kann. So springt er hinab, überschlägt sich dabei und stößt sich den langen Lauf seines Gewehres so unglücklich in die Seite, dass er sich vor Schmerz auf dem Boden krümmen muss. Es bleibt ihm keine andere Wahl, als die Flucht aufzugeben und sich zu verstecken. Er kriecht zwischen die Latschen, blickt angstvoll zurück zum Schauplatz des schlimmen Geschehens und sieht von Weitem seine Verfolger mit ihren Stutzen in der Hand auf sich zukommen. Den Geschwärzten kann er nicht erkennen, wohl aber den Bene mit seinem prächtig gezwirbelten Schnauzer. Nur wenige Meter von ihm entfernt hasten sie vorbei. Ander wartet lange, bis er sich mühsam erhebt und unter Schmerzen, vorsichtig einen Fuß vor den anderen setzend, den Abstieg ins Tal aufnimmt.
Der Jörgl ist gedankenschwer neben seinem Kameraden stehen geblieben. Nicht weit von der Leiche liegen die Gewehre der Polizisten. Wie froh wäre er noch einen Tag zuvor über eine solch wertvolle Beute gewesen! Er hätte sie umändern, behalten oder teuer verkaufen können. Nun lässt er sie liegen, hat kein Interesse mehr an Schusswaffen. Als er das blutbespritzte Kleinkalibergewehr des Lechner vom Boden hochnimmt und betrachtet, weiß er, dass er nie wieder ein Gewehr in die Hand nehmen und nicht einmal mehr auf eine Schützenscheibe, geschweige denn auf ein lebendes Wesen schießen wird. Einige Meter unterhalb steht der hohle Stamm eines vom Blitz gefällten Bergahorns. Dort hinein stellt er das Gewehr. Soll es mit dem Baum verrotten!

Das Gerücht

Eigentlich geht Rosi immer gerne ihrer Arbeit nach. Bedienen macht ihr Spaß, nicht zuletzt deshalb, weil man ihr wegen ihrer freundlich-kecken Art mehr Trinkgeld zusteckt als den anderen Kellnerinnen, die ihre üppigen Reize nicht so demonstrativ wie sie zur Schau stellen. Wenn sie sich über den Biertisch beugt, um einen Masskrug abzustellen, bleibt dem Gast gar keine andere Wahl, als auf ihr offenherziges Dekolleté zu starren und diese Blicke genießt auch sie.

An diesem Sonntag hat sie allerdings vorerst einmal die Nase voll von den Mannsbildern. Zu übel haben sie ihr mitgespielt in letzter Zeit. Erst der Klosn-Bene, den sie wegen seiner ausgeprägten Männlichkeit so bewundert hat, und der dann nur einen einzigen Landler mit ihr getanzt hat, um seinem Gegenspieler eins auszuwischen. Und dann die Jäger! Vielleicht hätte sie doch dem Ander den Vorzug vor dem Klosn-Bene geben sollen. Er ist ja eigentlich ein grundanständiger Mensch, aber halt so langweilig! Aber sein Spezl erst, der Lenz! Auf den hat sie immer noch eine gehörige Wut. Wie ein Stück Vieh hat er sie gestern behandelt; hat sie heiß gemacht mit seinem unverschämten Tanzstil und sie wäre mit ihm gegangen und hätte getan, was er wollte, doch dann hat er sie weggestoßen wie einen Stuhl, auf den man nicht mehr sitzen will. Alles nur wegen der Magda! Und sie dumme Kuh hat es gut gemeint mit der, hat sie wieder unter die Leute gebracht. Dabei hat sie überhaupt nicht gemerkt, dass sie selbst nur das Mittel zum Zweck gewesen war, zu dem der Lenz gegriffen hat, um sich an der Magda für etwas zu revanchieren, von dem sie gar nicht genau weiß, was das eigentlich war. Irgendwas mit den Westlbrüdern und dem verdammten Klosn-Bene!

In solche Gedanken ist die Rosi verstrickt, als sie während der Mittagsstunde in der »Schranne« die letzten Bierkrüge ausschwenkt und zum Trocknen umgedreht auf ein Tuch stellt. Es sind nur mehr ein paar Einheimische da, die offenbar kein Daheim haben, auf die keine Ehefrau oder Mutter mit dem Essen wartet. Die anderen sind nach dem Besuch des Gottesdienstes und ihren ein, zwei Halben Bier brav heimgegangen und sitzen nicht mehr am Stammtisch, sondern am häuslichen Mittagstisch.

Ein junger Bursch in seiner Sonntagstracht ist wegen ihr noch hier, das hat sie seinen lüstern-aufmunternden Blicken schon längst entnommen. Soeben hat er die fünfte Halbe bestellt. »Mit dem wirklich nicht!«, sagt sie zu sich selber. Bis halb zwei hat sie noch Dienst, bis dahin wird er gewiss gegangen sein – wenn nicht und er sie heimbegleiten will, dann hat sie schon eine Ausrede parat. Zuvor soll er ihr aber noch ein fettes Trinkgeld geben!

Rosi öffnet gerade den Zapfhahn und schenkt selber den Bierkrug ein, weil der Schenkkellner bereits gegangen ist, da stürzt ein völlig verdreckter und schreckensbleicher junger Polizist durch die Türe und ruft noch im Heranstolpern: »Habts es a Telefon?«

Rosi erkennt sofort, dass es etwas Ernstes, Gefährliches sein muss, was er mit sich bringt. Sie blickt auf seine zerrissene Hose, auf die dreckigen Ellenbogen, die ebenso schmutzigen Hände mit den schwarzen Fingernägeln. Auf der Stirn verläuft ein Streifen getrocknetes Blut, er wird vielleicht gestürzt sein.

»Mir ham fei nimmer lang auf!«, sagt sie, doch der Polizist Glühspieß geht gar nicht darauf ein.

»I brauch a Telefon, habts es a Telefon im Haus?«, wiederholt er energisch.

»Do vorn an da Wand hängt's. Des kost aber!«, bedeutet Rosi. Bereits mehrmals sind ihr Leute abgehauen, denen sie ohne Wissen des Wirtes das Telefonieren erlaubt hat. Eigentlich müsste sie den Wirt auch diesmal fragen, doch sie sieht, wie dringlich die Angelegenheit dem Polizisten ist, und wenn ein Polizist so eilig eine Meldung machen muss, dann ist es sicherlich was Arges. Schnell stellt sie dem jungen Gockel sein Bier hin, lächelt ihm nur geschäftsmäßig zu und dreht sich um, bevor er etwas zu ihr sagen kann. Sie geht zurück zum Ausschank, nimmt einen bereits sauberen Bierkrug zur Hand, schnappt sich ein Abtrockentuch und stellt sich ein wenig näher zum Telefon. Rosi war immer schon neugierig.

Der Landespolizist hat bereits eine Verbindung und atmet schwer beim Sprechen: »Hier Glühspieß. Herr Hauptwachtmeister, es

ist was Schrecklichs passiert ... Ja, beim Jagdschutz ... vor gut einer Stund ... Wir sind auf Jagdfrevler gestoßen und in der Folge kam es zu einer Schießerei mit Todesfolge ... Ja, ein Wilderer ... Schädl weggrissn ... Der Forstwart hat zuerst geschossen, wollte ihn bremsen ... Weiß ich nicht ... Ja, schriftlich! Ich komm sofort mit dem Zug!«
Er hängt auf und wendet sich Rosi zu, die nicht mehr zum Schein an ihrem Krug herumwienert und bleich geworden ist.
»Wos bin i schuldig?«, will er wissen, doch Rosi reagiert nicht auf seine Frage, so erschrocken ist sie. Der Landespolizist schaut sie noch kurz an, dann verlässt er ebenso schnell wie er gekommen ist, den Raum. Er hat Wichtigeres zu tun.

***

Es geht bereits weit in den Nachmittag hinein, und die Lechnerin hat sich seit den Schüssen mit den schlimmsten Vorstellungen gequält. Sie weiß, dass ihr Mann kein Glück hat. Nun fällt ihr ein, dass sie in der Aufregung ihre Tasche auf dem Friedhof vergessen hat. Ob sie will oder nicht, der Inhalt ist zu wertvoll, um ihn liegen zu lassen. Deshalb muss sie zurück nach Obergrainau gehen und sie bittet ihre Tochter, sie zu begleiten. Auf dem Fußweg neben der Dorfstraße treffen sie auf zwei Bäuerinnen, die sich mit ernster Miene gegenüberstehen und aufgeregt unterhalten. Die Lechnerin nickt ihnen einen Gruß zu, will vorbeigehen, dann bleibt sie doch stehen, will zuhören, was sich die beiden Frauen mitzuteilen haben.
»Host du scho ghört, wos passiert is?«, sagt die eine.
»Naa, nix woaß i. Red scho!«, die andere, begierig, die Neuigkeiten zu erfahren.
»Host net des Schiaßn ghört, kurz vor Mittog?«
»Freili! I hob mi scho gwundert, dass do glei mehra Schuss hinterananda gfoin san! Wenn a Jaga oder a Wuidara wos schiaßt, na is's doch noch oam Schuss wieder staad!« Erst jetzt beginnt die Frau weiterzudenken und das Erschrecken über ihre Erkenntnis lässt sie lauter werden: »De wern doch net aufanand gschossn hobn?«
Die Lechnerin lauscht gebannt und eine angstvolle Ahnung verdüs-

tert ihre Miene, als die andere Frau, die offenbar mehr weiß, bedeutungsvoll sagt: »Ja, du sogst as! Arg muaß do herganga sei!«
Die andere wird ungeduldig, platzt schier vor Neugierde: »Itz vazähl scho!«
Die Wissende legt eine Kunstpause ein: »A regelrechte Schlacht muaß des gwen sei!«
»Und is wos passiert?«
»Oan vo de unsern suin se daschossn hom, de Jaga! Den huin s' grod vom Berg oba!«
Die Lechnerin schließt der Ohnmacht nahe die Augen.
»Itz sog grod! Oan vo de Unsrign?«, wiederholt die Unwissende das Unglaubliche.
Elisabeth sieht, wie aufmerksam die Mutter der Unterhaltung der beiden Frauen lauscht und hört nun ebenfalls genauer hin.
»Ja, a Untergroanara sui's sei. Arg sui er ausschaugn. An hoibatn Kopf hot's eahm weggrissn, hoaßt's!«
»Wos, oana vom Dorf? Wo is na des passiert?«
»Oberhoib von da Ochsnhüttn, am Griasberg!«
»Des ko doch net sei! Woher wuist denn du des oiß so gnau wissn?«
»Oana von de Landespolizisten, der dabei war, hot des zua am Huizer gsogt. Hoibad Groana is scho unterwegs zur Ochsnhüttn!«
Die beiden Bäuerinnen entfernen sich, die Lechnerin dagegen bleibt stehen und starrt mit versteinerter Miene geradeaus. Elisabeth ist schon weitergegangen, dreht sich um und fragt erschrocken: »Muada, wos is denn?«
Statt einer Antwort greift sich die Lechnerin ans Herz. »Herrgott, huif! Unsa Voda is net hoamkemma!«
Elisabeth kommt gar nicht auf den Gedanken, ihr Vater könne in das entsetzliche Geschehen verwickelt sein, besonders seit den unerfreulichen Szenen, die sich erst vor kurzem wegen des gewilderten Fleisches am Mittagstisch abgespielt haben. »Ja, wo is denn da Babba?«, fragt sie naiv.
Die Mutter überhört die Frage der Tochter, redet sich stattdessen zunehmend in die Angst hinein: »Da Herrgott werd uns doch net so streng strafn!«
Nun spürt auch die Elisabeth einen Stich im Herzen. Ungläubig

sagt sie: »Da Babba war doch net beim Wuidern?« Als sie wieder keine Antwort erhält, wird ihr der Ernst der Lage endgültig bewusst und die Angst schnürt ihr die Kehle zu. Laut ruft sie: »Des werd doch net unser Babba sei! Mir brauchn doch unsern Babba!«

Dann erinnert sie sich an das, was die Frauen gesagt haben: »An da Ochsnhüttn? Des muaß i wissn!«

Die Lechnerin ruft noch verzweifelt: »Lisi, bleib do!«, doch sie kann die Tochter nicht zurückhalten und bleibt selber in ohnmächtiger Angst zurück.

***

Zwei Männer tragen die Leiche in einem an einer Stange befestigten Rupfentuch aus dem Wald auf die freie Wiese am Fuße des Griesberges. Die vielen Schaulustigen, die sich hier an der Ochsenhütte eingefunden haben, können nichts von dem Toten sehen, lediglich das rechte Bein hängt vom Knie abwärts aus der Plane und baumelt bei jedem Schritt, den die Träger machen. Nun legen sie ihre Last auf dem ebenen Boden ab. Das Gesicht und der Körper der Leiche bleiben nach wie vor verdeckt, nur der rechte Fuß mit dem genagelten Schuh ragt weiterhin heraus.

Die Nachricht, dass ein Grainauer Wildschütz erschossen wurde, hat sich in unglaublicher Schnelligkeit im Dorf herumgesprochen. Die Leute wissen nicht, wer er ist, aber es gibt Gerüchte und Vermutungen um das, was der Holzarbeiter angeblich von dem Polizisten erfahren hat. Die Grainauer sind nicht alleine gekommen. Ein Kriminalbeamter ist bereits vor Ort und drängt die Menge zurück, lediglich der eilig herbeigerufene Jagdpächter Huber bleibt in der Nähe der Leiche stehen.

Der Bene, der sich im Unklaren, was er jetzt tun solle, noch eine Weile auf dem Berg herumgetrieben hat, nimmt, von oben kommend, den Menschenauflauf gleich wahr. Anstatt sich davonzuschleichen, beschließt er, die Höhle des Löwen aufzusuchen. Bevor er aber aus dem Schatten der Bäume tritt, lässt er den Blick sorgfältig über die Menge schweifen. Erst als er sich sicher ist, dass weder der Jäger noch einer der Polizisten unter den Leuten sind, steckt

er sein Kleinkalibergewehr in sicherer Höhe zwischen die dicht benadelten Äste einer Kiefer und verlässt den Wald. Dann nähert er sich von der Seite der Stelle, auf der die sterblichen Überreste des Lechner abgelegt wurden und reiht sich hinten in die Schar der Neugierigen ein. Immer wieder drängen Leute nach vorne, fragen nach der Identität des Toten.
Der Kriminalbeamte ist einer von der gutmütigen Sorte. Er spricht beruhigend auf die Menge ein: »Jetzt geht's doch amoi auf d' Seitn, Leit! Helfn konn dem sowieso koaner mehr!«
Dann beginnt er mit der Protokollierung des Vorfalles. Er hält ein steifes Heft in der linken und einen Bleistift in der Rechten, um sich Notizen zu machen, doch die Träger können ihm nur mitteilen, dass sie im Ziegspitzgebiet nach versprengten Schafen gesucht, die Schüsse gehört und daraufhin zum Tatort geeilt seien. Dort hätten sie den Lechner tot auf dem Boden liegend vorgefunden, aber sonst keinen Menschen gesehen.
So steht der Bene eine ganze Weile zwischen seinen Mitbürgern und bringt den Umstehenden gegenüber weniger seine Erschütterung, sondern vielmehr seine Entrüstung über die offensichtliche Ermordung des Lechner durch die Jäger zum Ausdruck. Dabei bekommt er gar nicht mit, wie die vorderen Reihen plötzlich ihre Gespräche einstellen und ihre Aufmerksamkeit auf einen Mann richten, der sich gestützt auf einen Polizisten nähert. Es sind der Jäger Andreas Klotz und der Landespolizist Angermann. Als die beiden bei dem Kriminalbeamten stehen bleiben, ist es für den Bene zu spät, sich zu verdrücken, ohne sofort Verdacht auf sich zu lenken. Nicht wenige Grainauer denken sich sowieso schon ihren Teil. Deshalb macht er sich so klein wie möglich, was so gar nicht seiner Art entspricht, und lässt das Geschehen, das sich bei der Leiche Lechners abspielt, keinen Moment aus den Augen.
Angermann macht sofort dem Kriminalbeamten Meldung über den Vorfall, worauf der seinen bereits in die Brusttasche gesteckten Notizblock wieder hervorholt und weitere Aufzeichnungen vornimmt. Dann wendet er sich an den Jäger: »Befanden Sie sich zum Zeitpunkt des Geschehens am Ort des Geschehens?«, fragt er in Beamtendeutsch.
Ander drückt die linke Hand auf seinen Bauch, kann kaum reden,

aber versucht ebenfalls, sich in der Schriftsprache auszudrücken: »Ja, ich und die zwei Landespolizisten warn olle drei bei dera Schießerei dabei. Da is es auf Lebn und Tod gangen!«
Der Beamte muss die wissbegierige Menschenmenge wieder zurückdrängen, dann setzt er seine Befragung fort: »Was war denn der Anlass der Schiaßerei?«
Ander überlegt kurz, wie er das Vorgefallene in wenigen Worten zusammenfassen soll, denn er will sich so bald wie möglich in ärztliche Behandlung begeben und deutet nach oben, hin zum Griesberg. »Ja, des war a so: Da drobn bei de Wasserplattn ham mir an Kleinkaliberschuss ghört, ham uns versteckt und wollten s' abfangen! Wie s' dann kemma sind, ham sie sich net ergebn und 's Feuer auf uns eröffnet!«, sagt er.
Der Beamte wendet sich an Angermann: »Können Sie diese Aussage bestätigen?«
Der nickt und sagt laut und deutlich: »Jawohl!«
»Aber habts denn die Wildschützen nicht zuerst angrufen, um sie zu entwaffnen?«
»Doch, freilich!«, beeilt sich der Jäger zu sagen. Er weiß, dass dies der entscheidende Punkt bei einer möglichen Verhandlung ist und schon in unzähligen Fällen von Jagdfreveln mit Todesfolge den Ausschlag gegeben hat. Wenn die Jagdfrevler nicht beweisen können, dass ohne vorherigen Anruf und ohne die Möglichkeit, sich zu ergeben, auf sie geschossen wurde, hat dies in der Regel die Freisprechung der Jagdschutzbeauftragten zur Folge. Diese Tatsache sorgt immer wieder für Aufruhr in den Gerichtssälen und Rachegelüste unter den Wilderen.
»Aber de san mit dem Gwehr in da Hand sofort auf der anderen Seitn vom Steig in Deckung gangen«, berichtet Ander Klotz weiter. Dann deutet er auf den Toten und fährt fort: »Bloß der do! Der hat 's Gwahr zerst weggworfn, aber dann doch wieder aufghobn, wie er gsehn hat, dass sich die anderen nicht ergeben wolln!«
»Und wie kommt es, dass er jetzt tot is?«, fragt der Beamte direkt.
»Er is auf uns zuagrennt und hot auf mi gschossn!« Ander nimmt die Hand vom Bauch und deutet auf seine verletzte Schulter. »Ausgerechnet er, der sich zerst ergeben hat wollen!«

Obwohl der Mann kurz zuvor nach seinem Leben getrachtet hat, verspürt Ander echtes Bedauern mit dem Toten, zu dem er nicht fähig wäre, wenn statt des Lechner der verhasste Bene an seiner Stelle liegen würde. »Hätt er grod 's Gwehr liegn lassn, der Depp!«, sagt er mehr zu sich selber.

Der Bene überlegt gerade, ob er nicht doch unter irgendeinem Vorwand heimgehen soll, als die Lechner-Elisabeth am Ort des Geschehens eintrifft. Auch ihr Bruder Martl hat inzwischen von dem Unglück erfahren, ist neugierig losgerannt und hat sie unterwegs eingeholt. Während Martl sich ahnungslos neben den Höfler-Xari stellt, drängt sich Elisabeth so weit man sie lässt, an die von der Plane abgedeckte Leiche heran. Sie betrachtet eingehend den Schuh am heraushängenden Bein, dann schreit das Mädchen verzweifelt: »Liaba Gott im Himml drobn! Des is mei Babba!«

Sie will zu ihm, will in ihrem Schmerz dem toten Vater nahe sein, wird aber von einem der Träger zurückgehalten. An seiner Schulter wimmert sie leise: »Herrgott, mach, dass mei Babba net dod is!«

Der Schafhirt versucht, sie zu beschwichtigen. Er weiß sich nicht anders zu helfen, als zu sagen: »Madl, geh hoam! Des is net dei Voda, den ham s' ins Kranknhaus brocht!«

Elisabeth ist nicht mehr zu trösten: »Freili is's mei Babba. I kenn eahm doch an de Schuach!«

Mit tränennassen Augen blickt sie stumm und hilfesuchend in die Runde und entdeckt den Jäger Ander. Sie rennt zu ihm hin, bespuckt ihn und schlägt stumm mit den Fäusten auf ihn ein. Ander lässt wortlos das Mädchen gewähren, wendet sich nur um und versucht, seine verletzte Schulter und den Bauchbereich zu schützen. Eine Frau zieht schließlich das verzweifelte Mädchen weg und nimmt es stumm in den Arm, während einige Männer fäusteschüttelnd den Jäger beschimpfen.

Als immer mehr Grainauer sich um die Leiche versammeln, wird der Druck von hinten zu stark. Der Kriminalbeamte kann die Menschenmenge nicht mehr zurückhalten. Eine der beiden Frauen, von denen die Lechnerin von dem Unglück erfahren hat, spricht mit dem Schäfer und kann das, was sie von ihm erfährt, nicht für sich behalten.

»Es stimmt! Da Lechner-Franzl is's!«, ruft sie und schlägt das Kreuzzeichen.
»Immer de Ärmstn muaß's dawischn!«
Ein Aufstöhnen geht durch die Leute. Laut gesprochene Sätze sind zu vernehmen wie »Itz bleibt d' Frau mit de fünf Kinder alloa!« oder »Do werd de Not bei dene no größer!«
Im selben Moment erblickt Ander, der immer noch schmerzgekrümmt neben der Leiche steht, den Klosn-Bene, der die anderen um Haupteslänge überragt. »Der war dabei, Herr Kommissar!«, ruft er und deutet auf ihn. »Der do hinten! Ich erkenn ihn am Bart!«
Der Beamte gibt dem Landespolizisten Angermann ein Zeichen. Der drängt sich durch die Menge, wird hie und da abgeblockt und braucht lange, bis er beim Bene ankommt. Er wundert sich, dass der Wilderer der Bergung seines erschossenen Kumpanen beiwohnt, fasst ihn am Oberarm und führt ihn vor den Kriminalbeamten.
Für den Bene wäre es ein Leichtes, den schmächtigen jungen Mann abzuschütteln und davonzulaufen, doch er weiß, dass das einem Schuldeingeständnis gleichkäme. Kaum steht er vor dem Kriminalbeamten, macht er sich noch größer und breiter, als er ohnehin ist, und schreit den Jäger an: »Wos, i sui do dabei gwen sei? Nia und nimmer!«
Er macht eine Pause, sieht, dass die immer größer werdende Schar der Menschen gebannt zuhört, was sich da Ungeheures abspielt.
»Aber du, Jager, du warst dabei und host 'n daschossn!« Aufs Maul gefallen war der Bene noch nie, besonders, wenn er jemandem anderen die Schuld zuweisen kann: »Wega a boor Pfund Fleisch host du an ehrbarn Menschn daschossn, der in da Not zum Wuidern geht!«
Dann deutet er mit dem ausgestreckten Zeigefinger auf den betreten daneben stehenden Jagdpächter Huber und fährt in seiner Anklage fort: »Der Lechner hätt 's Fleisch notwendiger braucht wia der feine Herr do!«
Er macht einen Schritt auf den Pächter zu, ohne dass ihn der Polizist zurückhalten kann, und reckt dem Huber grimmig das Kinn entgegen. »Es habts doch gnua Fleisch! Zerst lassts des Wuid übern

Winter fuadern, dass 's uns im Summer an rechtn Schodn machn ko – und dann knallts es ob! Grod aus Freid am Daschiaßn!«
Schließlich wendet sich der Bene direkt seinem Publikum zu und wird noch lauter: »Der is no mehra schuid wia da Jaga! Olle ham doch beim Jagdessn ghört, wia da Kriegelstein und er de Jager aufghetzt ham!«
Dann steht wieder der Jäger im Fokus seines Hasses: »Und itz host oan daschossn, du Sauhund! Für an dodn Wuidara gibt's gwieß a Prämie und a Beförderung und mehra Gehalt!«, setzt er noch hämisch hinzu.
Wie der Bene das mit seiner Hetzrede beabsichtigt hat, nehmen nun die umstehenden Männer des Dorfes eine immer drohendere Haltung gegen den Jäger ein. Beschimpfungen prasseln auf ihn nieder.
Ander fühlt sich, abgesehen von seinen körperlichen Beschwerden, die ihm immer mehr zu schaffen machen, auch seelisch hundeelend. Er bemüht sich nicht mehr um Hochdeutsch und ruft laut, um Verständnis heischend: »I ko doch nix dafür. A Querschläger muaß eahm dawischt hobn! Des war koa gezielter Schuss! Sunst hätt's eahm net an hoibatn Schädl weggrissn!«
Den letzten Satz und das Aufstöhnen der vielen Menschen bekommt auch die Westlin mit, die nun ebenfalls den langen Fußmarsch über den Höhenrain hinter sich gebracht hat. Sie bleibt aber verängstigt im Hintergrund am Waldrand stehen und beobachtet mit Entsetzen die Szene. Als ihr die Wahrheit dämmert, schlägt sie die Hand vor den Mund und sagt halblaut zu sich: »Da Lechner! I hob beim Betn an Lechner vagessn!«
Die Stimmung unter den Grainauern wird immer feindseliger. Beim Ander gesellen sich zum Schmerz die Verzweiflung über die Verleumdung und die Angst vor Ausschreitungen gegen ihn. Der Kriminalbeamte und der unbewaffnete Polizist würden ihn nicht vor der Lynchjustiz der aufgewiegelten Menge schützen können. Zu seiner Entschuldigung ruft er jämmerlich: »Eigentlich hätt i frei hobn suin heit. I woaß net, wer ma des eibrockt hot!«
Jedem, der diese Sätze gehört hat, geben sie zu denken, auch das, was der Jäger danach noch ruft: »Irgendwer muaß gwusst habn, dass heut am Griasberg gwuidert werd!«

Der Beamte folgert: »... und hat daraufhin beim Herrn Forstmeister veranlasst, dass er Sie und die zwei Landespolizisten auf den Griesberg schickt zum Jagdschutz!«
»Ja, so muaß gwesn sei, Herr Kriminaler!«, ruft Ander.
Nun drängelt sich der Höfler-Xari, der die Geschehnisse bisher nur stumm aus dem Hintergrund verfolgt hat, nach vorne. So laut, dass es nicht nur der Beamte, sondern nach Möglichkeit alle verstehen können, sagt er: »Herr Kommissar, i woaß, wer des gmeldet hot. Des konn grod da Jäger Lorenz Bartl gwesn sei! Der war gestern in der Wirtschaft und do muaß er ghört habn, wias ausgmacht wordn is!«
Was der Bene jetzt laut ausruft, dem stimmt im Innersten seiner Seele sogar der Ander zu: »Ja, so war's! Da Lenz is der Judas!«
Ein aufgeregtes Gemurmel setzt nach dieser neuen Wendung unter den Grainauern ein und Ander steht nicht mehr so unmittelbar im Mittelpunkt des Volkszorns. Dennoch ist er heilfroh, als nun ein Automobil vorfährt, die aufgebrachte Menschenmenge eine Gasse bilden muss und ein Arzt aussteigt. Ihm gilt nun die Aufmerksamkeit der Menge. Er geht zur Leiche, deckt den Kopf ab und sofort wieder zu. Dann erkennt er an dem großen Blutflecken auf der Joppe des Jägers, dass es jemanden gibt, der seine Hilfe besser gebrauchen kann. Er befragt den Ander nach seinem Befinden und tastet ihn ab. Aus seinen schmerzhaften Reaktionen ersieht der Mediziner sofort, dass der Ander wahrscheinlich einen Leberriss davongetragen hat, und führt ihn zum Auto. Dort bettet er den Verletzten, so gut es geht, auf den Rücksitz, bevor er sich wieder hinter das Steuer setzt und den Ander vom Ort des Grauens und der Gefahr wegbringt.
Elisabeth, die bis dahin in ihren Schmerz versunken daneben gestanden war, ruft jetzt schluchzend: »Der Verräter! Verfluacht sui er sei!« Sie schluckt ihre Tränen hinunter und schreit ihren Schmerz hinaus: »Daschiaßn suin s' 'n, den Bartl! Grod aso wia mein Babba daschossn worn is!«
Nicht wenige unter den Anwesenden halten den Wunsch des verzweifelten Mädchens für angemesssen, schütteln erneut ihre Fäuste und stoßen Drohungen aus.
Für den Kriminalbeamten ist die Beweisaufnahme erst einmal

abgeschlossen. Den Tatort wird er in Begleitung eines Gerichtsmediziners und eines Ballistikexperten morgen in Augenschein nehmen und aus dem unverschämten Wilderer wird man die Wahrheit schon noch herausquetschen. Er lässt dem Bene durch den Angermann Handschellen anlegen und gefesselt zu seinem Auto führen. Der junge Polizist schubst seinen Gefangenen auf den Rücksitz und nimmt daneben Platz, dann steigt auch der Kriminalbeamte ein, haut den Schlag zu und startet den Motor.
Während das Auto knatternd davonfährt, nehmen die Schafhirten wortlos die Leiche auf und legen sie auf einen Pferdewagen. Wie einen zur Strecke gebrachten Hirsch nach einer herrschaftlichen Jagd betten sie den Lechner auf Fichtendaxen und bedecken den zerfetzten Kopf und den blutüberströmten Oberkörper mit einer Militärwolldecke. Man wird ihn zum Bezirkskrankenhaus nach Garmisch und zur Obduktion bringen wie angeordnet.
Auch das Volk verläuft sich wieder und die Westlin nimmt die fassungslose und verstörte Elisabeth an der Hand. »Lisi!«, sagt sie fürsorglich. »Oiß geht vorbei. Du bist no jung! Du dabackst des scho! Wenn's nix zum Essn und an Hunger habts dahoam, na kimmst zu mir! Von mir kriagst oiwei wos!«

***

Geborgen im Arm der Westlin findet Elisabeth zurück ins Dorf, zurück zur verzweifelten Mutter und ihren Geschwistern. Martl aber bleibt stehen, wartet regungslos auf den Boden starrend, bis alle den Ort des Schreckens verlassen haben, dann blickt er auf, hinauf zum Griesberg. Er weiß, wohin er will und steigt in direkter Linie zwischen Kiefern und Fichten hindurch hinauf, bis er den Quersteig zum Griesberg gefunden hat. Er kennt auch die Stelle mit den nassen Wasserplatten, überquert die Beichtstuhllaine an der Stelle, an der Bene seinen Durst gelöscht hat. Dann folgt er mit pochendem Herzen dem Steig, und sein Herz krampft sich zusammen, als er daran denkt, dass vor wenigen Stunden hier sein Vater die letzten Schritte in seinem Leben zurückgelegt hat. Er erreicht die Lichtung, sucht den Boden ab und findet den eingetrockneten Blutfleck, die dunkel gefärbten, ineinander verklebten

Gräser und setzt sich oberhalb davon auf den Stein, hinter dem der Landespolizist Glühspieß erst Deckung gesucht und von wo aus er dann den tödlichen Schuss abgegeben hat.
Martl kann nicht weinen. Immer mehr hat er sich in den letzten Wochen und Monaten innerlich gegen die Autorität des Vaters aufgelehnt, hat ihm erstmals offen die Stirn geboten, als der ihn wegen der Baderseeforelle geohrfeigt hat. Dass er den einstmals bewunderten Vater inzwischen verachtete – weil er nicht so stark war, wie der Sohn immer geglaubt hatte, weil er nicht imstande war, seine Familie ordentlich zu ernähren und zu kleiden –, hatte ihm mehr zu schaffen gemacht als die Scham wegen seiner geflickten Kleider oder der Hunger. Dafür schämt Martl sich in diesem Augenblick so sehr, wie er sich noch nie in seinem Leben geschämt hat. Dass er diese Schuld nicht mehr begleichen, dass der Reue keine Buße folgen kann, bedrückt ihn fast mehr als die Trauer über den Tod des Vaters.
Schließlich rafft der junge Bursche sich auf und geht mehrmals langsam über die Stelle, wo der Vater den letzten Kampf um sein Leben verloren hat. Nur wenige Meter unterhalb steht frei auf der Lichtung der tote alte Bergahorn. Teile der Krone sind bereits abgefallen, nur noch der mächtige hohle Stamm steht aufrecht da und trotzt den Naturgewalten. Martl betrachtet ihn, sieht, dass er hohl ist und will gerade den Blick wieder abwenden, da muss er die Augen zukneifen, weil ihn aus der Mitte des Stammes ein Lichtstrahl blendet. Neugierig tritt er näher und wieder reflektiert die verchromte Schnalle des Gewehrgurtes einen Sonnenstrahl in sein Auge. Er greift dort hinein, woher das Leuchten kommt und ertastet den Lauf und den Gurt. Martl zieht das Kleinkalibergewehr heraus und erkennt sofort, dass es die mit seinem Blut besudelte Waffe des Vaters ist. Lange hält er sie in seinen Händen und starrt darauf, dann legt er sie neben sich auf den Boden, setzt sich nieder und wartet regungslos und in schwere Gedanken versunken, bis die Dämmerung hereinbricht. Erst als die von der längst hinter den Törlen versunkene Abendsonne beschienenen Kalkwände der Waxensteine bis hin zur Zugspitze grau und dunkel werden, nimmt er die Waffe wieder in die Hand und bricht auf. Er will nicht gesehen werden.

Als er im Dorf ankommt, ist es bereits dunkel. Dennoch geht er zuerst in den Schuppen und sucht sich dort einen Lumpen, um das Gewehr einzuwickeln. Dann stellt er es in den Schrank, in dem der Vater seine Äxte, Wiegsägen und anderen Holzarbeitsgeräte aufbewahrt hat.

***

Die beiden im Jägerhäusl haben von dem Aufruhr im Dorf nichts bemerkt, dazu waren sie allzu sehr mit sich selber beschäftigt. Gerade legt Lenz wieder ein paar Scheite im alten schamottierten Herd nach. Er will nicht, dass Magda, die immer noch in eine Decke gewickelt auf dem Kanapee sitzt, friert. Bevor er wieder neben ihr Platz nehmen kann, läutet das Telefon und Lenz hebt ab.
»Hier Jäger Lorenz Bartl!«, meldet er sich.
Stumm lauscht er in die Muschel des Hörers. Magda beobachtet ihn und erkennt an seiner Miene, dass es keine gute Neuigkeit ist, die ihm da eben mitgeteilt wird. Nun wird ihr auch wieder bewusst, welches Drama sich möglicherweise in den letzten Stunden abgespielt hat, von ihr ausgelöst, und sofort bemächtigen sich ihrer wieder Schuldgefühle und Niedergeschlagenheit. Lenz bedankt sich für die Mitteilung, legt den Hörer auf und setzt sich zu Magda aufs Kanapee.
Magda sieht ihn fragend an und muss nicht lange auf die schlimme Kunde warten: »Da Forstmoasta war am Apparat. Da Lechner is am Griasberg drobn beim Wuidern daschossn worn!«
In ihren allerschlimmsten Vorstellungen hat sie damit gerechnet, dass einem ihrer Brüder oder sogar noch eher, dass dem Ander etwas zugestoßen sei. Dass der gute, ehrbare Lechner-Franzl mit zum Wildern gegangen ist, das hat sie nicht gewusst. Umso härter trifft sie nun diese Nachricht.
»O mei! An Unschuldigen! An Lechner, der wo am wenigstn dafür ko!«, stöhnt sie und dann ist alles noch schlimmer als zuvor. »Und i hob meine Briada gsogt, da Ander is heit dahoam und es konn nix passiern!«
Lenz fasst die zusammengesunken neben ihm sitzenden Magda

tröstend um die Schulter. Er trägt ebenfalls schwer an den Folgen seines aus Trotz und Verletztheit entstandenen Handelns. »Nimm 's da net a so zu Herzn, Magda! So is des auf da Welt! Da oane kimmt, da ander geht! Koa Mensch hot den Lechner zwunga, dass er zum Wuidern geht.«

Im Bewusstsein, sich mit seiner Meldung versündigt zu haben, will er seine geliebte Magda erneut nach oben, zum Licht, ziehen, diesmal nicht aus dem klaren, kalten Wasser des Badersees, sondern aus dem viel schwärzeren und trüberen Sumpf der Schuld. Und er spürt keinen Boden unter den Füßen, als er sich bewusst wird, wie tief er selber in diesem Sumpf steckt.

»Doch, Lenz, de Not hot 'n dazua zwunga. Der hot koa Arbat, aber dafüa fünf Kinder – und de san itz Waisen!«, sagt Magda.

Lenz kämpft weiter um das Seelenheil der Magda und auch um sein eigenes: »A jeder Wuidara woaß, dass er auf Jaga treffn ko und wos dann passiert. No dazua, wo ja da Pächter gsogt hot, dass sogor Jagdschutz obgstellt is. Des hot da Lechner gwusst!«

Magda weiß, dass das Revier eigentlich von Lenz beaufsichtigt wird. Sie denkt nach und fragt dann: »Aber woher hot des da Forstmoasta gwusst? Und wia ko des sei, dass der Ander den Reviergang statt deiner hot machen miaßn?«

Lenz gibt sich geschlagen, klärt Magda über die Zusammenhänge auf und senkt danach den Kopf. »Des is mei Schuld, de i itz mit mir rumtrog!«, murmelt er.

Anders als Magda, die noch gar nicht in der Lage ist, nach einer Rechtfertigung ihres Tuns zu suchen, kämpft Lenz darum: »I wuit eahna des zruckzoin, wos ma odo ham! Zerst hänga s' mi übern Ameisnhaufn auf und i zoag s' net amoi o zwecks dem, dann wer i no zamgschlogn und derf mi aa no dableckn lassn!«

Er merkt aber, dass seine Argumentation dem eigenen Gewissen nicht ganz standhält. »Aber i hätt net den Ander draufhetzn derfn wiar an scharfn Hund, aa wenn 's jetzt sei Revier is. I hätt des selber regeln miaßn!«, sagt er und vergräbt schuldbewusst den Kopf in den Händen.

Magda sieht ihren Lenz dasitzen wie ein Häuflein Elend – ihn, der ihr gerade noch so stark und groß vorgekommen ist. Nun ist sie es, die stark sein muss, auch wenn sie dabei ein schweres Opfer

anbietet: »Du brauchst da nix vorwerfn! Des war sogor dei Pflicht ois Jaga, dass du des meldst. I hob d' Schuid. I war de Spionin.«
Der Lenz hebt den Kopf und sagt: »Du konnst da wirklich nix dafür! Des wos vorgfalln is, des wolltst du doch verhindern!«
»Hast recht, Lenz. Mit dem Ander hob i mi grod gspuit. Wollt di ärgern damit und ausghorcht hob i 'n doch grod, dass koam wos passiert!« Die Trauer gewinnt allmählich die Oberhand über die Schuldgefühle, zwingt Magda dazu, hemmungslos zu weinen: »Und itz liegt da Lechner-Franzl in seim Bluat!«
Als sie sich eine ganze Weile später wieder gefasst hat und die Tränen abwischt, verspürt sie Erleichterung. Die Einsicht, dass sie das Unglück nicht in böser Absicht ausgelöst hat, lässt sie wieder einigermaßen das seelische Gleichgewicht finden.
Auch der Lenz beruhigt sich und sein Gewissen allmählich. Wie dankbar ist er der Magda, dass sie in diesem Augenblick bei ihm ist und sein Leid mitträgt. Geradezu froh ist er darüber, was Magda über ihr Verhältnis zum Ander gesagt hat. Dass sie sich an ihm ein wenig rächen wollte, dafür hat er Verständnis, er hat sich ja selber Vorwürfe gemacht, wie hart er Magda von sich gestoßen hat. Und er sieht sie auch nicht mehr als Verräterin und Spionin. Magda wollte nichts anderes als vermeiden, dass Blut vergossen wird, das ihrer Brüder – und auch seines.
Als hätte sie seine Gedanken erraten und wollte einen Schlusspunkt setzen, sagt Magda nun gefasst: »Ausredn hob i 's Wuidern meine Briada net kenna!«, und nach einer kurzen Pause: »So, Lenz, itz wiss ma oiß vonanand.«
Die beiden sind dabei, ihren inneren Frieden wiederzulangen, doch Magda begreift, dass sie den äußeren Frieden so schnell nicht finden werden: »Mir zwoa wern 's net oafach hobn de nächste Zeit!«

Das Begräbnis

Die Nächte darauf hat keiner im Hause Lechner gut schlafen können. Fünf Tage sind seit dem Tod des Vaters vergangen und Martl hat sich auch in dieser Nacht Dutzende Male von einer Seite des Bettes auf die andere gewälzt, bis es endlich hell wurde. Obwohl ohne Schlaf, verspürt er keine Müdigkeit, als er aufsteht. Er schneidet sich unter den rotgeweinten Augen der Mutter ein paar Brotscheiben vom Laib, trinkt eine Schüssel noch warmer Ziegenmilch, zieht die Joppe über und teilt der Lechnerin mit, dass er heute Vormittag noch etwas zu tun habe. Sie ist misstrauisch, will unbedingt wissen, was ihr Sohn vorhat.
»I fahr mit'm Höfler-Konrad und dem Xari auf a Versammlung!«, teilt er ihr mit. Die Lechnerin weiß, dass sich ihr ältester Sohn von ihr kaum noch etwas wird verbieten lassen. Er wird viel Verantwortung in der Zukunft tragen müssen, so sagt sie nur traurig: »Muaß denn des sei?«
Als Martl zum Dorfplatz kommt, steht Konrads Auto schon vor der Gaststätte. Der Wirt besitzt eines der wenigen Automobile im Ort, einen DKW F1 mit dem sensationell neuartigen Frontantrieb. Er sitzt bereits hinter dem Steuer und Xari neben ihm, beide tragen sie ihre SA-Uniform, im Farbton nur ein wenig heller braun als das Auto. Martl öffnet den Schlag des kastenförmigen Gefährts und zwängt sich auf die Rückbank. Er ist froh, dass er einen Grund hat, das Elternhaus zu verlassen, bevor seine Geschwister aufgestanden sind und dass er nicht wieder einen ganzen langen Tag mit seinen niedergeschlagenen Familienmitgliedern verbringen muss. Ruckelnd und weißen Rauch ausstoßend setzt sich der Zweitakter in Bewegung.
Martl ist noch nie zuvor in einem Auto gesessen, und eine Geschwindigkeit von sechzig Stundenkilometer erscheint ihm als rasend schnell, besonders, wenn der Höfler auf der ungeteerten Landstraße einem Schlagloch nicht mehr ausweichen kann. Obwohl es ihn manches Mal hart zusammenstaucht, freut sich

Martl über jeden zurückgelegten Kilometer, der ihn für diesen Tag weiter weg bringt von den belastenden Umständen daheim.
»Wo fohr ma überhaupt hi?«, will er wissen und erfährt, dass für den heutigen Nachmittag im Weilheimer »Bräuwastl« eine Versammlung aller HJ-Führer des Gaues Oberland stattfindet, an der auch interessierte, noch nicht der Organisation angehörige Jugendliche teilnehmen dürfen.
»Du host Glück, dass ma di mitnemma!«, betont Höfler. »Dann lernst glei unseren neien Reichsjugendführer kenna. Baldur von Schirach hoaßt er, der is fast so jung wia da Xari!«
Während der weiteren Fahrt erfährt Martl, dass der Zulauf zur HJ immer stärker wird, dass sich die Mitgliederzahl des HJ-Gaues Südbayern seit der Gründung vor vier Jahren fast verzwanzigfacht hat und dass der Gauführer Klein heißt. Kurz nach Murnau kramt Xari in einer Schachtel, die während der Fahrt auf seinen Knien gelegen ist. Er holt das frisch gestärkte braune HJ-Hemd, die lange schwarze Hose, die breite Koppel, den Binder, den Schulterriemen heraus und reicht sie wortlos nach hinten zu Martl, der sie andächtig in Empfang nimmt.
»Des konn i doch net onemma!«, sagt Martl, doch der Wirt beruhigt ihn: »Ziag's heit amoi o, dann siehgst scho, ob se da gfoit. De schenk ma dir vorerst und wennst nix gschenkt hobn wuist und amoi a Arbat host und wos verdienst, zoist am Xari de Hälfte von dem, was de HJ-Kluft kost hot! Für'n Sommer kriagst aa no a Kurze!«
Martl ist mit dieser Abmachung zufrieden, zumal er weiß, dass seit dem Tod des Vaters mehrere mittleidige Grainauer der Mutter schon eine Arbeitsstelle für ihn angeboten haben. Schnell zieht er das Hemd mit dem durchgescheuerten Kragen, die geflickte Hose und seinen alten Schafwolljanker aus und ist neu eingekleidet, noch bevor die Stadtgrenze von Weilheim erreicht ist.
Zwischen den beiden Höfler in ihren SA-Uniformen betritt er den bereits gut gefüllen Kinosaal und verspürt erstmals das berauschende Gefühl, Mitglied in einer starken Gemeinschaft, in einer unangreifbaren Gruppe, zu sein. Keiner sieht ihm heute seine ärmliche Herkunft an. Er ist genauso gekleidet wie die Söhne von Rechtsanwälten, Lehrern oder Ärzten, die hier neben ihm sitzen,

fühlt sich als neuer Mensch, als ebenbürtig und vergisst fast das familiäre Leid. Die vielen Burschen und jungen Männer, die nun nach und nach in den Sitzreihen Platz nehmen, sind meist Rotten- oder Oberrottenführer, auch unzählige Kameradschafts- und Scharführer, so wie Xari einer ist, sind dabei.
Martl lernt, dass die Führer mit zunehmendem Alter meist höherrangig sind und lässt sich von Xari ihre Rangabzeichen auf den Achselklappen erklären. Als ein Obergefolgschaftsführer mit den drei Sternen und dem hellen Streifen auf den Schulterklappen an ihm vorbeigeht und ihn dabei freundlich anschaut, versinkt er vor Ehrfurcht fast in seinem Sitz. Was dann folgt, erweckt in Martl einen Grad der inneren Erregung, wie er es noch nie erlebt hat.
Nach verschiedenen Vorrednern, die meist auf organisatorische Belange eingehen wie Mitgliederzuwachs, Gliederung der HJ, konkurrierende Jugendbünde und das breite Angebot an Aktivitäten, das die Buben in Scharen zu den Fahnen strömen lässt, tritt unter hellen Fanfarenklängen und in einem Stakkato von flachen Marschtrommeln der ungemein jugendlich wirkende Reichsjugendführer ans Rednerpult. Ihm sind die zündenden Themen vorbehalten, die grundsätzlichen, die mitreißenden.
Unterbrochen von Jubelstürmen plärrt er ins Mikrofon: »Verweichlichte Völker sind dem Untergang geweiht. Ihr seid Deutschlands Zukunft! Mit eisernem Besen müsst ihr das Vaterland auskehren und Juda, den Totengräber Deutschlands, von der geweihten Heimaterde vertreiben, doch nicht nur ihn! Schlagt die Bolschewisten, die sowjetisch-jüdischen Fremdenlegionäre, die Kommunisten, wo ihr sie trefft! Ihr seid jünger, ihr seid härter, ihr seid stärker als sie! Brennt die Pest aus! Jeder Tropfen Blut, den du im Kampf gegen sie für Deutschlands Auferstehung vergießen wirst, adelt dich!«
In dieser Tonlage geht es fast eine Stunde lang. Das gegenwärtige politische Chaos, das die demokratischen Spießerhirne verschuldet haben, der Blut- und Staatsfeind Nummer Eins, Frankreich, die Juden mit den Netzen, die sie um das arme Deutschland spinnen und so weiter, werden der Reihe nach an den Pranger gestellt.
Martl lässt sich mitreißen, springt mit den anderen jubelnd hoch, wenn der begnadete Redner eine Pause einlegt und fühlt sich einfach glücklich und trunken vom Gemeinschaftserlebnis.

Er hat zwar nicht alles verstanden, als er nach dem Ende der Veranstaltung wieder ins Auto einsteigt, aber er hat nun Orientierungspunkte für ein Weltbild, dem er in nächster Zeit ein noch schärferes Profil geben will. Er weiß jetzt, dass Juden, Demokraten, Bayerische Volkspartei, Kommunisten und Franzosen schlecht sind und es seine heilige Pflicht sein muss, gegen sie zu kämpfen und notfalls auch sein arisches Blut zu vergießen, das offenbar ein ganz besonders wertvoller Saft ist.
Die Uniform legt Martl gar nicht mehr ab, greift immer wieder zum Fahrtenmesser am Koppel und als er am späten Nachmittag auf dem Untergrainauer Dorfplatz aussteigt und von Xari die Schachtel mit seinen Lumpen in Empfang nimmt, überlagert immer noch das gerade erlebte Hochgefühl die Trauer um den Vater.
In dieser Stimmung betritt er die Küche des Lechnerhäusls und als er seine in Niedergeschlagenheit vereinten Familienmitglieder sieht, ist er froh, dem Trübsal, in dem sie den ganzen Tag verbracht haben, ausgewichen zu sein. Seine prächtige Uniform rückt ihn sofort in den Mittelpunkt der Aufmerksamkeit. Stephan und Beppi wollen sofort auch so ein schönes Gewand haben und sind arg enttäuscht, als er ihnen sagt, dass sie dazu noch zu jung sind.
Er geht zur Mutter, die ihn misstrauisch beäugt, und hält ihr den Ärmel hin. Sie prüft erst die Qualität des Stoffes zwischen den Fingern und gibt dann mit einem anerkennenden, wenn auch ernsten Nicken ihre Zustimmung zu seiner neuen Identität. Sofort greift Martl in die Schachtel mit seiner alten Kleidung, holt die Beitrittserklärung heraus und legt sie vor der Mutter auf den Küchentisch. Die Lechnerin überfliegt das Blatt nur, wischt sich die Hände an der Küchenschürze ab und unterschreibt wortlos. Sie hat nicht mehr die Kraft, ihrem Ältesten etwas zu verwehren. Martl strahlt über das ganze Gesicht, faltet das Dokument sorgfältig zusammen, klemmt es zwischen zwei schützende Pappendeckel und steckt es unter den Gürtel. Er muss die Hände frei haben, um seinen Plan auszuführen. Gleich drauf verlässt Martl die Küche, geht in den Schuppen und öffnet den Holzschrank.
Der Weg zur Wirtschaft ist nicht weit. Er drückt sein längliches, in Lumpen gehülltes Bündel an den Leib, hat die Joppe darüber geschlagen und es ist ihm bang ums Herz, als er durch die Wirts-

haustüre tritt und die lauten Stimmen der angetrunkenen Männer am Stammtisch hört. Als er die Höflerin, die am Ausschank steht, nach ihrem Sohn fragt, glaubt er, einen sorgenvollen Zug um die Mundwinkel zu sehen. Mit einem stummen Kopfnicken weist sie ihm den Weg hinauf über die Holzstiege. Xari hört das Knarzen der Stufen, öffnet die Zimmertüre und ein Lächeln umspielt seine Mundwinkel, als er Martl erkennt. In Xaris Zimmer sieht es nicht recht viel anders aus als im HJ-Versammlungsraum, doch Martl kennt die Propagandaplakate ja schon und ist nicht mehr so beeindruckt, außerdem hat er ein ernstes Anliegen.

»Heil Hitler, Xari!«, sagt er möglichst mannhaft und Xari erwidert den Gruß, tritt ihm entgegen und fasst ihn an beiden Schultern.

»Host da's überlegt?«, fragt er eindringlich.

»Do is de Unterschrift von da Muada!« Mit diesen Worten zeigt Martl die unterschriebene Urkunde vor und Xari klopft ihm anerkennend auf die Schulter. »Werst schnell Rottenführer sei bei mir!«, verheißt er ihm.

Dass der Martl noch heute die Beitrittserklärung bringen würde, damit hat er gerechnet, aber er weiß nicht, was es mit dem länglichen Bündel auf sich hat, das Martl nun auf den Tisch legt.

Mit ernster Miene wickelt der junge Lechner das Gewehr seines Vaters aus, hält es mit ausgestreckten Armen vor Xari und sagt: »Du host doch aa oans!«

Xari nickt und verschließt von innen die Türe, dann setzen sich beide an den Tisch und hecken einen Racheplan aus.

***

Innerhalb von wenigen Tagen ist es richtig kalt geworden. Die Natur erstarrt in Erwartung der Winterruhe, aber das Gift, das immer noch in den Adern von manch jungem Grainauer wühlt, kommt nicht zur Ruhe. Die Leiche Lechners wurde inzwischen freigegeben. Der Jäger Ander Klotz liegt noch im Krankenhaus und genest langsam von seiner Schussverletzung und dem Leberriss. Auch die Untersuchungen an den Schusskanälen in den Bäumen auf dem Griesberg sind abgeschlossen, ebenso die Befragung des Klosn-Bene und der Zeugen und damit auch von Magda. Freilich hat sie angegeben, es stimme zwar, was der Jäger Klotz zu Protokoll gegeben habe, aber ob ihre Brüder an der Schießerei beteiligt gewesen seien, das wisse sie nicht und glaube sie auch nicht.

Was der Klosn-Bene bei der Bergung des toten Lechner in seiner Wut gerufen hat, das hat inzwischen im Dorf die Runde gemacht. Die Grainauer sind nicht nur überwiegend der Meinung, sie hätten es nicht besser formulieren können, sondern sie glauben auch zu wissen, dass es wahr ist.

An dem Sonntag, an dem der Lechner seine letzte Ruhe finden soll, ist der Himmel auf dem Grainauer Bergfriedhof so düster und trübe, als habe der Wettergott diesem Tag einen dem Anlass gemäßen Rahmen verleihen wollen. Schwarze Wolken hängen tief und schwer herab, kein Berg ist zu sehen, sogar der Ort des Schreckens, der nur ein paar Hundert Meter über dem Talboden gelegene Griesberg, ist verhüllt.

Alles, was Beine hat in Ober- und Untergrainau erweist dem Lechner die letzte Ehre. Aber nicht alle sind gekommen, um am Grabe des erschossenen Wilderers zu trauern. Unter die zahlreichen Kirchenbesucher haben sich Kriminalbeamte in Zivil gemischt, weil selbst der starke Klosn-Bene im Laufe der vergangenen Woche dem Druck der Verhöre nicht widerstehen hat können und alles gestanden hat. Die Westlbrüder befinden sich noch auf freiem Fuß, wissen nichts vom Verrat ihres Freundes.

Den Kriminalbeamten auf dem Friedhof ist nicht wohl bei dem Gedanken an die Pflicht, die sie an diesem Tag zu erfüllen haben. Ein zusätzlicher Beamter hat sich vom Pfarrer die Schlüssel für den Turm der Johanneskirche geben lassen. Er sitzt hinter der Schallöffnung, die dem Friedhof zugewandt ist, und hat den Auftrag, die Friedhofsbesucher im Auge zu behalten und auf verdächtiges Verhalten zu achten. Als die Totenmesse gelesen, die Lebensleistung des Lechner durch den Pfarrer gewürdigt und das Requiem gesungen ist, drängen sich die Menschen rund um das offene Grab.

Auch Magda hat dem Begräbnis nicht fernbleiben wollen. Sie traut sich aber nicht unter die Leute, rechnet mit Anfeindungen und steht in sicherer Entfernung, versteckt hinter Haselnussstauden, am Rande des angrenzenden Waldes. Obwohl sie nicht inmitten der Trauergemeinde sein darf, hat sie dem Lechner zur Ehre ihr

Sonntagsgewand angelegt und trägt wie die vielen Frauen, von denen sie nur die Rücken sieht, ein schwarzes Tuch über ihrer Tracht.
Das dichte Gedränge um die offene Grube, über die bereits die Querlatten für den Sarg liegen, sieht sie nicht, aber vor ihrem inneren Auge erscheinen die Leidensmienen der Lechnermutter und ihrer Kinder. Sie imaginiert auch die kantigen, verschlossenen Gesichter der einheimischen Männer, von der Anwesenheit der vier Kriminalbeamten in ihren städtischen Zivilanzügen weiß sie freilich nichts.
Neben dem Grab steht das Messinggestell mit dem Weihwasserkessel und dem Wedel, in einem Haufen schwarzer Graberde steckt eine kleine Schaufel.
Der Martl verharrt ein wenig abseits seiner Geschwister, nicht weit weg von seinem Vorbild Xari. Er trägt seine neue, stattliche HJ-Uniform und hat sogar gewagt, das Fahrtenmesser anzulegen.
Nun kommt der Pfarrer mit den Ministranten aus der Kirchentüre, ihm folgen die Sargträger und die Mitglieder der Grainauer Blasmusik. Auf dem rein katholischen Friedhof erklingt die Trauerweise des Hugenotten Cesar Malan »Harre, meine Seele …« und die Sargträger bewegen sich im langsamen Rhythmus der Musik, schaukeln dabei mit dem Sarg hin und her. Sie sind froh, dass sie durch den Takt gezwungen sind, ihre Schritte bedächtig auf den vereisten Boden setzen zu können. Dann stellen sie den Sarg neben dem unter vielen Kränzen fast nicht mehr sichtbaren Aushubhaufen auf die Holzlatten.
An schwarzen Bändern lassen sie die letzte Behausung des Lechner-Franzl hinab in die Grube, ziehen die Bänder wieder heraus und treten beiseite. Nicht nur Magda bricht in Tränen aus, als die Kapelle nun den herzzerreißenden Eingangschoral der Deutschen Messe von Schubert spielt. Das »Wohin soll ich mich wenden, wenn Gram und Schmerz mich drücken?« bezieht sie auf sich selber.
Als die letzten Töne verklungen sind, tritt der Pfarrer vor, spricht mehr in die Grube hinein und zum toten Lechner hinab als zu den Lebenden, so als wolle er ihm das Ungeheuerliche, das ihm widerfahren ist, nachträglich noch erklärbar machen, weil er selber

davon nichts mehr mitbekommen hat. »… Und so ist es Gottes unerforschlicher Wille gewesen, dass …«, trägt der Wind seine sonore Stimme zu Magda herüber.
Dass der Herrgott den Franzl Lechner heim in sein Reich genommen hat und wie schwer es zu verstehen ist, dass ein treusorgender Familienvater auf diese Weise von ihnen gehen und seine Familie zurücklassen musste, hat der Geistliche bereits während der Predigt ausgeführt. Er will sich nun kurz fassen, denn der Lechner war bei allen Fahnenvereinen des Ortes Mitglied und deren Vorstände stehen bereit, um ihm ebenfalls ein paar ehrende Sätze mit auf den Weg ins Jenseits, in ein besseres Leben, vielleicht sogar in den Wildererhimmel, den sich manche durchaus vorstellen können, zu geben.
Mit den Worten »Für unseren Franzl Lechner ist der Kampf auf Erden zu Ende. Er hat seinen Frieden gefunden und in der Herrlichkeit Gottes wird er wieder auferstehen. Ruhe in Frieden!«, greift der Pfarrer zum Weihwasserwedel, taucht ihn in den Kessel und weiht damit die Erde, welche die sterblichen Überreste Lechners aufnimmt.
Dann tritt er beiseite und gibt dem Jörgl mit einem Kopfnicken zu verstehen, dass er nun an der Reihe ist. Dem Jörgl als Vorstand des Veteranenvereins fällt die schwere Aufgabe zu, seinem Kriegskameraden die Grabrede zu halten. Als er vortritt, hat sich der Himmel über dem Friedhof so verfinstert, dass sich der Pfarrer an die in den biblischen Überlieferungen geschilderte Verdüsterung des Himmels über Golgatha erinnert fühlt. Ganz leise beginnt es in dicken Flocken zu schneien, als versuche die Natur eine dämpfende Decke über das Geschehene zu breiten und Leid, Schuld und Hass damit zu begraben.
Magda kann nicht sehen, wie Jörgl nun dem Grab den Rücken zuwendet und die Trauernden direkt anspricht, aber sie harrt aus. Zuvor hat sie den Pfarrer zwar sprechen hören, aber nur einzelne Wortfetzen verstehen können, nun ist es auf dem Friedhof so still, dass in der kalten Luft Jörgls Worte deutlich an ihr Ohr dringen.
»Als Vorstand des Veteranenvereins ist es meine Pflicht, für unser Vereinsmitglied, für meinen Kriegskameraden und Freund von Kindheit an, den Lechner-Franzl, hier am offenen Grab ein paar

ehrende Worte zu sprechen. Das war mir noch nie so hart wie heute.«

Die Menschen auf dem Friedhof kommt das Schlucken fast ebenso schwer an wie den Jörgl. Immer wieder muss er eine kleine Pause machen, weniger, um nach den rechten Worten zu suchen, sondern um seine Fassung wiederzugewinnen. Er weist darauf hin, wie rechtschaffen und hoch geachtet der Lechner gewesen sei, wie er ohne Arbeit in dieser schlechten Zeit in Verantwortung für seine Familie, im Kampf um ihr tägliches Brot etwas getan habe, für das jeder anständige Mensch Verständnis haben müsse.

Jörgl hat dem Kameraden zur Ehre den Hut abgenommen, seine dunklen Haare tragen bereits eine weiße Haube, aber er achtet des immer stärker einsetzenden Schneefalls nicht. Als er nach einer Pause weiterspricht, spürt jeder, mit welch unendlich schweren Erinnerungen die Worte verbunden sind, die er nun mühsam formt: »Er hat diesen Kampf angenommen – wie damals in Frankreich, als der Franzl neben mir im Schützengraben gelegen ist. Schulter an Schulter sind wir zusammen gegen die französischen Stellungen gestürmt. Das Eiserne Kreuz Erster und Zweiter Klasse sind die sichtbaren Beweise seiner Tapferkeit.«

Nun aber hebt er den Kopf und wird lauter dabei: »Aber nicht in der Fremde, in den Schützengräben vor Verdun, vor Soisson und an der Aisne hast du den Heldentod erleiden müssen, lieber Kamerad, und nicht durch eine Feindeskugel, sondern in der Heimat und mitten im Frieden hat man dich erschossen!«

Was sich zuvor wohl noch nie auf dem Grainauer Friedhof bei einer Beerdigung ereignet hat, tritt ein: Es kommt zur lauten Zustimmung der Trauergäste für eine Grabrede.

Jörgl wird noch deutlicher: »In welchem Land leben wir, welche Regierung haben wir, dass man wegen ein paar Pfund Fleisch einen Helden erschießt, der sein Leben für das Vaterland gegeben hätte? Franzl, du bist gefallen für eine gerechte Sache! Du wirst im Jenseits einen gnädigen Richter finden und deine Mörder werden noch zu Lebzeiten zur Rechenschaft gezogen werden!«

Dann findet er ein so poetisches Wort, dass selbst die abgebrühten Kriminalbeamten beeindruckt sind: »Ruhe in Frieden, mein Waldbruder!«, ruft er mit erstickter Stimme.

Während Jörgl die Schaufel nimmt und die klumpige Erde dumpf auf den Sargdeckel poltert, stimmt der Kirchenchor ein Lied an. Die Menschenmenge ist so gerührt, dass bereits bei der ersten Strophe das zuvor noch zornige Gemurmel der Männer vom Schluchzen der Weiber übertönt wird.

»Von meinen Bergen muss ich scheiden,
wo's gar so lieblich ist und schön.
Kann nimmer in der Heimat bleiben,
muss in die weite Ferne gehn.

Lebt wohl, ihr schönen Heimatlieder,
leb' wohl, du Heimatglockenklang!
Ich höre euch wohl niemals wieder,
wie schlägt mein Herz darum so bang!

Wenn über jenen Bergen drüben
einmal mein sehnend Auge bricht,
lebt wohl, ihr alle meine Lieben,
vergess euch ewig, ewig nicht!

Und stehst du einst vor meinem Grabe
und steht ein Leichenstein vor dir,
so sende mir als letzte Gabe –
ein Vaterunser bete mir!«

Einigen Chormitgliedern wird die Stimme bald brüchig und nicht alle singen das Lied bis zum traurigen Ende, weil ihnen Weinen und Singen gleichzeitig nicht möglich ist.
Nun wäre im Beerdigungsritual eigentlich die endlose Prozession mit Beileidsbekundungen an die Hinterbliebenen und des persönlichen Abschiednehmens an der Reihe. Doch die Kriminalbeamten wollen angesichts der gewaltigen Menschenmenge nicht so lange warten. Noch während die Frauen in ihre Taschentücher schluchzen, die Männer sich verstohlen Tränen wegwischen, die über ihre harten Gesichter rinnen, lösen sich die vier Beamten aus dem Hintergrund und gehen auf die Westlbrüder zu. Die beiden

halten immer noch ihre Trachtenhüte in der Hand, nehmen die Kriminalbeamten erst überhaupt nicht wahr, so sehr sind sie in Trauer versunken.
Einer der Beamten holt seine Dienstmarke aus der Jackentasche und reißt den Kurbi jäh aus seinen schwarzen Gedanken. »Hauptkommissar Unterwallner! Sind Sie die Brüder Korbinian und Georg Westl?«, sagt der Kriminaler, bemüht um einen ruhigen Ton.
Der Jörgl hat die Männer bereits während seiner Ansprache entdeckt und ist nicht überrascht. »Ja, de samma. Aber pressiert's denn gor a so?«, sagt er vorwurfsvoll.
Der Kriminaler nimmt von der Bemerkung keine Notiz, sondern fährt fort: »Dann erkläre ich Sie beide hiermit für verhaftet wegen fortgesetzter schwerer Jagdwilderei und des Verdachts auf Mordversuch!«
Die Brüder können nicht wissen, dass während des langen Gottesdienstes sowohl in Jörgls Anwesen wie auch im Elternhaus eine Durchsuchung durchgeführt und dabei die häuslichen Eingeweide gründlich durchwühlt worden sind. Man ist schnell fündig geworden und hat verschiedene Arten von Munition, Gamskrucken, Gehörne, Rückenhaare von Gämsen, einen Ersatzlauf und eine überlange Pistole mit Schulterstütze gefunden. Die Männer haben sogar im Abfall herumgestöbert und sich über einen Stutzen mit verbranntem Holzkolben gewundert. Das zweite Gewehr des Westlvaters aber ist ihnen verborgen geblieben.
Um die Verhaftung abzukürzen, klärt der Kommissar Unterwallner die Brüder über das juristische Gewicht des umfangreichen Belastungsmaterials auf. Seine verbotene Nebentätigkeit kann der Jörgl nicht mehr länger abstreiten, das sieht er ein, aber einen Mörder will er nicht aus sich machen lassen: »Wos, Mordversuch? San itz mir de Mörder? Mir warn doch gor net dabei!«, ruft er aufgebracht. »Umkehrt is's! Es warts as, de den Lechner ermordet habts!«
Der Unterwallner kennt solche Reaktionen und sagt im Bemühen, ein Eskalieren der Situation zu vermeiden: »Das ist Ihre Meinung, die können Sie über Ihren Rechtsanwalt vertreten lassen und dafür können Sie auch zusätzlich zur Rechenschaft gezogen werden!«
Seinen neben ihm stehenden Kollegen aber hat der Vorwurf, er sei

ein Mörder, härter getroffen: »Wenn er si oan leistn ko, der Mistschutzer, der gscherte!«, sagt er abfällig und halblaut.«
Er hat Glück, dass der Kurbi diese Bemerkung nicht verstanden hat. Der jüngere Westlsohn befindet sich in heller Aufregung und ist wie immer in einer solchen Bedrohungssituation äußerst aggressiv. Als der Beamte die beiden Brüder auffordert: »Bitte lassen S' sich die Handschellen anlegen!«, begreift er endgültig, dass seine über alles geliebte Freiheit ernsthaft bedroht ist.
»Wos, Handschelln? Ois wia bei am Verbrecher!«, schreit er laut und macht Anstalten, die Flucht zu ergreifen, wird aber sofort von zwei Kriminalbeamten festgehalten.
In diesem Augenblick tritt Rosi vor und sagt laut und für alle verständlich: »Der Landespolizist, der bei der Schiaßerei dabei war, hat am Telefon gmeldt, dass der Jager zuerst gschossn hat!« Sie hebt dazu die Finger der rechten Hand zum Schwur und ruft: »Des is die Wahrheit, so wahr mir Gott helfe!«
Nun kreist etwa ein Dutzend junger Männer die vier Beamten so bedrohlich ein, dass der fünfte Kriminaler, der die unglaublichen Szenen bisher mit offenem Mund verfolgt hat, seinen Beobachtungsplatz im Glockenturm verlässt. Er rennt die Stufen hinunter, greift sich vorsichtshalber ans Pistolenhalfter und ruft laut, kaum dass die schwere Kirchentüre hinter ihm zuschwingt: »Leisten Sie keinen Widerstand. Es ist zwecklos und Sie machen sich strafbar!«
Die Einkesselung löst sich wieder auf, als so unerwartet Verstärkung eintrifft; die Männer wollen den Sonntagnachmittag nicht hinter Gittern verbringen.
Dass man ihn als Wiederholungstäter bedeutend länger einsperren wird als beim letzten Mal, das hat der Kurbi nun begriffen und er will diese Leidenszeit nicht noch zusätzlich verlängern. Deshalb widersetzt er sich der Festnahme nach Androhung der Strafverschärfung nur noch halbherzig und Jörgl verzichtet ganz darauf. Beide Brüder ergeben sich in ihr Schicksal, strecken die Hände vor und lassen sich ohne Gegenwehr die Handschellen anlegen.
Dass er festgenommen wird, damit hat sich Kurbi nun abgefunden, nicht aber mit dem Prozedere. »Am offena Grob und vor olle Leit! Habts es denn gor koa Manier!«, brüllt er so laut, dass Magda, die

halb erfroren immer noch hinter den Haselnussstauden im Schnee steht, jedes Wort ihres Bruders verstehen kann. Sie hat zuvor schon die Rufe und Unmutsbekundungen gehört und kann sich einen Reim darauf machen, was sich hinter dem Wall von Rücken auf dem Friedhof abspielt.

Wieder gelingt es dem besonnenen Unterwallner, Schlimmeres zu verhindern. »Wir tun nur unsere Pflicht! Bitte folgen Sie uns, ohne weiteres Aufsehen zu erregen!«, sagt er ruhig und lässt die beiden Brüder abführen. Dass einige der Einheimischen, Männer wie Frauen, nicht davor zurückschrecken, auf geweihtem Boden und in unmittelbarer Nähe des Gotteshauses die Kriminaler mit Flüchen und Schimpfwörtern einzudecken, schreckt die Beamten nicht ab.

Sie glauben schon, das Schlimmste überstanden zu haben und bald im sicheren Auto zu sitzen, doch als sie die Verhafteten an einer Gruppe jüngerer Unifomierter vorbeiführen wollen, wird es erneut gefährlich, denn die Burschen verstellen ihnen den Weg. Sie tragen anstelle ihrer alten ehrwürdigen Sonntagstracht ihr neues Ordenskleid, die braune SA-Uniform. Der Höfler-Xari, wegen seiner Verdienste bei diversen Saalschlachten bereits mit dem Stern des Scharführers ausgezeichnet, hat neben seinem Garmischer Freund noch weitere Sturmmänner herbestellt.

Die jungen, kräftigen Männer haben offenbar nicht mit Schneefall gerechnet, das helle Braun ihrer Hemden ist von der Nässe dunkel geworden, fast schwarz. Keiner von ihnen hatte dem Gottesdienst im Inneren der Kirche beigewohnt oder gar am offenen Grab seine am Sturmriemen festgeschnallte Schaftmütze abgenommen. Unter den Schneehauben auf den Lederschirmen sind die Augenlider gesenkt, das angespannte Kinn vorgereckt, der Mund zusammengekniffen. Diese Mimik hat man ihnen beigebracht, um bei ihrem Gegenüber Angst zu erwecken oder wenigstens Eindruck zu schinden. Breitbeinig, trotzig, drohend stehen sie in ihren glänzenden Schaftstiefeln und den breiten Breecheshosen nebeneinander. Das Tragen ihrer SA-Uniform ist ihnen zwar seit kurzem wieder erlaubt in Bayern, doch die Kampfbinden mit dem Hakenkreuz am linken Oberarm wagen sie während einer Beerdigung doch nicht zur Schau zu stellen, wollen keine Auseinandersetzung mit den überwiegend katholisch geprägten Männern des Dorfes riskieren. Sie wissen, dass auch die Trachtträger äußerst rabiat und gewaltbereit sein können, wenn man gegen ihre althergebrachten Sitten verstößt.

Viele der Grainauer haben zuvor über diese Nazimaskerade die Nase gerümpft, aber nun empfinden sie Sympathie für die SA-Burschen, als sie offen für die Westlbrüder Partei ergreifen. Xari packt einen Beamten gar am Kragen und schreit ihn an: »Seids grod froh, dass koana sein Stutzn dabei hot!«

Erneut werden von allen Seiten Rufe laut wie: »Warum verhaftets net de Jager? Ihr habts es doch ghört! De san de Mörder!«

Der Beamte reißt Xaris Hand weg, fährt ihn scharf an: »Lassen S' mich aus, sonst nehma wir Sie aa no mit!«

Daraufhin versperren die anderen SA-Männer den Kriminalbeamten noch entschlossener den Weg, kreisen sie bedrohlich ein und fordern die Freilassung der Westlbrüder. Obwohl den Männern und Frauen inzwischen der Schnee dick auf Jacken, Joppen und Mänteln liegt und schmilzt, die kalte Nässe bis auf die Haut dringt und sie frösteln lässt, will sich niemand das noch nie dagewesene Spektakel entgegen lassen.

Der aus Murnau stammende Unterwallner hat erst vor kurzem wegen einer blutigen Saalschlacht zwischen Kommunisten und SA-Männern ermitteln müssen und kennt daher die Brutalität, mit der diese Männer vorgehen können. Er sieht aber auch, dass sie nicht bewaffnet sind. Die Respektlosigkeit, einen Schlagstock mit zu einer Beerdigung zu nehmen, haben sie nicht zu begehen gewagt. Unterwallner weiß sich einen Augenblick lang keinen Rat, aber dann denkt er an seine Karriere. Er kann und darf der drohenden Gewalt nicht weichen, nie und nimmer würde er dann mehr befördert werden. So zieht er seine Dienstpistole, richtet sie auf Xari und sagt in einem Tonfall, der unmissverständlich klingen soll: »Machen Sie sofort den Weg frei und zwingen Sie mich nicht, von meiner Schusswaffe Gebrauch zu machen!«

Darauf wollen es Xari und seine Sturmmänner nicht ankommen lassen. Sie bilden zögernd eine Gasse und lassen die Beamten mit den Westlbrüdern durch.

»Wenn mir an der Macht san, dann gehts eich dreckat!«, kündigt

einer von ihnen die kommenden Verhältnisse an. Xari aber springt zum Grab, nimmt die Schaufel und schmettert eine Ladung Erde auf den Sarg. »Rache deinen Mördern!«, brüllt er so laut, dass Magda zusammenzuckt. Sie weiß, wen er damit gemeint haben könnte.
Die Menschen auf dem Friedhof sehen noch zu, wie die Beamten mit den Westlbrüdern in ihrer Mitte schnellen Schrittes die Friedhofsstraße hinab zu ihrem Auto eilen und meinen, das Schauspiel sei beendet, und sie könnten nun heimgehen, doch den Vorhang will Xari persönlich fallen lassen. Endlich hat er Gelegenheit, den ignoranten Bauern seine Machtfülle demonstrieren zu können. Er nimmt eine martialische Haltung ein und befiehlt seinen acht Sturmmännern: »In Zweierreihe antreten!«
Seine Untergebenen nehmen kurz Grundstellung ein und gehen dann paarweise die Stufen zum Kirchweg hinab, stellen sich dort wie Schulkinder vor dem Wandertag zu zweit hintereinander auf und warten auf weitere Kommandos.
»Im Gleichschritt! Links …!«, schreit Xari und die Männer setzen sich in Bewegung. »Ein Lied!«, plärrt er dann und laut, mit spürbarer innerer Erregung singen die Männer ihre SA-Hymne. Im Takt zu »Die Fahne hoch! Die Reihen dicht geschlossen …!«, hallen ihre Tritte auf dem Kopfsteinpflaster und übertönen den letzten Trauermarsch der Blaskapelle.
Dass der Martl zur Beerdigung des Vaters anstelle seines viel zu kurz gewordenen und schäbigen Sonntagsanzuges die neue HJ-Kluft anziehen wollte, hatte die Lechnerin in ihrem Schmerz nicht die Kraft zu verbieten gehabt. Nun sieht sie mit Entsetzen, wie er ebenfalls den Friedhof verlässt und sich den SA-Männern anschließt, alleine im Gleichschritt hinter dem Haufen hermarschiert und kräftig in das Horst-Wessel-Lied einstimmt. Nach dem Mann hat sie nun auch den ältesten Sohn verloren.

***

Die Lechnerin hat nur die engste Verwandtschaft zu sich nach Hause eingeladen. Für ein gemeinsames Mittagessen mit den Vorständen der Vereine, in denen er Mitglied gewesen war, und Franzls

Freunde reicht das Geld nicht. Viele der Männer aber sind nach der Beerdigung im »Waxenstein« eingekehrt und lassen die Geschehnisse auf dem Friedhof noch einmal Revue passieren.
Xari hat seine überwiegend aus Garmisch stammenden SA-Sturmmänner entlassen, doch drei von ihnen sitzen mit seinem Garmischer Freund und noch ein paar jungen Grainauern am Biertisch. Der Westlvater sieht auch keine Veranlassung, gleich heimzugehen. Er befürchtet, dass der Verhaftung seiner Söhne eine ungute Auseinandersetzung mit seiner Frau folgen könnte. Er macht sich selber Vorwürfe, dass er seine Buben hat gewähren lassen, als sie vom Krieg heimgekehrt waren, und zu spät, viel zu spät versucht hat, ihnen das Wildern auszureden. Er bezweifelt zwar, dass angesichts seiner eigenen Vergangenheit frühere Bemühungen gefruchtet hätten, doch das nützt jetzt alles nichts. Anstatt den Kummer mit seiner Frau zu teilen, zieht er es vor, ihn im Bier zu ertränken.
Zu den jungen Burschen will er sich nicht setzen, er kennt ihre Reden, die mit jedem Krügerl Bier, das sie in sich hineinschütten, zorniger werden. So hockt er sich zu ein paar älteren Männern an den Nebentisch und muss sich dennoch anhören, was die Jungen reden.
Garmischer und Grainauer Wilderer waren, da sich ihre Reviere überschneiden, stets auch Rivalen gewesen. Deshalb dreht sich der Garmischer jetzt zu dem Tisch mit den alten Männern um und sagt mit nicht überhörbarem Spott in der Stimme: »Itz ham mir wieder mehra Platz im Woid, weil s' eich de Wuidschützn olle eigsperrt ham z' Untergroana!«
»Oder daschossn!«, pflichtet ihm Xari bei, obwohl er selbst ein Grainauer ist.
»Itz is aus mit enkara Wuidaraherrlichkeit!«, formuliert der Garmischer noch drastischer die Folgen der Schießerei, doch kein streitbarer Klosn-Bene und kein schlagfertiger Westl-Kurbi sitzen mehr am Tisch. Die Stimmung ist zu niedergeschlagen, als dass einer der Angesprochenen Kontra hätte geben wollen.
»Ja, 's is scho so! Mit'm Bene und de Westlabriada is's vorbei. De genga so schnell nimmer in Woid, wenn überhaupt!«, muss ihm ein Untergrainauer Bursche resignierend Recht geben.
Der Xari sieht die Sache von einem ganz anderen, vom sozialrevo-

lutionären Standpunkt aus: »Es is sowieso Zeit worn, dass de Oidn aufhörn!« Es fehlt ihm wie so häufig am Feingefühl, so auch bei seinen nächsten Bemerkungen, die den Westlvater fast dazu verleiten, den jungen SA-ler beim Kragen seiner braunen Uniformjacke zu packen. »Lang lebn wuin olle, aber sterbn mog koana! Irgendwann dabreslt's an jedn! Bsonders de, de net rechtzeitig aufhern kenna!«, sagt der Xari sarkastisch.

Der Garmischer stellt sachlicher fest: »Bei uns z' Garmisch san de Oidn gscheiter. Vo dene geht koana mehr zum Grotschaugn. Do ham scho lang mir Junga 's Sogn!«

Xari erinnert sich schmerzlich an seine vergeblichen Anläufe, bei den alten Meistern in die Lehre gehen zu dürfen: » Z' Groana war's grod andersrum bis jetzt. Do ham de Oidn uns Junge net hilassn.«

»Des ham se itz davo! Oana im Grob und de andern im Zuchthaus!«, sagt der Garmischer.

Ein junger Mann, der zwar in Tracht neben den SA-Männern sitzt, aber daheim vielleicht bereits eine Uniform im Kasten hängen hat, ruft empört: »A Sauerei is des trotzdem! Bei de Nazi gabat's des net!«

Nicht nur der Westlvater hört zu, was am Nebentisch gesprochen wird. Naz, der schon seit Jahrzehnten am Stammtisch sitzt und dem es widerstrebt, wenn die Jungen das große Wort führen, mischt sich ein. Er dreht sich um zu dem jungen Grainauer und sagt: »Du moanst, du bist da Kaas, dabei stinkst du grod! Do deischst di sauber, Bürscherl! Aus am Scheißhafn ko koa Suppnschüssl wern!« Dann wird er konkreter: »Moanst denn du, dass si a Göring, der so narrisch auf d' Jagd is wia koa anderer, gfreit, wenn eahm d' Wuidara 's Wuid wegschiaßn?«

Der Xari hätte zwar am liebsten mit Gewalt auf diese Bemerkung reagiert, aber einen alten Krüppel zu verprügeln, damit würde er sich keine Sympathien einhandeln. Außerdem ist er nicht dumm, ist schließlich nicht nur wegen seiner niedrigen Hemmschwelle bei Auseinandersetzungen mit den kommunistischen Saalschutzbanden, sondern auch wegen seiner geistigen Wendigkeit und seiner Beredsamkeit zum Scharführer befördert worden. Den zweiten Stern des Truppführers hofft er auch bald auf seine Schulterklap-

pen nähen zu können und um diesem Ziel näherzukommen, soll er unter der einheimischen Bevölkerung Mitglieder für die völkische Bewegung werben.
»Woaßt wos, Nazi?«, sagt er nun in konziliantem Ton und tut wieder so, als habe er vergessen, dass der Naz kein Nazi mehr sein will. »Wenn mir an der Regierung san, dann werd der Göring gwieß da neie Reichsjägermeister, des konnst heit scho im Völkischen Beobachter nochlesn! Und woaßt, wos dann is?«
»Dann schaugt er si de Gams vo untn o, weil eahm mit seiner Wampn da Schnaufer ausgeht, wenn er zu eahna nauf wui!«, sagt der Naz und erntet zustimmenden Gelächter am Tisch der Alten.
Xari grinst, denn der Naz hat ihm in die Karten gespielt. »Ja und? Und wos is dann, boi er net naufgeh mog?«, fragt er und gibt dem Naz einen Augenblick Zeit zum Nachdenken.
»Werst ma's scho sogn«, meint der Naz trocken und der Xari lässt ihn auch nicht lange auf seine Weisheiten warten: »Dann lasst er hoit Straßn baun wia früher de Wittelsbacher de Reitsteig! Aber da Göring reitat net, der fohrt mit'm Auto auf d' Rotmoosalm oder d' Enningalm! Und des gibt Arbat und Lohn für d' Leit. Da Lechner hätt dann 's Wuidern gor net notwendig ghabt!«
Xari hat laut gesprochen und entnimmt dem zustimmenden Gemurmel, dass besonders die Jüngeren in der Wirtsstube seine Argumentation als logisch einstufen und Vorteile in einer nationalsozialistischen Machtergreifung für sich sehen.
Einer der Garmischer SA-Männer erkennt sofort die Gelegenheit zur Agitation: »Und wer hot 'n daschiaßn lassn, an Lechner?« Er wartet gar nicht auf die Antwort, ruft laut: »De Bayerische Volkspartei, de Schwarzn!«
Xari ist fast beleidigt, dass ihm der Kamerad ein so gutes Argument weggenommen hat, führt aber den Gedanken geschickt fort: »Ja, de schwarzn Reaktionäre!«
»Daschossn hot 'n aber da Jaga!«, sagt der Garmischer und senkt verschwörerisch die Stimmlage: »Z' Garmisch wissat ma glei, wos do zum doa waar!«
Nun empfindet sich auch der Xari wieder in erster Linie als Wilderer, obwohl er über den Abschuss eines Rehkitzes mit seinem

Zimmerstutzen noch nicht hinausgekommen ist: »Host recht, mir kenna des net oafach hinemma, dass s' oan von uns daschossn ham, de Drecksjaga!«
»An Denkzettl brauchn se!«, ruft ein junger Grainauer von einem anderen Tisch.
Das Bier fließt in Strömen und man ist sich unter den Burschen nun einig, egal ob Anhänger der Hitlerpartei oder nicht, dass man dieses Unrecht nicht ungesühnt lassen kann.
»Es habts as ja ghert, wos d' Rosi gsogt hot,« erinnert sich ein Einheimischer.
»Den Ander, den lassts no grod uns. Den richtn mir uns scho selber her, wia mir 'n brauchn«, sagt der Garmischer und deutet damit an, dass er diesen Teil der fälligen Abrechnung übernehmen wird.
Der Naz will den aufflammenden Volkszorn ein wenig dämpfen. Darum wendet er ein: »Der Ander war's ja gor net. Daschossn hat den Lechner oana vo de Polizistn«, und weitet den Kreis der möglichen Racheopfer damit unbeabsichtigt noch zusätzlich aus.
»A Hundertschaft vo dene liegt in Farchant, aber d' Polizeikasern könn ma net überfoin!«, überlegt einer der SA-Männer in seiner Biereuphorie ganz ernsthaft.
»D' Kasern net, aber ...«, denkt der Xari laut nach. »Varratn hot de Gschicht da Lenz, des is gwieß!« Die anderen nicken zustimmend, wissen, was der Xari damit sagen will.
»Der hot an Grund ghabt zum Verratn. I war ja dabei, wia der Klosn-Bene eahm noch 'm Jagdessn aufgmischt hat!, fährt Xari fort. Dann sagt er aufschneiderisch: »Und von mir hot er aa a boor auf d' Fotzn kriagt.« Die Begründung dafür liefert er gleich dazu: »Wos muaß si der daherglaffne Drecksjaga aa übers scheenste Madl vo Untergroana hermachn!«
Sein Garmischer Freund grinst bei dieser Bemerkung übers ganze Gesicht, was den Xari noch wütender macht: »Wia s' eahm beim Jagdessn aus da Wirtschaft gjogt ham, do is der net glei hoamganga. Der hot si draußn ans Fenster gschlichn und zuaglost, wos se mit'm Lechner ausmachn. Anderst ko 's net sei!«
»Und dann hot er 's Forstamt verständigt. Selba hot er si d' Finger gor net dreckat machn brauchn!«, glaubt der Garmischer zu wissen.

Was er zu tun beabsichtigt, sagt der Xari so leise, dass es nur seine Freunde am Tisch hören sollen und nicht der Westlvater, der zwar so tut, als interessiere ihn das Gespräch am Nebentisch nicht, der aber mit Sorgenmiene der Unterhaltung gefolgt war. Sein Stuhl steht direkt neben dem vom Xari und er hat gute Ohren.
»De Drecksau, de misch i no a zwoats Moi auf! I woaß aa scho wann und mit wem! Im Namen vom Lechner seiner Frau und seine Kinder!«, sagt der und fügt lauernd hinzu: »Habts ja ghert, wos d' Elisabeth gsogt hot, wias ihra an Voda dod vor d' Fiaß glegt ham!«
Der Westlvater hat genug gehört; er ruft den Wirt und zahlt. Als Konrad sich auf den frei gewordenen Platz zu seinen Kumpanen setzt, stimmt Xari voller Freude, dass es ihm endlich gelungen ist, sich am Stammtisch Gehör zu verschaffen, das Horst-Wessel-Lied an. Nicht nur der Konrad und seine Gefolgsleute fallen in die ergreifende Melodie ein, auch einige Einheimische sind überraschend textsicher und lassen die SA mit fest geschlossenen Reihen und Inbrunst marschieren. Xari ist sehr zufrieden mit sich. Schließlich hat er wesentlich dazu beigetragen, dass auch in Grainau die Reihen inzwischen recht fest geschlossen sind. Sein Vater hat allen Grund, stolz auf ihn zu sein, und wird sein entschlossenes Eintreten für die Bewegung sicher nach oben weitermelden.

Der Anschlag

Nach diesen Begebenheiten ist der Westlvater nicht mehr ins Wirtshaus gegangen, auch gestern am Ehrentag der heiligen Barbara nicht.

Er hat sich immer so gerne von seiner schönen Tochter das Bier bringen lassen und ihr zufrieden und stolz bei der Arbeit zugesehen. Aber nun mag er nicht mehr in die Wirtsstube und von allen möglichen Leuten auf des Lechners und seine eigene Familientragödie angesprochen werden. Er beschäftigt sich seit der Festnahme seiner Söhne lieber daheim, repariert seine landwirtschaftlichen Geräte, verpasst den Rechen neue Holzzähne oder erneuert die Sprossen der Stanker, auf die man im Sommer das Heu zum Trocknen hängt, damit es bei Regen nicht auf dem Feld verfault. Der Heustock ist bis unter das Schindeldach voll. Auf dem inzwischen hart gefrorenen Boden kann er große Fuder aus den Heustadeln heimführen, ohne dass die Wagenräder oder die Zugochsen auf den Wiesen einsinken oder ausrutschen. Auch für die Holzabfuhr ist das Wetter inzwischen ideal, weil genügend Schnee liegt, dass er die Schloapf, den schweren Schlitten, hoch mit Holz beladen kann, ohne die Zugkraft seiner Ochsen zu überfordern. Er wird viel zu tun haben in der nächsten Zeit ohne die Hilfe seiner kräftigen Söhne und wohl einen Knecht einstellen müssen.

Der Westlvater beschäftigt aber mit seiner unermüdlichen Arbeit nicht nur seine Hände, sondern in erster Linie seine Gedanken. Arbeit lenkt ihn ab und ist für ihn das beste Heilmittel gegen die seelische Belastung. Nur wenn er nach einem langen Arbeitstag müde genug ist, erlöst ihn der Schlaf von den quälenden Erinnerungen. Sonst wälzt er sich ruhelos im Bett hin und her und lässt seine Frau an seiner Schlaflosigkeit teilhaben.

Die Westlin hat es noch schwerer. Sie kann den Leuten nicht ausweichen wie ihr Mann, muss im Laden ihren Kunden wieder und wieder auf die gleichen Fragen antworten: Wie es denn der Magda geht, ob es denn stimmt, dass der Kurbi eineinhalb und der Jörgl als

Anführer dreieinhalb Jahre Zuchthaus absitzen müsse, ob es denn nicht schlimm für so anständige Männer sei, zwischen Schwerverbrechern zu hausen und wie solche behandelt zu werden und so weiter.
Gleich nach der Beerdigung des Lechner sind die Verhöre durchgeführt worden. Man hat den Westlbrüdern nicht gesagt, dass der Bene bereits alles gestanden hat, und hat sie voneinander getrennt vernommen. Der Jörgl hat bis zuletzt geleugnet, obwohl man ihn mit der Aussage der Schwester konfrontiert hat. Er habe zwar von ihr erfahren, dass sie mit dem Jäger Ander an diesem tragischen Sonntag zur Kirche gehen wollte, aber das bedeute doch nicht, dass er deswegen zusammen mit seinem Bruder und dem Bene den Lechner zum Wildern begleitet habe, argumentierte er bis zuletzt. Nur wenige Tage darauf hat die Verhandlung stattgefunden, wohl um dem immer stärker um sich greifenden Wildererunwesen im ganzen Oberland in einem Schauprozess einen deutlich sichtbaren und abschreckenden Riegel vorzuschieben. Alle Zeitungen waren voll mit dramatischen Mutmaßungen über den Hergang der Tragödie auf dem Griesberg und die Menschen bildeten vor dem Verhandlungsraum am Schwurgericht München II lange Schlangen, um eingelassen zu werden und einen der wenigen Zuschauerplätze zu ergattern, die nicht von Reportern besetzt waren.
Nach zwei Verhandlungstagen war alles entschieden. Der Jäger Ander war inzwischen wieder so weit hergestellt, dass er glaubhaft versichern konnte, der Jörgl habe scharf auf ihn geschossen und seine Kumpane hätten ihm noch nachträglich den Garaus machen wollen. Die Zeugenaussage Rosis, er, der Jäger, habe zuerst geschossen, ist vor Gericht nicht in dem Umfang gewürdigt worden, wie man gehofft hat. Man hat den Schuss als einen den Umständen angemessenen Warnschuss gewertet. Lediglich dem Klosn-Bene hat man nicht nachweisen können, dass er sich am Schusswechsel beteiligt hat und ihn mit einer nur neunmonatigen Gefängnisstrafe belegt.

Die Westleltern können in dieser Nacht des Barbaratages auch aus einem anderen Grund nicht schlafen. Die Westlin aus Neugierde und Zorn darüber, dass der Mann nicht mit ihr reden will, und der

Westlvater wegen einer Sache, die er mit sich selber ausmachen zu müssen glaubt.
Am Nachmittag war der Buchwieser-Toni, einer der jungen Burschen aus dem Dunstkreis des Xari, zur Westlin in den Laden gekommen. Auf ihre Frage, was er denn brauche, hatte er gemeint, er brauche nichts, wolle aber ihren Mann sprechen, wo der denn sei. Sie hatte ihn in den Schuppen neben dem Stall geschickt, wo der Westl gerade mit irgendwas herumwerkelte. Der Toni, einer der vielen geheimen Bewunderer seiner Tochter, hatte von Xaris Racheplänen erfahren. Auch wenn die Magda für ihn unerreichbar bleiben würde, der Angebeteten sollte nichts passieren. Sein Gewissen hatte ihn ins Westlhaus getrieben und die Angst vor einer Mitschuld, die sein Leben lang auf ihm lasten würde.
Als die Westlin eine halbe Stunde später den Laden zugesperrt hatte und sich anschickte, ihrem Mann das Abendessen zu richten, hatte der auf ihre Frage, was der Toni denn von ihm gewollt habe, nur gemeint: »Nix Wichtigs!«
Sie hatte gleich gewusst, dass das nicht stimmt. Seit sie verheiratet sind, hasst sie es, wenn ihr der Mann etwas Wichtiges vorenthält und sie nicht an seinen Überlegungen und Plänen teilhaben lässt – vor allem, wenn sie dann von seinen einsamen Beschlüssen oder gar den Folgen seines Handelns überrascht wird.
Diesen Abend ist es wieder so, aber sie hat es längst aufgegeben, einen Blick in sein Innerstes werfen zu wollen. Der Westlvater war noch nie einer, der lange über eine Sache debattiert hat, stattdessen wird er mit zunehmendem Alter immer noch grantiger, wenn er in Erklärungsnotstand gerät oder jemand die Richtigkeit einer von ihm getroffenen Entscheidung anzweifelt.
Schließlich aber hält die Westlin das ständige Herumwälzen und das Knarzen des Bettes nicht mehr aus. »Wos host denn, Voda!«, fragt sie und erhofft sich wenigstens einen Hinweis auf seine Seelenqual.
So wenig sich der Mann auch über Jahrzehnte hinweg ihr gegenüber geöffnet hat, sie kennt ihn besser, als er ahnt. Die Westlin weiß, was ihn noch mehr bedrückt als der Zuchthausaufenthalt seiner Söhne und die viele zusätzliche Arbeit, die nun an ihm hängen bleibt. Es ist die Magda, seine einzige Tochter, die er so sehr

liebt und von der er so arg enttäuscht ist. Nie und nimmer würde er sich eingestehen, dass er zu hart gewesen ist ihr gegenüber. Der schmerzliche Gedanke daran, dass seine Söhne jetzt nicht hinter Gittern säßen und der Lechner-Franzl noch am Leben wäre, wenn sie sich nicht mit den Jägern eingelassen hätte, geht ihm gewiss nicht aus dem Kopf. Die Westlin glaubt, dass es dieser Zwiespalt zwischen Liebe und Zorn ist, der ihn auch in dieser Nacht nicht zur Ruhe kommen lässt und hat damit nicht ganz unrecht, doch ihr Mann ist gedanklich schon weiter.

Der Westlvater ist seiner Frau zwar immer noch böse, dass sie seinen schönen Abschrauberstutzen in den Ofen geworfen und damit bei der Verhandlung auf den Richtertisch gebracht hat. Schließlich war er dort in seiner verkohlten Form als schwerwiegendes Indiz für den Beseitigungsversuch von Beweismaterial gewertet worden. Das ist aber nicht der Grund dafür, dass er in dieser Nacht auf die sorgenvolle Frage seiner Frau nur unfreundlich: »Des geht di nix o, des is Männersach!« knurrt.

Dass es sich um eine Männersache handelte, beunruhigt die Westlin noch zusätzlich und raubt auch ihr lange den Schlaf, denn sie hat die Erfahrung gemacht, dass Männersachen meist gefährlich sind und oft nicht nach den Regeln der Vernunft erledigt werden. Sie denkt selber an den verbrannten Stutzen und erst die beruhigende Sicherheit, dass ihr Mann damit keine Dummheit mehr machen kann, lässt sie einschlafen. Aber sie weiß halt auch nicht alles.

Als der Buchwieser-Toni am Nachmittag mit dem alten Westl gesprochen und den Holzschuppen wieder verlassen hatte, war ihm zwar leichter ums Herz, die Last aber, die der Westlvater ohnehin zu tragen hatte, war noch schwerer geworden und lässt ihn in dieser schlaflosen Nacht an das zweite Gewehr denken, dessen Existenz den Gendarmen verborgen geblieben war und das immer noch wohl verwahrt unter dem Bodenbrett in der Küche ruht.

***

Man könnte meinen, es herrsche tiefster Frieden im winterlichen Baderseewald, wenn man das inzwischen eingeschneite Jägerhäusl sieht. Der Schneefall hat aufgehört, es ist klar und kalt geworden,

und der Vollmond steht hell am Nachthimmel. Die steilen Wände der Waxensteine, der Riffelspitzen und der Zugspitze strahlen in gleißendem Weiß, reflektieren das Mondlicht. Die Natur ist eingeforen, zur Stille erstarrt.
Nur wenige Hundert Meter entfernt dagegen, in den kinderreichen Bauernhäusern von Untergrainau, haben sich während der letzten Stunde dramatische Szenen abgespielt. Heute, am 5. Dezember, ist der Vorabend zum Nikolaustag und der achtungsgebietende Heilige im Bischofsornat beehrt die Familien.
Dieses Jahr hat sich sein Besuch besonders tief in die Kinderherzen eingeprägt, weil er nicht nur einen, sondern zwei furchterregende Krampusse dabei gehabt hat. Der Untergrainauer Nikolaus ist der Höfler-Konrad, sein angsteinflößender Begleiter ist wie üblich der Xari – und heuer erstmals auch der Martl. Das Trio hat nun bald alle Häuser besucht, manchen Schnaps angeboten bekommen und auch getrunken, aber immer noch bereitet es dem Konrad Vergnügen, wenn gläubige Kinderaugen zu ihm aufblicken und ein kleiner Mund ein Gebet stammelt oder ein Lied für den heiligen Mann anstimmt. Wenn aber ein Maderl oder gar ein Bub weint, dann verweist er darauf, dass das Jesuskind im Himmel so wehleidige Kinder überhaupt nicht gern mag.
Auch der Xari mit seinen schwarzen Schaffellen um den Leib, dem rußigen Gesicht und dem spitzen Hut mit den langen Federn ist eine imposante Gestalt. Wenn es etwas zu tadeln gibt, dann rasselt er mit der Eisenkette, die er anstelle des Gürtels um den Leib geschlungen hat, und haut mit der Rute auf den Tisch, dass es nur so kracht und die Fetzen fliegen. Dazu gibt er bedrohliche Knurrlaute von sich und macht bei besonders verstockten Buben Anstalten, den Sünder in den Sack zu stecken und mitzunehmen, was dann stets in letzter Sekunde durch hochheilige Besserungsversprechen verhindert werden kann. Der Martl hat sich ein Kostüm aus alten Rupfensäcken zusammengebastelt und versucht es dem Xari an Dämonenhaftigkeit gleichzutun.
Die zwei Krampusse sind gerade noch kettenrasselnd und wilde Schreie ausstoßend mit ekstatischen Verrenkungen über die Dorfstraße gesprungen, dass die Bommel von Martls schwarzer Zipfelmütze nur so geflogen sind. Sie haben damit nicht nur die Kinder

des Dorfes zutiefst geängstigt, auch die Erwachsenen hatten keine Lust, auf die Straße zu gehen und sich ihrem Ungestüm auszuliefern.

Nun ist die eigentliche Aufgabe des Trios beendet, die Kinder von Untergrainau haben die gefürchtete Begegnung überstanden, knacken die Nüsse und essen die Lebkuchen, die ihnen der Nikolaus gebracht hat, und erholen sich von ihren Schrecken.

Die Krampusse folgen auf der menschenleeren Straße nun gemessenen Schrittes dem Nikolaus bis zum Schuppen neben der Wirtschaft, wo sie vor der Türe stehen bleiben und warten, bis der Heilige sein weißes Messgewand hochgekrempelt, einen Schlüssel aus der Hosentasche gekramt und aufgesperrt hat. Dann treten sie leise ein, legen ihre Ketten auf den langen Tisch des HJ-Versammlungsraumes und holen beide einen länglichen, in ein Tuch gewickelten Gegenstand aus dem Blechspind. Kurz darauf verlassen sie den Schuppen wieder. Der Nikolaus verschließt die Tür und winkt den wilden Gestalten zum Abschied zu, dann biegen die beiden lautlos von der Eibseestraße in den Baderseeweg ein. Der Weg ist nicht geräumt, nur wenige Füße haben eine Rinne in den tiefen Schnee getreten, der sie nun folgen, ohne ein Wort miteinander zu wechseln. Als die hell erleuchteten Fenster des Jägerhäusls zwischen den Bäumen auftauchen, verlassen sie den Weg und waten durch den tiefen Schnee auf das Häusl zu.

***

Gestern am Barbaratag hat Magda ein paar Zweige geschnitten und in einer wassergefüllten Vase auf ein Eckbord ihrer kleinen Stube gestellt. Sie ist froh, dass die schönen warmen Herbsttage mit der Beerdigung des Lechner zu Ende gegangen sind, denn sie muss an die Bauernregel denken, die ihre Mutter am Abend beiläufig gesagt hat: »Is's an Barbara no mild und warm, gibt's des Johr no Leid und Harm!« Magda hofft, dass das Wetter gerade noch rechtzeitig gewechselt hat und der Spruch nicht mehr wahr werden kann.

Mit jedem Tag lugt die Sonne weniger lang über die Waxensteine und die Riffelwände. Wenn das Wetter klar bleibt, wird sie bald ganz dahinter versunken sein und die Riffelspitzen am Nachmittag

von hinten anstrahlen, dass die Schneefahnen wie goldene Streifen über die Kämme geblasen werden. Magda freut sich auf die fernen Tage, wenn die Sonne wieder hoch genug gestiegen sein wird, dass ihre Strahlen sich in tausend Farben in den großen Raureifkristallen brechen. Aber erst wird für viele Wochen ein dichter Wintermantel auf Feld und Flur liegen.
Als Lenz vorhin aus der Türe getreten ist, um Ofenholz zu holen, ist das Kettenrasseln der Krampusse an sein Ohr gedrungen. Ihr unartikuliertes Gebrüll hat ihn an die Brunftschreie der Berghirsche erinnert, die noch vor wenigen Wochen durch die nächtliche Stille geklungen waren. Schnell hat er dann die Türe geschlossen, damit Magda von den ängstigenden Umtrieben im Dorf nichts mitbekommt, und ein paar Holzscheite nachgelegt. So kann er zwar für angenehme Temperaturen sorgen, aber es will in dem Holzhaus keine rechte Wärme aufkommen. Die Magda traut sich nach den Vorkommnissen bei der Beerdigung fast gar nicht mehr ins Dorf, hat Angst vor erneuten Verletzungen und besucht nur im Schutz der Dunkelheit hie und da die traurige Mutter. Ausgeschlossen aus der Dorfgemeinschaft haust sie mit ihrem Lenz nun im Wald und weiß doch, dass es im Dorf, nur wenige Hundert Meter von ihrer Behausung entfernt, nach den Äußerungen ihres Bruders und des Xari am offenen Grab viel böses Blut gibt und die Rechnung, die der Tod des Lechner hinterlassen hat, von vielen Grainauern immer noch als offen betrachtet wird.

Jetzt sitzt Lenz am Tisch und stopft seine Pfeife mit dem über die grüne Grenze geschmuggelten billigen Landtabak. Magda steht am Küchenherd, zieht einen Herdplattenring heraus, stellt eine größere Pfanne auf die Öffnung und hantiert damit herum. Es ist nicht gut, wenn der Mensch allein ist, auch nicht zu zweit. Für Lenz ist die Lage noch erträglich. Er hat Kontakt zu den Kollegen in der Dienststelle, trifft sich sogar ab und zu nach Feierabend mit einem von ihnen. Dabei schaut er aber, dass er anschließend möglichst schnell heim kommt und seine Magda aus der Einsamkeit befreien kann. Nur dem Ander geht er aus dem Weg. Er ist froh darüber, dass der noch krank geschrieben ist, hat ihn auch nicht im Krankenhaus besucht. Magda aber leidet stumm an ihrer einsamen Zweisamkeit, und Lenz spürt und versteht diese Anspannung. Wenn sie ins Dorf gehen muss, um etwas zu besorgen, ist es nur ihre Mutter, die sie im Laden dann stumm und mitfühlend an sich drückt. Selbst sie weiß keinen Rat, ist froh, dass ihre Tochter nicht danach fragt.

Der Lenz glaubt zu wissen, was Magda gerade denkt, und bringt endlich etwas zur Sprache, das bisher noch unberührt geblieben ist, weil beide Angst davor haben. »O mei, o mei! Hätt i doch grod auf mei Muada ghört und waar nia noch Groana ganga! Wos waar ma do oiß daspart bliebn – und dir aa!«, sagt er zu Magda, die gerade eine Wasserkanne auf den Herd stellt. »A saubers Lebn führn ma do im Woid, mia zwoa!«

Magda antwortet nicht, doch sie hält in ihrer Bewegung inne, als Lenz fortfährt: »I woaß net, ob des richtig is, dass du itz bei mir bist!«

Zur latenten Angst Magdas gesellt sich nun auch noch Misstrauen und ergreift von ihr Besitz. Traurig dreht sie sich vom Herd um und sagt: »Bist du meiner scho überdrüssig? Wenn's so is, dann sog's ma grod raus!«

Sie hat diese Überlegung schon mehrmals angestellt und ist immer davor zurückgeschreckt, hat nie die Kraft aufgebracht, den Gedanken konsequent weiterzuspinnen, dass sie für ihren Lenz eine Belastung darstellen könnte, dass es auch von seinen Vorgesetzten und Kollegen nicht gerne gesehen wird, dass er ein Verhältnis mit der Schwester von Wilderern hat, die wegen des Mordversuchs an einem Jäger im Zuchthaus Straubing sitzen.

»Nachad muaß i mir hoit a anders Platzerl suachn – aber net z' Groana!« Ihr ganzer Schmerz bricht nun aus ihr heraus: »D' Leit san so bees, sie genga mir aus'm Weg. D' Weiber spuckn mir vor d' Fiaß und de Mannsbuida schaugn auf d' Seitn, soboid s' mi seng.«

Lenz bedauert es, den Schmerz seiner Liebsten aufgerührt zu haben, versucht zu trösten: »Magda, des geht irgendwann vorbei. De Zeit werd aa wieder besser und d' Leit vergessn und wern einsichtig.«

Beide wissen, dass das nicht stimmt, aber dann ist er ehrlich und Magda spürt das: »I bin scho froh, dass du bei mir bist. De Nächt

san so lang und finster itz! In a solchana Nocht so ganz alloa do mittn im Woid, des is net schee.«
Magda, die in ihrem Leben bisher die Männer, vor allem ihren Vater und ihre Brüder, als stark und angstfrei wahrgenommen hat, macht sich Sorgen, der Lenz sei vielleicht gar nicht so, wie sie ihn sich wünscht: »Werst doch net zletzt du aa no Angst hobn! Wer sui dir denn wos odoa wuin? Du host doch den Lechner net daschossn und meine Briada und der Klosn-Bene san eigsperrt!«
»Angst hob i net, aber immer no a unguats Gfühl! Host 'n ja selber ghert, an Xari am offana Grob, wiara gschrian hot: ›Rache deinem Mörder!‹«
»Ja, aber do bist doch net du gmoant!«
»I woaß net. I hob 'n scho kennaglernt! I bin a Jaga und i hob deine Briada highängt – des langt für den! Bei dem kimmt zum Hass no d' Eifersucht dazua, und a kloans Haferl kocht schnell über! Sogor z' Garmisch in da Wirtschaft – is ma zuatrogn worn – hot a Wuidara droht, er dawischt mi scho no!«
»O mei, Lenz! Mir miaßn itz einfach wartn, bis si der ganze Hass glegt hot.«
»Ja, Hass! Blinder Hass!« Lenz wird lauter. »Drum macht ma des ja an Kummer, dass du do bei mir bist – dir sui net aa no wos passiern! Dene Groanara trau i inzwischn oiß zua!«
Magda stimmt in seine Bitternis ein: »Scho wieder miaß ma uns im Woid versteckn vor de Leit – in da Liab und in da Angst! Aber i fürcht mi net, wenn du bei mir bist!«
Lenz fühlt sich in ihrer gemeinsamen Verlassenheit zu seiner Lebensgefährtin hingezogen wie noch nie. Er steht auf, schmiegt sich von hinten an die am Herd werkelnde Magda und umarmt sie. »Mir geht's genau a so!«, flüstert er ihr ins Ohr und Magda dreht sich um und schlingt wortlos und heftig ihre Arme um den Lenz. So drücken sie ihre warmen Körper eine Zeitlang stumm und regungslos aneinander, dann zuckt Magda zusammen und schaut besorgt in Richtung Fenster.
»Wos host denn?«, sagt Lenz und lockert seinen Griff.
Magda steht regungslos da, immer noch im Arm von Lenz und lauscht. »I moan, i hob wos ghört! Es hot wos gschnacklt!«, wispert sie dann beklommen.

Lenz wird ärgerlich: »Wos is denn des scho wieder? Gestern Nacht war's ma scho so, ois hätt si do draußn wer rumtriebn.«
Als sie das hört, löst sich Magda erschrocken aus seinen Armen: »Um Gotts wuin! Wos war denn?«
»I hob mir sogor eibuidt, ois hätt a schwarz Gsicht durch d' Scheibn beim Fenster reigschaugt.«
Magda erstarrt, als Lenz fortfährt: »Wiar i mit da Latern und am Drilling im Arm naus bin bei der Tür, do hot's graschlt in de Staudn.«
Mehr um sich selber die Angst zu nehmen, sagt sie: »Do wui dir grod wer Angst machn!« Doch dann will sie nichts mehr hören, was ihr Gemüt weiter belastet. »Hör auf mit dem dumma Gred! Machst ma Angst damit!«, sagt sie streng.
Lenz bereut schon, dass er ihr seine besorgniserregende Beobachtungen mitgeteilt hat, und sagt: »Es werd a Reh oder a Dachs gwesn sei!«, dann setzt er sich wieder an den Tisch und stützt den Kopf in beide Hände.
»Aber mir geht hoit de Gschicht mit'm Lechner net aus'm Kopf! Warum hot des oiß so kemma miaßn?«, sinniert er.
»Lenz, do is so vui zamkemma! Olle ham Schuid dro! A jeder hot gmoant, des wos er duat, is recht!«, sagt Magda weise. Sie glaubt fest an eine höhere, die Geschicke der unbedeutenden Erdenwürmer, wie sie einer zu sein meint, lenkende Kraft.
»Vielleicht hot's wirklich so kemma miaßn!«, erkennt auch Lenz.
Magda sieht, dass es nun an ihr ist, den Lenz aufzurichten, und sie versucht es: »Es gibt nix Schlimms ohne wos Guats! Mir zwoa san wieder beinand. ›Des Herren Wege sind unergründlich', hot da Pfarrer gsogt bei da Predigt!«
Dann nimmt sie Lenz' rechte Hand und legt sie auf ihren Bauch: »Und wia du selber gsogt host: »Oana geht, da ander kimmt!«

***

Wieder ertönt ein Knacken von draußen, doch weder Lenz noch Magda hören es und erkennen die Gefahr, denn sie reden gerade über ihre gemeinsame Zukunft und dieses Thema ist ihnen so wichtig, dass es ihre ganze Aufmerksamkeit verlangt.

»Furtgeh von Groana, moan i, waar für uns olle zwoa des Beste«, stellt Lenz fest und weiß, dass Magda die Sachlage ähnlich sieht. »Es gibt für uns koa Bleibn mehr z' Groana!«, steht auch für Magda fest, die bisher nur wenig über die Gemeinde- und noch viel seltener über die Landkreisgrenzen hinausgekommen ist. »Du siehgst es ja selba! Geächtet samma, koana wui wos mit uns zum doa hobn. Net amoi mei Voda wui mi mehr seng!«, fügt sie an. Sie sieht sich bildhaft als ein junger Baum, der verdorren muss, weil sie der eigene Vater entwurzelt hat. Die Vorstellung lässt ihr Tränen der Bitternis über die blassen Backen rollen.

Der Lenz ist froh, dass er nun seiner Magda etwas sagen kann, von dem er hofft, dass es ihr Auftrieb gibt: »I hob scho mit'm Forstmoasta gredt und um a Versetzung eigebn. Anfang Januar kimmt a neier Jaga her und i kriag a anders Revier. Dann kenna mir zwoa furtgeh von do – mir drei!«

Magda erscheint ein Leben in der Fremde mittlerweile verheißungsvoller als in der geliebten Heimat: »Lenz, ja! Mir genga furt und wern unsern Friedn finden! Wo is denn dei neis Revier?«

»In der Jachenau!«, sagt Lenz und Magda erschrickt. Oft hat sie an den Stammtischen und auch von ihren Brüdern gehört, wie erbittert gerade in diesem Winkel zwischen Walchensee und Lenggries der Krieg zwischen Wilderern und Jägern geführt wird. Sie will nicht, dass ihr Leben mit Lenz weiter in so gefährlichen Bahnen verläuft.

»In da Jachna? Do geht's ja no ärger zua ois wia bei uns!«

»No ärger ois wia z' Groana? Des gibt's net! De Jachenauer san guade Leit! Des san grod de Lenggrieser, de in da Jachenau so arg wuidern«, sagt er, um Magda die wieder aufgeflammte Angst vor der Zukunft zu nehmen. »I ko de Stell vo am Jager hobn, der in da Jachna a ganze Wuidererbande ausghobn und ins Gfängnis brocht hot«, erklärt er weiter. »Der werd versetzt und itz is do a Ruah im Woid. Des woaß i von am Kollegen.«

»Ja, dann sui's so sei! In da Jachna kennt uns koana, do kenna mir zwoa ganz von vorn ofanga!«, versucht Magda tapfer das Beste aus der neuen Lebensperspektive zu machen.

»Und brauchn uns nimmer versteckn im Woid!«, sagt Lenz.

Magda blickt ihn liebevoll an, setzt sich zu ihm auf den Schoß und

umarmt ihn. Sie ist so froh, dass sie nach dem Verlust der Brüder und des Vaters jemanden hat, der sie mit seinen starken Armen beschützt und an den sie sich lehnen kann. Sie beginnt zu träumen und flüstert ihm ins Ohr: »Ja, mittn im Dorf werdn ma wohna und auf da Hausbank sitzn und freindli mit de Leit ratschn und jedn frein Dog mit'm Kinderwogn durchs Dorf flaniern, dass uns olle Leit seng suin. Des werd a anders Leben werdn!«
Wieder knackt es von draußen und diesmal sind die Geräusche nicht zu überhören. Magda wird jäh aus ihren Glücksgefühlen gerissen und schreckt auf: »Loos! Hörst as itz?«
Lenz horcht und löst sich aus der Umarmung. Sein gerade noch so liebevolles Gesicht wird hart; er steht auf, nimmt wortlos den Drilling von der Wand und löscht das Licht.

***

Wie gemalt steht der Vollmond am Nachthimmel und lässt die Nacht fast zum Tag werden. Bewegungslos ragen die Bäume in den blauschwarzen Himmel und heben sich deutlich gegen die tief verschneiten Wände des Waxensteinkammes ab. Jeder Grat, jede Scharte der gewaltigen Felsbastionen zeichnet sich plastisch ab und die Schatten der Buchen- und Ahornäste greifen wie schwarze Arme in die weißen Schneefelder am Waldrand.
Nur wenige Meter vor dem Jägerhäusl stehen die beiden Knechte des Nikolaus hinter den Stämmen von zwei dicken Fichten, ziehen die länglichen Bündel unter ihrer Vermummung hervor und wickeln sie aus.
Eine Faust in einem Schafwollhandschuh legt sich auf den dürren Aststummel einer Fichte und darauf schiebt sich langsam, ganz langsam, der abgesägte Lauf eines Militärgewehres. Das Rohr bleibt erst ruhig liegen und schwenkt dann auf das hell erleuchtete Fenster des Wohnraumes. Einen Baum daneben richtet sich ein weiterer Gewehrlauf auf dasselbe Ziel. Man kann durch die Vorhänge zwar nicht hindurchsehen, aber dicker Rauch steigt aus dem Schornstein und zeigt an, dass die Bewohner des Hauses daheim sind.
Nicht weit davon verfolgt ein Augenpaar jede Bewegung der Schreckgestalten mit ihren geschwärzten Gesichtern. Der Mann,

dem diese wachsamen Augen gehören, verbirgt sich hinter einer stämmigen Buche und ist ebenfalls bewaffnet.
Er ist froh, dass die Krampusse gekommen sind, denn er friert und hat lange auf das Wärme verheißende Fenster und die kerzengerade in den Winterhimmel aufsteigende Rauchsäule aus dem Schornstein geblickt – und er hat Zeit zum Nachdenken gehabt. Kaum hatte er endlich das Knirschen des kalten, festgetretenen Schnees und das Knarzen der groben Lederstiefel der beiden Vermummten gehört, hat er sein Gewehr durchgeladen und den Sicherungsflügel umgelegt. Als sie den Fußweg verlassen haben, waren die letzten Zweifel an der Richtigkeit seines Tuns erloschen.
Gerade als sich einer der beiden noch besser in Position stellen will, knackt unter seinem Tritt ein Ast und gleich darauf erlöscht das Licht im Jägerhäusl. Nun geht alles blitzschnell, fast zu schnell für den Westlvater – denn er ist es, der hier auf die Angreifer lauert. Er sieht die Fahnen des Mündungsfeuers aufleuchten und hört im lauten Peitschenknall der Schüsse nicht, wie die Scheibe des Fensters zersplittert, erst dann reißt er selber das Gewehr an die Schulter und drückt den Abzug.
Ein Dum-Dum-Geschoss schlägt seitlich in den dicken Baumstamm, das Blei pilzt auf und reißt ein Loch ins Holz, dass die Fetzen fliegen und den Krampus in einem Regen von Splittern fast verschwinden lassen. Dann schlägt die Flamme ein zweites Mal aus dem Rohr und der nächste Schuss kracht gleich daneben mit seiner todbringenden Gewalt in den Baum, hinter dem der andere Vermummte Deckung gesucht hat. Die Schneelast fällt von den Ästen und hüllt den Mann in eine weiße Wolke. Der Westlvater lädt sofort erneut nach und wartet, zu allem entschlossen. Er will es nicht zum Letzten kommen lassen, aber wenn es sein muss, dann wird er standhalten, das ist er seiner Tochter schuldig.
Doch der Alte hat seinen letzten Kampf bereits gewonnen.
»Weg! D' Jaga!«, schreit der erste Attentäter, wirft das Gewehr weg und springt in weiten Sätzen durch den tiefen Schnee davon, der zweite, größere, steht einen Augenblick lang schreckensstarr da, dann tut er es ihm nach. Die beiden Krampusse rennen in wilden Sprüngen dem Dorf zu, der Westl sieht mit einem tiefen Gefühl

der Befriedigung ihre Schaffell- und Rupfensackverkleidung in heilloser Flucht davonflattern.
Als der alte Westl noch einmal anlegt und über die Köpfe der Flüchtenden hinwegschießt, haben sie mehr Angst als die Kinder, die sie vor einer Stunde heimgesucht haben. Es soll der letzte Schuss aus einer großkalibrigen Waffe sein, den der Westl im Leben getan hat, dann schaut er zum Jägerhäusl und hat mehr Angst als zuvor.
Lenz ist inzwischen hemdsärmlig vor der Tür getreten, legt an und schickt den Flüchtenden eine Ladung Sauposten hinterher. Er sieht, wie in etwa vierzig Metern Entfernung der größere und offenbar weniger flinke der beiden zusammenzuckt und im Laufen den Körper nach hinten dehnt. Lenz weiß, er hat getroffen und freut sich, dass er endlich in barer Münze zurückzahlen konnte. Wüsste er, dass bald darauf der Xari zitternd und jammernd auf dem Tisch in seinem HJ-Raum liegt und ihm diesmal der Martl auf sehr schmerzhafte Weise mit dem Fahrtenmesser die Schrotkörner aus Rücken und Hintern operiert, wäre seine Genugtuung noch größer.
Doch obwohl ihm vor Erregung das Herz pocht und der Atem weiße Nebelwolken in die klare Winterluft stößt, ist er froh, ganz im Gegensatz zum alten Westl. Der steht starr da und quält sich mit den schlimmsten Befürchtungen, er habe auch diesmal wieder zu spät eingegriffen.
Die Schüsse sind verklungen, der Wald ist wieder zur Ruhe gekommen und aus dieser gespenstischen Stille heraus hört der Jäger eine raue Stimme: »Es is ausgstandn, Lenz! Is mei Tochter bei dir?«
Ein Schatten löst sich aus dem Dunkel und geht, das Gewehr mit gesenktem Lauf in der Hand haltend, auf Lenz zu. Der hat erst die Waffe hochgerissen, erkennt aber dann den alten Westl und nickt stumm.
»Is ihra wos passiert?«, fragt der Vater um Fassung bemüht. Als Lenz den Kopf schüttelt, hat der Westl das Gefühl, sein Herz beginne jetzt erst wieder zu schlagen. Er tritt in die offene Tür und sieht Magda inmitten von Glassplittern auf dem Boden liegen. Sie blickt auf und schaut ihn zunächst verständnislos an.
»Magda!«, sagt er nur zu ihr mit einer Weichheit in der Stimme, die sie noch nie an ihm gehört hat. Dann beginnt sie zu schluchzen,

aber nicht wegen irgendwelcher Schmerzen oder der ausgestandenen Angst, sondern vor Glück.
Zitternd erhebt sie sich, geht auf ihren verloren geglaubten Vater zu und umarmt ihn wortlos. Wange an Wange stehen sie lange da, halten sich gegenseitig fest und ihre Tränen fließen ineinander. Magda hat ihren harten Vater noch nie weinen gesehen.
Dann fasst sich der Westlvater wieder und blickt seine Tochter an. »Kimm hoam, Magda!«, sagt er. Er macht eine kleine Pause, dann sagt er: »Und nimm an Lenz mit!«
»Des werd des Beste sei, so lang, bis da Lenz sei neie Stell otritt!«, antwortet Magda und blickt auf Lenz. Als der nickt, fasst ihn der alte Westl am Arm und schämt sich nicht mehr seiner Tränen. Er weiß, dass es richtig ist so. »Platz is gnua im Haus«, sagt er. »Da Voda ghört zum Kind!«

Zum historischen Geschehen

Im Roman wurden die Namen der Personen geändert. Die Charaktäre der Protagonisten sind fiktiv, auch Teile des Handlungsablaufs wurden erfunden, um die Dramatik zu steigern. Die nachfolgende Zusammenstellung gibt das historische Geschehen wieder. Sie erfolgte auf der Grundlage zeitgenössischer Berichte sowie mündlicher Auskünfte. Die genauen Ereignisse beim Schusswechsel sind bis heute ungeklärt, die hier dargestellte (und im Roman übernommene) Version beruht auf den widersprüchlichen Aussagen vor dem Schwurgericht München II.

Am Vorabend des 6. Dezember 1931 treffen sich die Brüder Josef und Georg Ostler (vulgo Steffl-Seppl und Steffl-Jörgl), Hans Bader (vulgo Hanasle-Hans), Johann Buchwieser (vulgo Schmied-Hannas oder Schmied-Blas) sowie Martin Pischl (vulgo Nehrer-Martl), allesamt aus Untergrainau, beim »Bum«, dem späteren Gasthof »Höhenrain«. Man kommt überein, am nächsten Morgen zum Wildern auf den Griesberg zu gehen. Pischl, Vater von fünf Kindern, Gemeinderat von Untergrainau und zur Zeit arbeitsloser Maurer, hat noch nie zuvor gewildert.
Zu fünft brechen sie gegen halb sieben Uhr morgens auf. Der Hanasle-Hans, Sohn des Untergrainauer Bürgermeisters, leidet an Angina pectoris und hustet noch im Dorf so sehr, dass ihn die anderen wieder nach Hause schicken, weil sie befürchten, er könne sie beim Wildern verraten oder das Wild vergrämen.

Die Jäger Martin Bartl (Grainau), Straub (Ziegspitz- und Griesberggebiet) und Andreas Ostler (Rotmoos- und Friederrevier) vermuten, dass es Grainauer sind, die in den Garmischer Revieren wildern, und erhalten Anweisung, vermehrt Kontrollgänge durchzuführen. Dazu können sie in Farchant stationierte Landespolizisten als Verstärkung anfordern.
An diesem Nikolaustag des Jahres 1931 sollte Andreas Ostler die

zwei Unterwachtmeister der Landespolizei München, die er zum »Jagd- und Forstschutz« angefordert hatte, von seinem Kollegen Straub eigentlich erst an der Rotmoosalm übernehmen, um gemeinsam mit ihnen weiter auf den Frieder zu gehen. Straub aber hat am Vortag bei seinem Vorgesetzten, dem Forstmeister Albert, darauf gedrängt, dass Ostler den Kontrollgang schon ab Garmisch durchführt, worauf Albert die Änderung veranlasst.
So gehen Ostler und die neunzehn- und zwanzigjährigen Landespolizisten Adolf Angermann und Albert Glühspieß, beide unerfahren im Umgang mit Wilderern, auf dem Steig unterhalb des Kramers in Richtung Griesberg. Als die Jagdpatrouille oberhalb des »Kirchls«, einer Felswand über der Ochsenhütte, anlangt, hören die Männer einen Schuss fallen, von dem Ostler glaubt, er stamme aus einem Kleinkalibergewehr. Ostler gibt Anweisung, dass jeder von ihnen den Weg nach einer Richtung hin absichern soll. Dann begeben sie sich hinter einem kleinen Geländerücken in Deckung.
Die Grainauer Wilderer tappen gegen vier Uhr nachmittags, die Gewehre nach Jägerart umgehängt, ahnungslos in die Falle. Voran geht Johann Buchwieser mit seinem auffälligen weißen Bart, dahinter Martin Pischl und in einigem Abstand Georg Ostler und Josef Ostler, der soeben noch aus dem Bach Wasser getrunken hat. Aus der Deckung heraus ruft sie der Jäger Ostler laut an: »Halt! Gwehr weg oder es kracht!«
Die Wilderer, allesamt im Grabenkampf erfahrene Teilnehmer am Frankreichfeldzug, denken jedoch nicht daran, ihre Waffen aus der Hand zu geben und springen auf der anderen Seite des Weges hinter die Bäume in Deckung. Nur Martin Pischl lässt sein Gewehr zunächst fallen, greift es sich aber aus der Deckung heraus wieder und macht sich wie seine Kameraden schussfertig.
Die Kiefern stehen dort in größerem Abstand zueinander, sodass sie sich nicht zurückziehen und ins Tal flüchten können. Sie müssen befürchten, dabei ein gutes Ziel abzugeben. Einige Augenblicke lang geschieht nichts, dann steht Martin Pischl, im Ersten Weltkrieg mehrfach ausgezeichnet, auf und gibt einen ungezielten Schuss ab, der die Gegner zum Rückzug veranlassen soll.
Gleich darauf erwidern die Polizisten und der Jäger das Feuer.

Die Gegner sind nur etwa zwanzig bis dreißig Meter voneinander entfernt. Es kommt zu einem Schusswechsel, der sich über etwa zehn Minuten hinzieht und bei dem über zwanzig Schüsse fallen. Landespolizist Angermann gibt später vor Gericht an, er habe nicht als erster geschossen. Pischl habe das Gewehr auf ihn in Anschlag gebracht. Er selbst habe nun auch geschossen, sei dann aus der Deckung herausgetreten und habe Pischl mehrmals zugerufen, das Gewehr wegzulegen. Es sei möglich, dass er Pischl dann getroffen habe. Zuvor aber trifft sein Schuss in sechzig Zentimeter Höhe den Baum, hinter dem Martin Pischl kniet. Das Stahlmantelgeschoss tritt als Querschläger aus, das schwirrende Projektil trifft den fünfzigjährigen Pischl am Kopf und reißt ihm die rechte Schädelhälfte weg. Er ist auf der Stelle tot und rollt einige Meter den Hang hinunter. (Der Baum wurde später übrigens durch ein eingeschnitztes Kreuz kenntlich gemacht.)

Daraufhin schießt Johann Ostler scharf zurück.

Der Jäger gibt Befehl zum Rückzug. In wilder Flucht macht er sich zusammen mit Angermann in Richtung »Gelbes Gwänd« davon; bei einem Sturz rammt er sich den eigenen Gewehrlauf in den Bauch. Trotz des Leberrisses, den er sich dabei zuzieht, schleppt er sich bis zum Forsthaus Griesen. Glühspieß rennt in Panik seinen Kameraden davon und verliert den Kontakt zu ihnen. Er erreicht schließlich die Gaststätte »Alpspitz« beim Untergrainauer Bahnhof und gibt von dort einen telefonischen Bericht an die Gendarmerie. Er weiß nicht, dass die Wirtin die Schwester der Ostlerbrüder ist. Dieses Telefonat wird während des Prozesses zu einem Streitpunkt werden, da die Wirtin und ein weiterer Zeuge angeben, Glühspieß habe den Vorfall so geschildert, als hätten die Jäger die Schießerei begonnen.

Die Wilderer lassen den leblosen Kameraden zurück, um sich selber in Sicherheit zu bringen. Sie steigen auf der westlichen, der Griesener Seite des »Kirchls« ab.

Erst am Tage nach seiner Erschießung, am 7. Dezember, wird der tote Pischl von Garmischer Bergführern geborgen und ins dortige Leichenhaus gebracht.

Der Jäger Ostler liegt inzwischen im Krankenhaus und wird von der Polizei vernommen. Er kennt die Wilderer nicht, hat sich aber

ein Erkennungszeichen eingeprägt, nämlich den langen, weißen Bart eines der Wilderer. Mit Hilfe eines Grainauer Polizisten und auch des Jägers Martin Bartl wird Johann Buchwieser daraufhin als erster identifiziert, kurze Zeit später auch die beiden Ostlerbrüder. Dennoch lässt man Georg Ostler als Vorstand des Veteranenvereins am offenen Grab des Pischl einen Nachruf sprechen. Den Begriff »Wilderer« ersetzt er dabei durch das Wort »Waldbrüder«.
Am 15. Dezember werden die Verdächtigten verhaftet und kommen unverzüglich nach München in Untersuchungshaft. Während Johann Buchwieser und zwei Tage später Josef Ostler ein Geständnis ablegen, leugnet Georg Ostler hartnäckig, sich am Schusswechsel beteiligt zu haben.
Im Vorfeld der Hauptverhandlung finden im Schulgebäude in Obergrainau mehrere Untersuchungsverhandlungen statt, bei denen der Jäger Ostler und die beiden Landespolizisten anwesend sein müssen. Der Weg dorthin wird für den Jäger jedes Mal zu einem Spießrutenlauf, da die Grainauer glauben, er habe den Todesschuss abgegeben.
Für sie sind die drei verhafteten Wilderer alles andere als Verbrecher. Man vermutet allgemein, dass der Jäger Bartl die Wildererpartie an seinen Garmischer Kollegen verraten hat, da er am Vorabend des Unglückes ebenfalls beim »Bum« gesessen war und Wind von der Sache bekommen haben könnte. Zudem hatte er die Polizei auf die richtige Spur hinsichtlich der Identität der Wilderer gebracht. Das ist für die Wilderersympathisanten Grund genug, das Drama um den Tod des Martin Pischl fortzusetzen. In der Nacht vom 4. auf den 5. Januar 1932 schießen unbekannte Männer von drei Seiten durch das erleuchtete Fenster und die Türe seines Jägerhäusels am Baderseeweg. Nur dadurch, dass sich Bartl mit seiner Frau auf den Boden wirft, wird erneutes Blutvergießen verhindert.
Erst Ende Februar kommt es zur Verhandlung vor dem Schwurgericht des Amtsgerichtes München II. Die Verteidigung bietet über zwanzig Zeugen auf, welche die Unbescholtenheit der Angeklagten offenbar machen sollen. Am 2. März 1932 verurteilt das Gericht Georg Ostler wegen versuchten Totschlages zu drei Jahren und einem Monat Zuchthaus sowie zur Zahlung von 3000 Reichsmark. Wegen Jagdfrevels und Verstoßes gegen das Schusswaffenge-

setz erhält sein Bruder eine sechsmonatige Gefängnisstrafe, Johann Buchwieser wird mit zehn Monaten Gefängnis bestraft. Dass die Angeklagten, wie der Staatsanwalt einräumt, aus einem gewissen Solidaritätsgefühl gegenüber Pischl gehandelt hätten, mag das Strafmaß verringert haben.

Als Georg Ostler nach Verbüßung seiner Zuchthausstrafe – wegen guter Führung einen Monat vorzeitig entlassen – kurz vor Weihnachten 1934 heimkommt, wird ihm von den Grainauern erneut die Vorstandschaft des Veteranenvereins angetragen, doch er lehnt ab. Obwohl er noch verschiedene Gewehre versteckt hält, geht er nie wieder zum Wildern.

Der Jäger Ostler bleibt vorläufig in seinem Revier, doch als ein Garmischer Wilderer öffentlich ankündigt, er werde den Ostler schon noch erwischen, veranlasst Regierungsdirektor Mandl 1933 dessen Versetzung nach Wallgau. Das Revier wird aber bald geteilt, deshalb kommt er ein halbes Jahr später nach Walchensee, wo er zum Zeitpunkt der Recherchen (1992) vierundachtzigjährig mit seiner neunzigjährigen Frau lebt.

Quellen:

Garmisch-Partenkirchener Tagblatt: Bericht vom 8. Dezember 1931; Bericht über die Hauptverhandlung am 4. März 1932 (»Die Untergrainauer Wilderer vor Gericht«); Bericht vom 22. Dezember 1934.

Werdenfelser Anzeiger vom 6. März 1932.

Conrad Adlmaier: Wilderer und Jäger im Hochgebirg. Traunstein 1935.

Bericht von Dr. H. Bamberger. In: Chronik des Amtsgerichts Garmisch-Partenkirchen. Garmisch-Partenkirchen 1989.

Gesprächsauskünfte von Elisabeth Schaaf (Tochter des Martin Pischl), Martin Pischl (Sohn des Martin Pischl), Gertrud Frankenhauser und Rosemarie Schwägerle (Töchter des Georg Ostler), Josef Märkl (Enkel des Josef Ostler), Dora Bader (Schwägerin des Hans Bader), Josef Riesch (Gesprächspartner des Georg Ostler), Franz Maurer, Josef Bader, Georg Maier, Josef Ostler (vulgo Buid-Seppl), Josef Ostler (vulgo Jaggele, Neffe des Andreas Ostler) und Andreas Ostler (vulgo Jaggele, beteiligter Jäger).